Modeling Structured Finance
Cash Flows with Microsoft Excel

ストラクチャード・ファイナンス
Excelによるキャッシュ・フロー・モデリング

キース・A・オールマン　著
桶本賢一・佐伯一郎　訳

Modeling Structured Finance
Cash Flows with Microsoft Excel
A Step-by-Step Guide

by

Keith A. Allman

Copyright© 2007, Keith A. Allman

All Rights Reserved.

Japanese translation rights arranged with

John Wiley & Sons International Rights, Inc.

through Japan UNI Agency, Inc., Tokyo.

モデル・ビルダー演習用 Excel ファイルの ダウンロードについて

　原著は 2007 年の発行であったため、Microsoft Excel は Excel 2003 をベースにし、演習用の Excel ファイルの配布は CD ROM 形式で行われていました。しかしながら、2018 年発刊の本書では、本文中の記述は Excel 2016 日本語版をベースとしています。本書のモデル・ビルダー演習で使用する Excel ファイルは、シグマベイスキャピタル株式会社のウェブサイト (https://www.sigmabase.co.jp/sc/book_msfc.html) からダウンロード出来ます。ログイン ID は『sigmabook』、パスワードは『TmFWqz』です。（すべて半角）

　尚、モデル・ビルダー演習用の Excel ファイルは、インプット用のシートを除いて 1 列目（A 列）・1 行目からデータが入力されている、一部数値の入力が右揃えではなく中央揃えになっている、行の高さ（立幅）が狭い、一部のセルの計算式が長く理解するのに時間がかかる等、昨今の「見やすく、わかりやすい Excel」の標準には合致しない点もありますが、基本的に原著のまま（英語、Excel 2003 ベース）としている点もご了承ください。

　本書を発行するにあたって、内容に誤りのないようできる限りの注意を払いましたが、本書の内容を適用した結果生じたこと、また、適用できなかった結果について、著者、訳者、出版社とも一切の責任を負いませんのでご了承ください。

　ワークシートの VBA（Visual Basic for Application）については、訳者の PC で動作確認を行っていますが、読者の使用する PC での動作保証は出来ません。

　Microsoft、Windows、Excel は、米国 Microsoft Corporation の米国およびその他の国における登録商標です。その他、本書に掲載されている会社名、製品名は、一般に各社の登録商標または商標です。なお、本文中に TM、®マークは明記しておりません。

まえがき

　大学院を卒業してから就いた最初の職場でデータ解析を担当していた頃、私は上司であるヴァイス・プレジデント[1]に、ファイナンシャル・モデルを習得する最善の方法を尋ねてみた。上司はニヤリとしながら「拷問のような苦しみに耐えながら試行錯誤していくしかないさ」と答えた。それ以来、最も正確で効率的なファイナンシャル・モデルの作成方法を見つけ出そうとしている間に、私の白髪は数え切れない程増えてしまった。幸いにも、そのような苦しい日々は最早過去のものとなり、機能的で正確なファイナンシャル・モデルを作成するのに、何時間もかかるということはなくなった。それにも関わらず、より良いファイナンシャル・モデルの作成方法を習得したいと願う金融業界のプロフェッショナルの人達と話をすると、一体どこから始めたら良いのか、私はうろたえ、途方に暮れてしまうのであった。この頃から私は、数多くの様々なファイナンシャル・モデルを作成するのに必要な知識とスキルを、自分が一体どのようにして身につけたのか、しばしば考えるようになった。

　そこで先ず私がしたのは、何百もの関数と数式を記載した Excel の「ハウツー」本と何時間も格闘することだった。ところが、こうした Excel の「ハウツー」本を読んでも、一体どこからファイナンシャル・モデルの作成作業を始めたら良いのか、さっぱりアイデアが浮かんでこなかった。というのは、これらの「ハウツー」本は、ソフトウェアの基本機能の解説には秀でているものの、各機能を実際の案件でどのように活用するか、という点については触れていないからである。「ハウツー」本の次に私が思いついたのは、統計学、経済学、企業財務、資本市場論、意思決定論等を教えている大学院の授業であった。なぜなら、これらの多くの科目で、Excelを利用した課題や試験が課されているからである。ところが残念なことに、大学院の授業で教えられる Excel の活用方法は、特定のテーマに限定されており、ファイナンシャル・モデルを構築するフレーム・ワークの作成方法は、教えられていなかった。そこで私は「ファイナンシャル・モデリング」という単語を含む上級者向けの本を何冊も購入してみた。しかしながら、これらの本で取り上げられているのは、理論に偏っているか、極端に狭い分野にのみ応用可能なものであり、キャッシュ・

---

[1] 訳者注：投資銀行等におけるヴァイス・プレジデント（管理職）のこと。職位としてはアナリスト、アソシエイトとディレクターの中間に位置するのが一般的。

フロー分析に適した、実用的なファイナンシャル・モデルの構築に役立つものではなかった。

　こうした体験を通じて、私はようやく、自分のファイナンシャル・モデルに関する知識や専門性、応用力のほとんどが、実務を通じて身についたものであることを悟ったのである。先ず契約書を通じて各案件のストラクチャーを理解することに集中し、次いで案件のストラクチャーをファイナンシャル・モデルに「落とし込む」方法を、チームメンバーから学ぶことが出来た。私は保証会社および銀行に属しながら、バランス・シートと少しの数式のみから成り立つ非常に基礎的なモデルから、確率的シミュレーションを含む非常に複雑なモデルまで、数多くのファイナンシャル・モデルを目にし、また実際に自分で作成してきた。自分が関わった全てのファイナンシャル・モデルにおいて、私は最適と感じた特徴を現在のモデル作成に活かすよう努めてきた。

　経験を積み重ねた結果、私はファイナンシャル・モデルの傾向や常識、例外的な特徴等について、見分けが出来るようになったと確信するに至った。私は、ほとんどの債券、ストラクチャード・ファイナンス、アセットベース・ファイナンスおよびプロジェクト・ファイナンスで使用されるキャッシュ・フロー・モデルにおける経験を積み重ねてきた。読者がまわりくどい試行錯誤をしなくても済むよう、本書はストラクチャード・ファイナンス分野におけるキャッシュ・フロー・モデルの枠組みと特徴について記載している。本書における例題を最初から最後まで順に追っていくことで、読者は一つのキャッシュ・フロー・モデルを完成させることになる。

　本書を通じて、読者はモデルの中の各要素がどのように作成され、相互に作用しあうかを理解することになる。これは、ファイナンシャル・モデルを自分で一から作成出来るようになりたいと思っている読者だけでなく、他人が作ったモデルを利用する読者にとっても役立つであろう。私はしばしば、自分が一からモデルを作成するよりも、他人が作ったモデルを利用する方が難しいと感じることがある。というのは、モデルの主要部分と機能性を区別するのに時間がかかるためだ。しかしながら、周到に作成されたモデルのほとんどは、理解しやすく、操作しやすい基礎的な要素から成り立っている。本書は、モデルを作成する際に必要となるこれらの各要素について記載するとともに、読者が既存のモデルを使いこなせるようになることを企図して書かれている。

　冒頭に記載した通り、私は新人の頃に上司から、「ファイナンシャル・モデルの作成方法を習得するには試行錯誤するしかない」と言われたが、今の私は、こうし

たやり方が、誰もが信頼すべき標準的なやり方であるとは思っていない。ファイナンシャル・モデルの作成方法を習得したいと思っているファイナンスの初心者、他人が作成したファイナンシャル・モデルを利用しているベテラン、ストラクチャード・ファイナンスの特定分野の分析を行いたいプロフェッショナル、あるいは単にファイナンシャル・モデルをもっとよく理解したいと願っている誰であっても、読者は、本書に纏めた私の経験および実践的な例題を通じて、より容易かつ効率的な学習を行えるであろう。

2006 年 12 月

ニューヨークにて

Keith A. Allman

日本版発刊にあたっての序文

　本書（Modeling Structured Finance Cash Flows with Microsoft Excel: A Step by Step Guide）の日本語版（ストラクチャード・ファイナンス Excel によるキャッシュ・フロー・モデリング）が出版されると聞いて、私は原著の初版が発行された 2007 年初頭を思い出した。当時の金融市場は、日本語版が出版される 2018 年とは別世界であった。案件の数は何年にも渡って非常に多く、特に MBS（MBS（Mortgage Backed Securities、モーゲージ担保証券）が好調だった。私は 2002 年に保証会社である MBIA[2]社の数理分析グループでキャリアをスタートしたのだが、当時多くのストラクチャード・ファイナンス案件に対して、驚異的なスピードで MBIA 社による保証が付保されていった。年間の予算はわずか数週間で達成してしまい、数多くの案件をクローズするためにオフィスに寝泊まりすることもしばしばあった。

　2004 年に Citigroup に移籍してからは、私は銀行側で、案件のオリジネーションにより近い立場で仕事をするようになった。案件の数は容赦ない程多く、ストラクチャード・ファイナンスのほとんどすべての資産クラスの案件があった。時折住宅ローンを原資産とする案件に関わることもあったが、当時私が主に取り扱った原資産は自動車ローン、リース、鉄道車両等の動産、その他の非伝統的な資産クラス[3]であった。振り返ってみると、ここでの経験によって、私は様々なストラクチャード・ファイナンス案件に適用可能なモデリングの手法を身につけることが出来た。ストラクチャード・ファイナンス業界では、セル・サイドの多くが一般的な前提条件に基づいて案件を組成する一方で、同じ数だけいるバイ・サイドは格付のみを頼りに商品を購入、投資することも多かった。

　本書は、ストラクチャード・ファイナンスのモデリングに関する知識を、厳密さを維持しつつも、平易な方法で統合する試みであった。2007 年初頭に本書の初版が発行された直後に、私はモデリングの各手法を多くの局面に応用し始めた。私は自分のビジネスを立ち上げるため、Citigroup を退職し、ファイナンシャル・モデ

2　訳者注：1973 年に Municipal Bond Insurance Association として設立されたモノライン（金融保証会社）。Municipal Bond（地方債）や、ABS（Asset Backed Securities、資産担保証券）、MBS（Mortgage Backed Securities、モーゲージ証券）等の保証業務を手掛ける。

3　訳者注：Esoteric asset classes. 非伝統的な資産クラスの総称。メディア関連の資産（映画、音楽等からの収入）、エネルギー関連の資産（売電契約等）、事業証券化（WBS = Whole Business Securitisation）案件における事業そのもの、その他、定期的なキャッシュ・フローが見込まれる資産全般を指す。

リングのトレーニングとコンサルティングを行う Enstruct 社を設立した。また平行して、ストラクチャード・ファイナンス関連商品への投資を行おうとしていた、設立間もないファンドであった NSM Capital Management に参画した。

　しかしながら、ちょうどその頃、金融システムの欠陥が明らかになり始めた。NSM Capital Management では、独自のローン・レベルの損失カーブに基づく分析を行っていたのだが[4]、債務不履行（デフォルト）が増えるに連れて、私たちは当時の市場価格で（ストラクチャード・ファイナンス関連商品を）購入するのを正当化するのは困難であると考えるようになった。このため私たちは購入を手控え、2008 年に世界金融危機が発生し始めてからも警戒を怠らず、分析の手法の高度化を続けた。

　当時最も記憶に残っている会議の一つに、格付機関がストラクチャード・ファイナンス CDO[5]案件における相関関係の前提条件を「アップデート」する際の会議がある。格付機関は標準的な約 30%を用いる代わりに、約 90%まで相関の前提条件を引き上げた。プールされたリスクを扱っている人であれば、このような相関関係の変更は、二項分布になることが理解出来るであろう。つまり案件は非常にうまくいくか、より高い確率で失敗するかのいずれかである。結果は明らかに後者となった。

　ストラクチャード・ファイナンス案件の分析を数多く行うと、与えられた情報のみで適切な分析を行うのは困難であると感じることがある。私は透明性と情報開示を支持するが、一方で責任回避が起こっているとも感じていた。これに対する私の回答は「Reverse Engineering Deals on Wall Street: A Step by Step Guide」というタイトルの本を執筆することであった。この本は、2008 年の金融危機前の住宅ローン案件の目論見書を含む開示情報のみから、詳細なローン・レベルの分析を行い、案件のキャッシュ・フローとリスクを評価するものである。

　二つの本、つまり本書（Modeling Structured Finance）と、2 冊目の本（Reverse Engineering）は、相互に補完しあう。先ず本書では、ストラクチャード・ファイナンス案件を分析するための基礎となる知識を提供するとともに、標準的な案件を

---

4 訳者注：ローン・レベルの分析については第 2 章を、損失カーブについては第 3 章を参照されたい。

5 訳者注：CDO：Collateralized Debt Obligation の略称。債務担保証券。社債や貸出債権（ローン）などの資産を担保として発行される資産担保証券の一種で、証券化商品。対象アセットが債券または債券類似商品である場合は CBO、貸出債権の場合には CLO と呼ばれる。CDO は CBO あるいは CLO のいずれか、またはその双方を包含する商品である。

適切に組成し、分析する手法を示している。続いて 2 冊目の本では、本書で示した手法を応用して、非常に複雑な多くのローン・グループからなる住宅ローン証券化案件のモデル化を試みている。

金融危機が沈静化し、金融市場が徐々に回復する間、私は本の出版と、Enstruct 社を通じたモデルのトレーニングおよびコンサルティングを続けるとともに、資本市場における様々な立場を経験した[6]。最近では Deutche Bank の Transportation ABS[7]グループで Banking and Origination Director として、ABS のファイナンシャル・エンジニアリングチームを率いた。現在は、Loomis Sayles & Company（ルーミス・セイレス）[8]という大手のアセット・マネジメント会社でストラクチャード・ファイナンス商品への投資を行っている。

これらの各ポジションでの経験を通じて、私はストラクチャード・ファイナンス業界を新たな視点から見ることが出来るようになった。同業者以外の方々にはあまり知られていないが、実はストラクチャード・ファイナンス業界は、世界経済の商品やサービスの多くの部分に関係している業界である。他の業界と同様、ストラクチャード・ファイナンス業界が健全かつ効率的に機能するには、市場参加者による日常の研鑽が必要になる。本書が、効率的なストラクチャーを組成し、リスクを理解し、また十分な情報に基づいて適切な意思決定をするための一助となれば幸いである。

2017 年 12 月

ボストンにて

Keith A. Allman

---

6 訳者注：Entstruct 社の Website は http://enstructcorp.com/about-us/を参照のこと。
7 訳者注：ABS：Asset Backed Securities の略称。資産担保証券。
8 訳者注：2017 年 12 月末現在、預かり資産残高約 2,680 億ドル。大手アセット・マネジメント会社である Natixis Investment Managers の子会社。

目次

モデル・ビルダー演習用 Excel ファイルの ダウンロードについて 2

まえがき 3

日本版発刊にあたっての序文 6

はじめに 15

  キャッシュ・フロー・モデルの三つの構成要素 19

    インプット 19

    キャッシュ・フロー・ストラクチャー 21

    アウトプット 22

  キャッシュ・フロー・モデルの作成手順 22

    モデルの計画および設計 23

    必要な情報の入手 23

    基本的な枠組みの構築 24

    より複雑なストラクチャーの開発 25

    前提条件の確認 25

    モデルのテスト 26

  本書の構成と使い方 26

第 1 章　　日付およびタイミング 29

  時系列 30

  インプット・シートにおける日付とタイミング 31

  日数カウント方法（30／360 日、実日数／360 日、実日数／365 日）............32

  モデル・ビルダー 1.1 : インプット・シート − 日付とタイミング 34

  キャッシュ・フロー・シートにおける日付とタイミング 37

  モデル・ビルダー 1.2 : キャッシュ・フロー・シート − 日付とタイミング............38

  ツールボックス 43

    セルおよび範囲の定義（名前付け） 43

データの入力規則 45

EDATE 関数 47

第2章　アセット（原資産）から生み出されるキャッシュ・フロー 49

ローン・レベル法と代表事例法の比較－アモチゼーション算定への影響 51

モデル・ビルダーにおけるキャッシュ・フロー算出例 56

インプット・シートにおけるアセットの作成 56

固定金利のアモチゼーション入力 57

変動金利のアモチゼーション入力 57

モデル・ビルダー 2.1：インプット・シート中の前提条件とベクトル・シート 59

キャッシュ・フロー・シートにおけるアセット作成 65

モデル・ビルダー 2.2：

キャッシュ・フロー・シートにおける架空のアセット・アモチゼーション ... 67

ツールボックス 76

OFFSET 関数 76

MATCH 関数 76

MOD 関数 78

PMT 関数 78

第3章　期限前返済 79

期限前返済の追跡方法 81

月次期限前返済／償還率（SMM） 81

任意繰上返済／償還率（年次期限前返済／償還率）（CPR） 82

PSA（全米公社債協会）標準繰上償還モデル 82

絶対期限前償還速度（ABS） 84

期限前返済／償還履歴データの形式 84

期限前返済カーブの設定 85

モデル・ビルダーにおける期限前返済カーブ 88

ストラクチャード・ファイナンスにおける期限前返済の効果 88

モデル・ビルダー 3.1：期限前返済の履歴分析および期限前返済カーブの設定....89

モデル・ビルダー 3.2：想定期限前返済 97

ツールボックス 102

SUMPRODUCT 関数と SUM 関数を用いた加重平均 102

第 4 章　延滞・債務不履行（デフォルト）および損失分析 105

延滞・不履行（デフォルト）・損失 106

延滞分析の重要性 109

モデル・ビルダー 4.1：延滞履歴カーブの設定 110

損失履歴カーブの導出 114

モデル・ビルダー 4.2：損失履歴・予想カーブ 118

損失履歴カーブの分析 120

モデル・ビルダー 4.2：続き 121

損失カーブの予測 122

モデル・ビルダー 4.2：続き 124

予想損失カーブの統合 128

シーズニング（経年効果）とデフォルト発生タイミング 129

モデル・ビルダー 4.3：デフォルトのアセット・アモチゼーションへの組込み ..131

第 5 章　回収 143

モデル・ビルダー 5.1：回収に関する過去データの分析 146

キャッシュ・フロー・モデルにおける回収の予想 149

モデル・ビルダー 5.2：モデル・ビルダーに回収関連のデータを統合する 150

回収に関する最後の留意点 152

第 6 章　ライアビリティとキャッシュ・フロー・ウォーターフォール 153

支払いの優先順位とキャッシュ・フロー・ウォーターフォール 154

各ライアビリティにおけるキャッシュの動き 156

ライアビリティの種類 157

手数料 157

11

モデル・ビルダー 6.1：ウォーターフォールにおける手数料計算 158

金利 163

モデル・ビルダー 6.2：ウォーターフォールにおける金利の計算 165

元本 171

モデル・ビルダー 6.3：ウォーターフォールにおける元本の計算 173

アセットとライアビリティの相互作用に関する理解 181

第 7 章　より複雑なライアビリティの ストラクチャー：
**　　　　　トリガー、金利スワップおよびリザーブ・アカウント（準備金口座）** ... 183

ライアビリティのストラクチャーにおけるトリガーとその影響 184

モデル・ビルダー 7.1：トリガーの導入 186

スワップ 194

モデル・ビルダー 7.2：基本的な金利スワップの導入 195

スワップに関する補足説明 200

リザーブ・アカウント（準備金口座）.. 200

モデル・ビルダー 7.3：キャッシュ・リザーブ・アカウントの導入 201

キャッシュ・フロー・ウォーターフォールの完結 209

ツールボックス 210

　　AND 関数と OR 関数 210

第 8 章　分析およびアウトプット・レポート 211

内部テスト 212

　キャッシュ・インおよびキャッシュ・アウト 212

モデル・ビルダー 8.1：キャッシュ・インおよびキャッシュ・アウト 213

　満期時の残高 216

モデル・ビルダー 8.2： 216

　ローン資産元本の確認 218

モデル・ビルダー 8.3：ローン資産元本の内部テスト 219

運用実績の分析 220

月次利回り 220

モデル・ビルダー 8.4：月次利回りの計算 221

月次利回りの計算 223

債券換算利回り 227

モデル・ビルダー 8.5：債券換算利回りの計算 227

修正デュレーション 228

モデル・ビルダー 8.6：修正デュレーションの計算 228

アウトプット・レポート 230

モデル・ビルダー 8.7：アウトプット・レポートの作成 232

内部テストと結果レポートの重要性 238

ツールボックス 239

条件付き書式 239

ゴールシーク 240

配列数式 242

第 9 章　ファイナンシャル・モデルの理解 244

モデルの全体像に関する考察 246

損失拡大の影響を理解する 248

元本の配分方法を変化させる 252

期限前返済の比率を変化させる 253

損失発生のタイミングを変化させる 256

回収率および回収までのラグ（期間）を変化させる 257

スワップ利用の価値 258

追加テスト 258

第 10 章　VBA を利用した自動計算 260

本章の規則 261

Visual Basic Editor（ヴィジュアル・ベーシック・エディタ）....................262

メニュー・バー 263

13

プロジェクトエクスプローラーおよびプロパティウィンドウ 264

VBA コード 265

印刷およびゴールシーク用の単純な自動化 266

モデル・ビルダー 10.1：印刷手順の自動化 267

モデル・ビルダー 10.2：

アドバンス・レートを最適化するゴールシークの自動化 271

分析シート自動化のためのループ（繰り返し処理）機能を理解する 276

モデル・ビルダー 10.3 案件分析のためのゴールシークの自動化 277

シナリオ設定の自動化 281

モデル・ビルダー 10.4 シナリオ生成機能の作成 281

Excel におけるマクロの利用 289

第 11 章　おわりに 290

インベストメント・バンカーの視点 292

投資家の視点 293

発行体の視点 293

保証機関の視点 294

より大きな視点 294

演習用 Excel ファイルについて 297

収録内容 297

謝辞　　　 299

訳者あとがき　 300

著者・訳者略歴 303

索引　　　 305

はじめに

Introduction

はじめに

　ファイナンシャル・モデルの基本は、案件に関連する膨大な変数と複雑な情報を整理し、理解することから始まる。何もない白地のスプレッド・シートからモデルを作り上げるには、非常に多くの情報と、ほとんど無限とも思われるデータ処理の手法を必要とするため、初心者はしばしば途方に暮れてしまう。本書は、ファイナンシャル・モデルの中でも特に一般的で、かつ応用可能なキャッシュ・フロー・モデルを構築する手法について、体系的かつわかりやすい説明を心掛けている。本書の詳細な説明と図表、およびモデル・ビルダー演習による実践を通じることによって、ファイナンスに関する基礎知識と、スプレッド・シートに関する基本的な理解を有している人であれば誰でも、自分でファイナンシャル・モデルを作成し、また他人が作成したモデルを理解出来るようになるであろう。

　本書を通じて作成するモデルで最も重要なのは、モデルが、ストラクチャード・ファイナンス業界の現実の状況に即しているという点である。他の多くのファイナンシャル・モデルに関する本は、ソフトウェアの応用機能か、特定の理論的な概念を説明している。これらの本はコンピューターのプログラミングの学習や、学術的なトピックを学ぶのには適しているが、読者が実際に利用可能なモデルを作成出来るようになるには困難がつきまとう。本書は、特定の手法と理論を組み合わせることにより、プロフェッショナル・レベルのファイナンシャル・モデルにも、すぐに応用可能なスキルを読者に提供している。

　本書はストラクチャード・ファイナンス分野に焦点を絞っているが、本書を通じて作成するモデルは、他の分野にも応用可能である。重要なのは、「キャッシュ・フロー・モデルが、検討中の案件にとって適切かどうか」という点である。安価なコンピューターのメモリーと処理能力の高いプロセッサー、そして進化し続ける金融技術のおかげで、市場価格を即時に反映するモデルから、作り込んだモンテカルロ・シミュレーションまで、様々な種類のモデルが存在するようになった。キャッシュ・フロー・モデルが主に利用されるのは、キャッシュ・フローを生む資産（アセット）と、キャッシュ・フローに対応する特定の負債（ライアビリティ）を含む案件である。これらの案件は、ストラクチャード・ファイナンス、アセットベース・ファイナンスおよびプロジェクト・ファイナンス分野でしばしばみられる。資産クラスとして典型的なのは以下の通りである。

- 　自動車ローンおよびリース
- 　住宅ローン

- 商業不動産ローン
- 設備リース
- クレジット・カード債権
- 保険／年金の裁定取引
- 新興国からの送金
- CBO ／CLO ／ CDO[9]
- 中小企業向けローン債権
- タイムシェア[10]
- インフラ設備（有料道路、空港等）
- 天然資源（石油、木材等）

　上のリストは網羅的なものではないものの、キャッシュ・フローをベースにしたモデルを利用する、主な資産クラスの多くをカバーしている。また、例えばモンテカルロ・シミュレーションによって債務不履行（デフォルト）の確率を計算した後に、キャッシュ・フロー・モデルによる計算を行う等、異なるタイプのモデルを組み合わせることも可能である。キャッシュ・フロー・モデルが必要かどうかは、モデルにどのような結果を期待するかによって決まると言える。

　キャッシュ・フロー・モデルは、資産および負債に関する一定の前提条件に基づき、どこでどれだけのキャッシュが、どのタイミングで生み出されるかを計算する。この種のモデルは、数多くの視点から利用され、またモデル・ユーザーが期待する計算結果も様々である。

　ここで最も一般的な例の一つとして、特定の資産見合いの資金調達を必要とする資金調達主体を考えてみよう。例えばトヨタのようにファイナンス部門を傘下に持つ会社は、自社の自動車をリースするための資金調達が必要になるかもしれない。実際トヨタは自動車リースのための資金調達を必要としている。資金調達の方法は様々で、資本市場において銀行に当該リース資産を見合いにした借り入れを依頼す

---

9 訳者注：それぞれ Collateral Bond Obligation、Collateral Loan Obligation、Collateral Debt Obligation の略。脚注 5 にも記載した通り、対象アセットが債券または債券類似商品である場合は CBO、貸出債権の場合には CLO と呼ばれる。CDO は CBO あるいは CLO のいずれか、またはその双方を包含する商品である。

10 訳者注：リゾートマンションなどを所有または利用する際に、その期間の経費だけを負担するシステム。

はじめに

るかもしれないし、短期のマネー・マーケットまたは中長期の債券市場で資金調達するかもしれない。調達する資金の額を決定するには、自動車リースが今後どれだけのキャッシュを生み出すかに焦点をあてたキャッシュ・フロー分析が必要である。トヨタのアナリストは、自動車リースによって今後どれだけのキャッシュが生み出され、そのキャッシュがストラクチャード・ファイナンス案件においてどのように分配されるのかを予想するために、キャッシュ・フロー・モデルを構築したいと思うだろう。アナリストの分析の目的は、当該資産から生み出される将来のキャッシュ・フローが、最も低いコストでの資金調達を行うのに十分な額かどうか、検証することにある。

　銀行は同様の分析を、より高い精度で行う。つまり銀行は、典型的なトヨタの自動車リース資産の滞納、債務不履行（デフォルト）および期限前返済の状況について知りたいと思うだろう。10億ドルもの資金調達に応じながら、当該資産からの返済額が資金調達額を下回るなどという案件を望む銀行は存在しない。またこの種の案件は、三つの主要格付機関（スタンダード・アンド・プアーズ、ムーディーズ、フィッチ）から、一定レベルの格付を取得するように組成されるのが通例である。このため各案件は、格付機関による一定のストレス・テストをクリアしなければならない。このストレス・テストを行う唯一の方法は、ダイナミック・モデルを作成した上で、格付機関の基準に沿ったストレス・テストを行うことである。銀行のキャッシュ・フロー・モデルは、特定の制約条件下において、資産から生み出されるキャッシュが、資本市場または銀行が求める資金調達コストを十分に上回るかどうか、確認するために用いられる。

　加えて保証会社が保証を行うかもしれない。もし金利または元本の支払いが不十分であれば、保証会社は保証債務を履行する必要があるため、保証会社の意思決定には非常に高度な分析が必要となる。保証会社は、保証対象となっている金利および元本の支払いが、各変数のストレス・テストを行った場合にも十分に行われることを確認するために、キャッシュ・フロー・モデルを利用するだろう。

　証券の発行体および銀行が何をしているか、知りたがる関係者は他にも多くいる。格付機関は、銀行および発行体が望む格付を付与出来るかどうか、案件をモデル化する必要がある。監査法人は、目論見書に記載されている全てのデータが正確かどうか、自らのモデルによって確認したいと思うだろう。また弁護士事務所は、特定のリーガル・ストラクチャーが、実践で機能するかどうか知りたいと思うだろう。

これら全ての関係者は、それぞれ自分が行いたいと考える分析を実行するために、キャッシュ・フロー・モデルを作成する必要がある。

キャッシュ・フロー・モデルの三つの構成要素

　本書におけるキャッシュ・フロー・モデルは、インプット、キャッシュ・フロー・ストラクチャー、アウトプットの三つの要素に分解することが出来る。これは、料理の各要素と比較してみるとわかりやすい。シェフが料理を作るには食材、調理方法、最終結果としての料理の三つの要素がある。食材毎に異なった味や臭い、歯ごたえがあり、シェフは利用する食材の量や組み合わせ、調理する温度や調理時間によって異なる料理を作る。完成した料理の見た目や香り、味は、食材と調理手法によって大きく異なるであろう。食材や調理手法を変更すれば、異なる料理になる。

　これと同様、ファイナンシャル・モデルにおいては、多くのインプットと、そのインプットを操作する一つのキャッシュ・フロー・ストラクチャーがあり、最終的には特定のインプットとストラクチャーを反映した結果が出力される。料理の例との比較から、最初の二つの要素（インプットとキャッシュ・フロー・ストラクチャー）は相互に関連しながら、三つ目の要素（アウトプット）の特徴を決定づける、という流れが理解出来るだろう。

インプット

　ファイナンシャル・モデルにおけるインプットとは、案件に関連する実際のデータまたは前提条件のことで、モデルが正確な結果を算出するために必要なものである。インプットは、金利に関する単純な前提条件から、損失の発生タイミングや損害の規模といった、より複雑なコンセプトまで多岐に渡る。本書では下の図 0.1 のような順序でモデルを作成していく。

はじめに

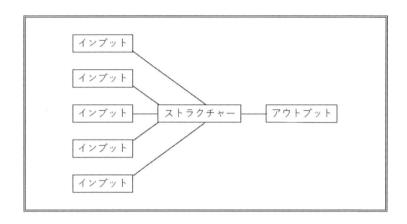

図 0.1 複数のインプットは、一つのストラクチャーを通じてアウトプットを生みだす

1. 日付やタイミング等の基本的かつ包括的なインプット
2. キャッシュ・フローを生み出し、またキャッシュ・フローに影響を与える資産に関する共通のインプット
3. 金利、手数料および基本的な負債構成等、負債に関する共通のインプット

期限前返済やロス・カーブ[11]等、これらのインプットのうちのいくつかは追加説明が必要だろう。本書では第 3 章と第 4 章で、期限前返済とロス・カーブを正しく推定・予測するために必要な情報と手法について解説を行っている。もしこれら二つの非常に重要な要素について疑問がある場合には、第 3 章および第 4 章を参照されたい。

---

11 訳者注：Loss Curve。累積損失額を当初債権残高で除した比率（累積損失率）を時系列で追ったもの。ロス・カーブの分析は、期待損失率の推定等において重要となる。

キャッシュ・フロー・ストラクチャー

　様々なシナリオ分析を行うために、インプットを頻繁に変更する人にとって最も
なじみ深いのは、モデルのインプット部分であろう。しかしながらキャッシュ・フ
ロー・モデルの中心は、実際のキャッシュ・フロー・ストラクチャーにある。この
ストラクチャーは、数式、関数、および数式と関数との組み合わせによって組み立
てられるものであり、関係当事者間で合意された案件のストラクチャーを反映する
よう、各インプットを処理する。正確なストラクチャーは契約書によって決定され
るが、モデルではキャッシュ・フローに関連する箇所が便宜上利用されるのが通例
である。

　キャッシュ・フロー・ストラクチャーは、通常 1 枚のシート上で、各期のキャッ
シュを「動かす」。キャッシュを「動かす」とは、案件のタームシートや信託契約、
その他の契約書によって決定される順番に従って、資産（アセット）に関するイン
プットから生じるキャッシュを処理することである。資産から生み出されたキャッ
シュは、支払いの優先順位の高い順に充当され、残余キャッシュがある場合には、
分配される。生み出される全てのキャッシュが分配されるか、案件の期間満了を迎
えるまで、各期においてこのプロセスが繰り返される。
　キャッシュが充当される使途としては、例えば以下のようなものがある。
- 案件の手数料
- 税金
- シニア・ローンの金利支払いおよび元本返済
- 劣後ローンの金利支払いおよび元本返済
- エクイティ出資者への支払い（配当）
- 各種経費支払いや弁済

　多くの案件において、前提条件の変化に応じて、キャッシュ・フロー・ストラク
チャーが頻繁に変化するのも興味深い事実と言える。基本的な MBS[12]（Mortgage
Backed Securities、モーゲージ担保証券）の案件を例として考察してみよう。モ

---

12 訳者注：Mortgaged Backed Securities、モーゲージ担保証券。不動産担保融資を裏付けとし
　て発行される証券化商品で、広義の資産担保証券（Asset Backed Securities、ABS）の一種。
　MBS の一種に、住宅ローン債権担保証券（RMBS（Residential Mortgage Backed Securities））
　がある。

はじめに

ーゲージ担保証券においては、債務者の債務不履行（デフォルト）が一定のレベル、すなわち事前に設定した上限を超えると、支払いの優先順位が変化する。この上限は、「トリガー」と呼ばれ、案件の契約書に規定されている。モーゲージ担保証券においては通常、シニア・ローンの金利支払いおよび元本の返済が行われ、次いで劣後部分の金利支払いおよび元本返済が行われる。しかしながら、債務不履行（デフォルト）が「トリガー」を超えると、全ての残余キャッシュはシニア・ローンの元利金支払いに充当され、劣後部分の元利金支払いはカットされる。この点については、キャッシュ・フロー・ストラクチャーに関する章で詳細に説明する。ここでは、ファイナンシャル・モデルにおけるキャッシュ・フロー・ストラクチャーは、しばしば静的なものではなくダイナミックなものになる、という点を理解しておいて欲しい。

アウトプット

　ファイナンシャル・モデルにおける最後の要素であるアウトプットも、最初の二つの要素、すなわちインプットとキャッシュ・フロー・ストラクチャーと同様に重要である。というのは、モデルになじみが無い人が主に見るのはアウトプット部分だからである。ほとんどの人は、モデルの詳細を精査する時間はなく、意思決定をするために必要な程度の精度で、前提条件および結果を手短に確認したいと考えている。キャッシュ・フローを毎期毎に印刷するのさえ非効率である。というのは多くのマネージャーは、たった一枚のシートから、意思決定をするのに必要な情報を得ることに慣れているからである。たとえ手の込んだモデルを作成したとしても、モデルの計算結果が不明瞭で読みづらいためにモデルそのものが関係者から軽視されてしまうとしたら、非常に非効率である。

キャッシュ・フロー・モデルの作成手順

　本書の主な目的は、読者にキャッシュ・フロー・モデルを作成するための体系的な説明を提供することにあるが、Excelでモデルを作成する前後に、踏むべき手順がいくつかある。特にこれまでファイナンシャル・モデルになじみのなかった読者は、時間の節約のためにも、これらの手順を踏むことが重要である。ファイナンシ

ャル・モデルの取り扱いに習熟してくるに連れ、モデルの枠組みの基礎部分と応用部分を二段階に分けて作成するのではなく、同時に作成する等、手順を統合することが出来るようになる。しかしながら、ファイナンシャル・モデルに十分に習熟した人であっても、モデルの計画・設計段階とテスト段階を省略すると、誤りに陥ることがある点には、十分に注意が必要である。新しいモデルを作成している途中で直面する設計上の問題は、計画段階で少し時間をかけていれば防げていたであろう。もっと悪いのは、最終結果を出すためにモデルを使用する直前になって、モデルに問題があることが判明するような事態である。

モデルの計画および設計

優れたファイナンシャル・モデラーやコンピューター・プログラマーは、多くの時間をモデルの計画および設計に費やす。モデルの計画・設計は、必要なインプットと予想されるキャッシュ・フロー、そして必要な出力結果を書き出し、立案することによってなされる。それぞれのシートは、コンピューターのメモリー、スペース、セルおよび関数の制約を念頭において作成されるべきである。例えば、モデルの作成を開始した後で、インプットに必要な行または列の数が Excel の上限[13]を超えるような事態は、避けるべきである。本書は事前に計画したモデルをベースに展開するため、計画・設計段階に多くの時間を割くことはしないが、新しいモデルを作成する際には、計画・設計の重要性は決して軽視されるべきではない。

必要な情報の入手

インプットと基本的な前提条件を決定するために必要な情報が多ければ多いほど、モデルも正確になる。通常、インプットは過去のデータや研究、現在の市場情報から決定される。多くのデータベースは、金利等の共通のインプットを記録している。過去の損失発生率や期限前返済、回収率等のアセット特有のデータは、通常はアセットのオーナーから提供される。十分な過去のデータがない場合には、イン

---

13 訳者注：Excel 2007 以降は 1,048,576 行、最大列数は 65,536 列であるが、Excel 2003 以前では最大列数は 256 列であった。

はじめに

プットを決定するため、近似情報やシミュレーションを利用することも可能である。
一方、キャッシュ・フロー・ストラクチャーは契約書で規定される。全ての案件は、
契約書に案件毎に固有の内容が含まれている。キャッシュの動きを詳細に規定する
重要書類には、クレジット・メモ、タームシート、契約書や信託契約が含まれる。

基本的な枠組みの構築

　本書の中心は、データのインプットおよびキャッシュ・フローの数式を入力する
ことによって、モデルの基本的な枠組みを構築するという手順にある。インプット
と数式は、論理的順序に従って正しく入力する必要がある。基本的な枠組みには、
日付とタイミング、アセットのアモチゼーション、案件の手数料、負債の元本およ
び金利、リザーブ・アカウント（準備金口座）、アクション・ボタン、テスト等の
最も重要なコンセプトが含まれている。これらの各コンセプトは、インプット・シ
ートおよびキャッシュ・フロー・シートに全ての基本情報を入力することによって、
案件のストラクチャーを正確に反映した形に発展させることが出来る。基本的な枠
組みは、将来作成するモデルのテンプレート（ひな形）として、保存しておく。

より複雑なストラクチャーの開発

　基本ストラクチャーが完成したら、次は各案件に特有の高度な概念を加えていくことになる。これらの概念は、通常キャッシュ・フロー・ストラクチャーに影響を与え、モデルにおけるキャッシュの動きを変化させる。多くの場合、これらの概念は、案件のトリガーとして規定され、モデルの作成と並行して交渉が行われるか、案件の契約書に明確に規定される。より複雑なストラクチャーが後から付け加えられるのは、これらが案件毎に固有のものだからである。モデルが将来別の案件で利用される場合に、キャッシュ・フローに誤りが生じる可能性を避けるためにも、基本的な枠組みの構築と、各案件に固有の、より複雑なストラクチャーの追加は分けて行う必要がある。

前提条件の確認

　ファイナンシャル・モデルの世界では、「モデルは、前提条件が正しく入力されて初めて役に立つ」と言われている。この背景には、「どんなに手のこんだ複雑なモデルを作成したとしても、入力する前提条件が間違っていれば、モデルによる計算結果も間違ったものになってしまう」、という共通の認識がある。基本的な枠組みと、より複雑なストラクチャーの構築が完成したら、各前提条件の正確性を確認・認証しなければならない。データや手法の正確性を期すためには、期限前返済や債務不履行（デフォルト）、金利に関する過去の調査が必要である。

はじめに

モデルのテスト

最後の手順は作成したモデルをテストすることである。基本的枠組みの作成段階では、各計算の根拠およびロジックを評価するテストを行ったが、ここでは、モデル全体の妥当性およびロジックをテストする。「もしアセットの収益率が上昇したら、負債のアモチゼーションにどのような影響を与えるだろう？」といった質問や、「もし債務不履行（デフォルト）率が上昇したら、負債にはどのような影響があるだろう？」等の質問がなされるべきである。これらの質問に答える最適な方法は、極端な例をモデルで計算してみることである。例えば金利を 30%から 0%まで変化させてみると、モデルのアウトプットも大きく異なったものになるであろう。加えて、もしベンチマークとなり得るデータが存在するのであれば、これらのシナリオをモデルで計算してみるべきである[14]。最後に、もし簡単な計算手法が適用可能であれば、モデルによる計算結果が合理的な範囲内に収まっているがどうか、テストすべきである。

本書の構成と使い方

本書の主題はファイナンシャル・モデルの作成方法にあるため、最初の二つの手順、すなわちモデルの計画・設計と情報の入手については、既に完了しているものとして話を進める。本書で行うのは Excel のワークブックを利用して、一からモデルの基本的な枠組みを作成することである。この枠組みは、今後より詳細な概念をモデルに組み込んでいく上で必要な、基礎的データおよび基本ストラクチャーから成り立っている。

枠組みの作成は、モデル作成に必要な三つの各要素を順に追っていくのではなく、概念毎に行われる。つまり、インプットから始めて、次いでキャッシュ・フロー・ストラクチャー、最後にアウトプットという順番ではなく、例えばアセットに関す

---

14 原著者注：公表されている過去案件の調査や、格付機関からのレポートの取得は、ベンチマークとなるデータを入手する優れた方法である。

るインプットについて触れた後で、ストラクチャーの構築の仕方について解説を行う。この記述方法は、モデルを作成する人にとって望ましいであろう。というのは、インプットのページを入力し終えた後で、その入力が何だったのか後から立ち戻って確認するよりも、各インプットがキャッシュ・フロー・ストラクチャーとどのように相互に作用しあうのか、その場で理解出来るからである。また、読者が理解しやすいよう、各概念は最も基本的な部分から始めて、徐々に複雑になるよう記載している。

　数式をセルにコピーすることによって、ファイナンシャル・モデルを作成することが出来るが、このようなやり方では、理解を深めることは困難である。全体的な手順から特定の数式まで説明することが必要である。このため、本書では各章の最初に章の目的を記載し、次いで理論を実践するためのモデル・ビルダー演習課題を収録している。

　各章の本文を読み終えたら、実際に Excel を利用してモデル・ビルダー演習課題を行ってみて欲しい。もしモデル・ビルダー演習課題でわからない点があれば、シグマベイスキャピタル株式会社のウェブサイト（https://www.sigmabase.co.jp/sc/book_msfc.html）からダウンロードした Zip ファイルに、章毎に Excel のファイルが保存されている（例：MB1.1.xls）ので、そちらを参照して頂きたい。最終的に完成させるプロジェクト・モデル・ビルダー（Project Model Builder Complete Model.xls）も Zip ファイルに収録されているので、読者は、各セクションが最終的にどのように一つのモデルに統合されたか確認することが出来るだろう。モデル・ビルダー演習課題には、データを収録したファイルや、参考用の補足ファイルも含まれている。これらの補足ファイルは、いくつかの章のフォルダの中の Additional Files というフォルダの中に保存されている[15]。

---

15 訳者注：具体的には第 2、3、4、5、8 の各章。

はじめに

　ソフトウェアの使い方を教える際に発生する典型的な問題は、学習者が異なるレベルにある場合に生じる。内容があまりに基礎的すぎると、すぐに興味を失ってしまう一方で、内容があまりに難しすぎると、怖気づいてしまうのである。本書はExcel の中級ユーザー向けに書かれている。但し初心者であっても、各セクションの終わりに記載されたツールボックスの助けを借りれば、本書を使いこなすことは可能である。ツールボックスでは、本書で使われているマイクロソフト Excel の特徴や機能を解説しており、読者は Excel に関する知識をアップデートすることが出来る。Excel の習熟レベルによっては、ツールボックス部分は読み飛ばして頂いても構わない。

第1章　日付およびタイミング

Dates and Timing

第 1 章　　日付およびタイミング

　ファイナンス分野における日付およびタイミングの重要性は最早述べるまでも
無いだろう。単純な現在価値の算出から、イールドやデュレーションといった、よ
り複雑な概念に至るまで、時間は不可欠な変数である。無論、日付およびタイミン
グの設定は、キャッシュ・フローのモデリングにおいても極めて重要である。これ
らはモデルのフォーマットの根幹を為すものであり、また多くの数式や分析におい
て利用される。

　Excel によるモデリングでは、日付とタイミングはそれぞれ異なるフォーマット
を使用する。日付はカレンダーフォーマットを使用し、金利上昇日、満期日等の予
め設定された期日を開始あるいは終了させるのに用いる。タイミングについては、
一般的に数値フォーマットやベクトルで表現し、支払回数や定期性を確認する多く
の分析に用いられる。

時系列

　実際の計算方法や例に移る前に、Excel における時系列の設定方法（行（横）方
向あるいは列（縦）方向の何れで規定すべきか）について触れておきたい。この時
系列の取り方の決定においては、分析対象となる返済回数と返済期間を念頭に、
Excel の制約、つまり行数制限と列数制限を考慮する必要がある。ある案件におい
て 4 半期毎の 25 年間のみについて分析が必要である場合には、同案件における返
済回数は 100 回（4 回/年*25 年 ＝ 100 回）であるため、時系列を行（横）方向あ
るいは列（縦）方向に取ろうが、さして問題にはならない。しかしながら、何らか
の理由により返済を月次で分析する必要が出てきた場合には、同案件における返済
回数は 300 回（12 回/年*25 年 ＝ 300 回）となってしまうため、Excel 2003 まで
では列数制限（256 列）を超えてしまっていた（図 1.1 参照）。[16]

---

16 原著者注：モデラーの中にはこの列数制限への対応としてシートの追加を行おうとする者も
　いるであろう。シートの追加は確かに実施可能なオプションではあるものの、モデルを徒に複
　雑にする結果となり、またエラーが生じやすくなることが想定される。（訳者注：尚、Excel 2007
　以降は列数の制限は 16,384 列と大幅に増えたので、上記例はあてはまらない）

時系列の設定は、一モデル内においては同一方向にて設定することが一般的には推奨されるが、時には一シートにおいて他方向への時系列の設定を要すこともある。Excelは多数の行列変換機能を備えているが、それらの多くはデータの更新やモデルの実行において問題含みとなることがある。ベストな方法は第2章のツールボックスで述べるOFFSET関数を使用することであろう。

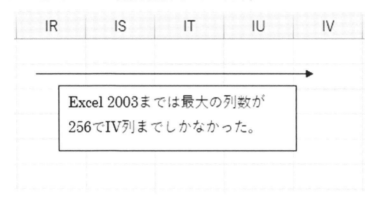

図1.1　256列の制約　（Excel 2003までの制約）

インプット・シートにおける日付とタイミング

　案件の種類に関わらず、通常、インプット・シート中の日付およびタイミングに関する"項目"は、少なくとも二つの日付とタイミングの入力を要する。一つ目の日付は案件組成の完了日（クロージング日）であり、これは当該案件の組成および資金調達が完了した日をいう。手数料、金利、資産の年数等の、タイミングに関する"要素"の多くは、このクロージング日から起算される。二つ目の日付は、手数料、金利および元本の第一回目の支払日あるいは返済期日であるが、これらは時系列においてクロージング日から比較的間もない日である。多くの案件が、クロージング日から第一回返済日までの期間を変則的に設定することから、これら二つの日付の区別は非常に重要である。つまり、案件のクロージング日から第一回返済日までの期間が一ヵ月未満になり得るということであり、これはクロージング日および返済日の設定無くしては計算することは出来ない。

31

第1章　　日付およびタイミング

　タイミングに関する二つの必要入力条件は、返済の頻度に関連するものである。返済の頻度は返済期日間の期間を表わす整数もしくは分数となるが、案件における返済の頻度によって様々な設定が想定される。通常、融資期間は年数で表わされることから、返済の頻度としては半年毎の返済の場合では年2回、四半期毎の返済で年4回、あるいは月々の返済で年12回というように捉えられる。しかしながら、返済額のより精緻な計算においては、融資期間を日次で捉えることが非常に重要となってくる。これは、各月における日数が一定でないことから、日次による計算が必要になるためである。

日数カウント方法（30／360 日、実日数／360 日、実日数／365 日）

　日数カウント方法は、新暦における各月・各年の差異、つまり各月の日数およびうるう年を考慮することにより発展した。30/360 日数カウント方法は、1年を月30日の12か月、つまり年360日と仮定するものである。よって、返済の頻度は月次であれば30日毎、四半期毎であれば90日毎、半期毎であれば180日毎、というようになる。30/360 日数カウント方法は、米国においては最も一般的に使用されている。というのは、地方自治体、企業、政府系機関が発行する債券や不動産担保証券、その他、多くの手形や証券に利用されているためである。

　30/360 日数カウント方法の実行は、Excel の DAYS360 関数を用いて容易に行うことが出来る。この関数は、開始日、終了日、方式の三つのインプット（引数）を必要とする。

＝DAYS360（開始日、終了日、計算方式）

　開始日は開始日と終了日により設定される期間中の日数をカウントする開始日であり、終了日はその最終日となる。計算方式は、NASD　（U.S./National Association of Securities Dealers）方式を取る場合は FALSE と入力し、ヨーロッパ方式を取る場合は TRUE と入力する。両方式の細かい違いは次の通りである。NASD 方式では、開始日が、ある月の最終日（31日）になる場合には、開始日は同じ月の 30 日として計算が行われる。また、終了日がある月の最終日（31日）になる場合で、開始日が同じ月の 30 日よりも前になる状況では、終了日は翌月の 1 日として計算が行われるが、開始日が 31 日の場合には、終了日は終了月の 30 日として計算が行われる。ヨーロッパ方式はより簡単で、開始日または終了日

が、ある月の 31 日になる場合には、同じ月の 30 日として計算が行われる。両方式のうち、より一般的なのは NASD 方式で、計算方式の入力を省略した場合には NASD 方式が取られる。

　もう一つの一般的な日数カウント方法としては actual/360 日数カウント方法があり、主に金融市場証券や米国短期国債に用いられている。これは金利計算の分子に実際の日数を適用するものである。ここで重要なのは、日数を年単位で表現する際に、分母に 365 日ではなく 360 日を使用することである。Excel における日付の形式は 1900 年 1 月 1 日を起算とする通し番号となっていることから、二つの日付にて定められる期間の日数は終了日から開始日を差し引くことにより計算される。

　最後の日数カウント方法としては、actual/365 もしくは actual/actual 日数カウント方法がある。計算方法は実質的には actual/360 であるものの、可能な限り現実の暦に則した計算とするために、分母は年間 360 日とはせずに 365 日を採用している。

　日数カウント方法の違いの一例として、図 1.2 に各日数カウント方法における期間（年）を示す。100 分の数%の差異は大した値ではないが、数億ドルから数十億ドルの案件における差異は置き換えると数万ドルになり得る。

日数カウント方法			
	30/360	Actual / 360	Actual / Actual
2007/1/1 2007/2/1	0.0833	0.0861	0.0849

図 1.2 各日数カウント方法に基づく 2007 年 1 月 1 日から 2 月 1 日までの期間

第 1 章　　日付およびタイミング

モデル・ビルダー 1.1：インプット・シート − 日付とタイミング

　本書にて述べる通り、キャッシュ・フロー・モデルを一から構築することが出来る。このモデル・ビルダー・セクションは、Excel の新規ファイルのシート 1 から始めることを想定している。モデル・ビルダーによる最初のエクササイズは、基本的なラベルの設定と日付・タイミングの入力である。

　先ず始めに書式設定を行う。最も重要な設定はセルのデータに従った正しい書式設定である。多くのセルには、日付、数値、テキスト、等の異なる設定がなされる。もし日付が表示されるべきセルに、数値が表示されたのであれば、そのセルの書式には数値が設定されていることになるから、書式の設定を日付に変更するべきである。このようにセルの書式設定には注意が必要である。

　次に、各セルの色による識別があげられる。これによりプロフェッショナルな見栄えを施すだけでなく、各カテゴリーの識別を容易にすることが出来る。書式設定には特段の説明を設けていないが、見栄えの良い、分かり易いモデルを作成するためには非常に重要となってくる。

　これからモデル・ビルダーによるエクササイズを始めるが、各セクションやフォーマットが如何にあるべきかについて疑問を抱いた際には、シグマベイスキャピタル株式会社のウェブサイトからダウンロードした Zip ファイルに収められた各モデル・ビルダー・セクション（もしくはモデル・ビルダー完成版）を適宜参照されたい。

1. Excel を起動させると新規ファイルとして三つのワークシート（Sheet1、Sheet2、Sheet3）を含むブックが開かれるが、ここで必要なのは二つのワークシートのみであるので、Sheet1 と Sheet2 をそれぞれ "Inputs" と "Hidden" に名前を変更する。

2. A列は使用することなく、シート幅の調整に活用する。というのは、書式設定においてスクリーンの端が表示されない場合もあるためである。よって、セル B1 から始めることとし、そこに "Project Model Builder" と入力し、フォントは青字・太字に変更しておく。ファイナンシャル・モデルでは、変数となる前提条件を青字・太字のフォントにて表示されることが多い。また、

34

このセル B1 には "ProjName" と名前付けしておく。セルの名前付けの方法が不明であれば、本章 43 ページのツールボックスの項を参照されたい。

3. セル B3 に "Dates & Timing" と入力し、続けてセル B4 から B7 にそれぞれ "Closing Date"、"First Payment Date"、"Day-Count System"、"Pmt Frequency" と入力する。セル B3 から C8 の範囲を強調するため、太文字表示にする。この時点において、各自の好み次第である字体の違いを除けば、セルの上詰め端詰めの表示では図 1.3 のようになるはずである。

Project Model Builder

DATES & TIMING	
Closing Date	2007/2/1
First Payment Date	2007/3/1
Day-Count System	30 / 360
Pmt Frequency	Monthly

図 1.3 日付のタイミングの基本的な入力

4. 日付とタイミングの初期値を入力する前に、シート "Hidden" に移動し、データの入力規則を作成する。最初に必要となるのは日付カウント方法である。このシートのセル A5 には見出しとして "Day-Count System" を入力し、その次のセル A6 に日付カウント方法の一つ目、セル A7 に二つ目、というように入力する。本モデルにおいては、セル A6、A7、A8 にそれぞれ "30 / 360"、"Actual / 360"、"Actual / 365" と入力する。セル A6 から A8 の範囲を強調すべく、この範囲を "lstDayCountSys" と名前を付ける。

5. 同様に、返済頻度の設定についても、毎回入力するのは非効率であることから、同シートのセル A10 以降に設定する。セル A10 には見出しとして "Payment Frequency" と入力し、セル A11 以降に、"Monthly"、"Quarterly"、"Semiannual"、"Annual" とそれぞれ入力する。セル A11 から A14 の範囲を強調すべく、この範囲を "lstPaymentFreq" と名前を付ける。

第 1 章　　日付およびタイミング

6. "Inputs" シートに戻り、セル C4 および C5 に日付設定を行い、それぞれ
   にクロージング日として "2/01/07"、第 1 回支払日として "3/01/07" を入
   力する[17]。また、セルの名前を、それぞれに "ClosingDate" と "FirstPayDate"
   と設定する。

7. 上記の通り "Hidden" シートで設定した二つの範囲は、セル B6 から B7
   に対応する C 列の値として用いる。ここで「データの入力規則」ツールを
   用いて、セル C6 には "= lstDayCountSys" と入力し、"lstDayCountSys"
   をデータソースとして指定する。同様に、セル C7 には "=lstPaymentFreq"
   と入力し、"lstPaymentFreq" をデータソースとして指定する。これらにつ
   いて、それぞれ "DayCountSys" および "PmtFreq" と名前を付ける。尚、
   範囲やセルの名前付けと同様に、「データの入力規則」の操作については本
   章のツールボックスの項を参照されたい。

8. 最後に、再び "Hidden" シートに戻り、返済頻度を月数等の数値で表現
   するためのセルを設定する。これに基づいて数値による返済頻度を表示させ
   る。返済頻度の月数による表示は非常に重要である。というのは、Excel に
   は、日次ベースのデータを月次ベースのものに基づいて調整することが出来
   る関数（EDATE 等）が豊富にあるためである。セル C11 には次の通り入
   力する。

$$=IF (PmtFreq="Monthly",1,IF(PmtFreq="Quarterly",3,$$
$$IF(PmtFreq="Semi\text{-}Annual",6,12)))$$

最後に、このセル C11 に "PmtFreqAdd" と名前を付けておく。モデル・
ビルダー1.1 の例については、MB1.1.xls のファイルを参照されたい。

---

17 訳者注：アメリカ方式の日付表示（MMDDYYYY）のため、2007 年 2 月 1 日、2007 年 3 月
1 日の意。英式の日付表示（DDMMYYYY）を採用している場合には 01/02/2007、01/03/2007
と入力する。

キャッシュ・フロー・シートにおける日付とタイミング

キャッシュ・フロー・シートの作成を開始するのにあたって、同シートについて概観してみることは有益である。キャッシュ・フロー・シートは、ユーザーが定義したインプットと前提条件に基づき、案件の支払優先順位に則って、アセットのアモチゼーションによって発生するキャッシュを「動かす」ものである。日付とタイミングは、一般的にシートの最初の3列に見られる。というのは、キャッシュ・フロー・モデルのコンセプトは全て時間の概念に依存しているためである。

多くのファイナンスのプロフェッショナルは、バランス・シート型のモデル、つまり時系列を横軸に取ったモデルに慣れているであろうが、時系列を縦軸に取ることでキャッシュ・フロー・モデルはより柔軟になる。本書におけるモデルでは、時間を縦軸に取ったものとする（図1.4参照。）

三つの列の1列目、通常はA列となるが、ここでは各期間の進捗管理を行う。時間の進捗に基づいて、各期間を数値で表現していく。期間0はクロージング日を表わし、期間1は第一回目の支払日を表わす。これ以降の期間の数値は、上記同様に時間の経過に合わせて1ずつ増やしていく。モデルの返済頻度の条件が四半期あるいは半年毎に変更された場合にも、これら期間の設定に変更は行わない。例えば、月次ベースのモデルである場合、期間1は1ヵ月であり、期間2はその次の月であるが、これを四半期ベースのモデルに変更させる場合には、期間1は1四半期であり期間2はその次の四半期という設定に変えるだけである。

2列目では各期間に対応する日付の進捗管理を行う。上記の通り、期間0はクロージング日を表わし、期間1は第一回目の支払日を表わす。以降の日付は指定する返済頻度に従って決められる。つまり、月次ベースの場合には第一回目の支払日の1ヵ月後、四半期ベースの場合はその3ヵ月後、というように決められる。

3列目ではデー・ファクターと呼ぶ数値を計算するが、これは各期間の間にある日数を正確に計算し、それを1年に対する割合にて表わす。この計算は至って簡単で、各期間の日付の間にある日数の、年間の日数に対する割合を計算するだけである。このファクターは、"Actual / 360"もしくは"Actual / 365"を選択することで、より正確な割合が求められる。図1.4に示すA、B、Cの各列の例を参照されたい。

第 1 章　日付およびタイミング

	A	B	C	D
2				
3				
4	Period	Date	Day Factor	
5				
6	0	2007/2/1	-	
7	1	2007/3/1	0.083	
8	2	2007/4/1	0.083	
9	3	2007/5/1	0.083	
10	4	2007/6/1	0.083	
11	5	2007/7/1	0.083	
12	6	2007/8/1	0.083	
13	7	2007/9/1	0.083	
14	8	2007/10/1	0.083	
15	9	2007/11/1	0.083	
16	10	2007/12/1	0.083	
17	11	2008/1/1	0.083	
18	12	2008/2/1	0.083	
19	13	2008/3/1	0.083	
20	14	2008/4/1	0.083	

図 1.4　縦軸に取った時系列

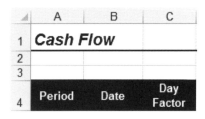

図 1.5　キャッシュ・フロー・シートの冒頭部分

モデル・ビルダー 1.2：キャッシュ・フロー・シート – 日付とタイミング

1. キャッシュ・フロー・シートは本モデルにおける三つ目のシートとなるが、これをシート"Sheet3"から"Cash Flow"に名前を変更する。

2. "Cash Flow"シートにおいて、4行目をヘッダーに設定し、セルA4からC4にそれぞれ"Period"、"Date"、"Day Factor"と入力する。

3. 最初の作業は期間の進捗管理を行う"Period"の列であるが、先ずセルA6およびA7にそれぞれ0と1と入力する。また、これらのセルを選択して、カーソルを当てることで現れる＋マークを左クリックしたまま下に進めることで、以降の行に順次数字をドラッグする。この時、各セルには順に大きくなる数字が入る。このように、Excelではドラッグしたまま下に移動させることにより、自動的に順番に大きくなる数字を入れることが出来るが、その数字の増え方は、始めに選択される二つの数字の差に基づいて大きくなる。本モデルでは最小期間の単位を1ヵ月とした上で30年間のキャッシュ・フローを取り扱うので、モデルの全期間では360期間が必要となる。よって、ドラッグして下に進める際には、360の数字が表れたところで止める。これにより、0から360の数字をセルA6からA366までに入れることが出来たはずである。

4. 次に"Date"の列であるが、ここで案件の日付に変更がある度に日付の変更を行うのは非効率であるため、この列のセルに関数を設定する。"Inputs"シートではクロージング日を案件の開始日として設定したが、この開始日は常にPeriod 0の開始日に一致する。同様に、"Inputs"シートで2番目に重要である第一回目の支払日は、Period 1に対応する。日付設定の式においてはPeriod 1と2を区別すべきであるが、Period 0をクロージング日、Period 1を第一回目の支払日にそれぞれ設定する最も簡単な方法は、IF関

第 1 章　　日付およびタイミング

数を使用することであろう[18]。数式の前半部分は以下の通りとなる。

=IF (A6=0,ClosingDate,IF(A6=1,FirstPayDate

5. また残りの期間は、"Inputs"シートにて設定される返済頻度（"PMTFreq"）に基づく増加割合に従って設定される。この返済頻度に関するセルは各モデル・ユーザーによって設定され、通常は数値ではなく Monthly 等の文字列にて設定される。

6. "Hidden"シートにおいてセル"PMTFreqAdd"を設定したが、この値はセル"PMTFreq"に設定された文字列に基づいて数値が返される。返済頻度に基づくこの数値によって、Period 1 以降の日付を設定すべく EDATE 関数を使用することが出来る。よって、式の全体は以下の通りとなる。

=IF (A6=0,ClosingDate,IF(A6=1,FirstPayDate,EDATE (B5,
PmtFreqAdd)))

7. 上記の式は、Period 0 にはクロージング日を、Period 1 には第一回目の支払日を、そして、その後の期間には第一回目の支払日からセル"PMTFreqAdd"にて返される月数分毎に経過した日付を、それぞれ返すこととなる。この式を各期間の日付のセル全てにコピーしていく。

8. "Cash Flow" シートの最後の列では日付とタイミングに影響するデー・ファクターを計算するが、これは各期間の間隔を 1 年に対する割合にて表わすものである。既に述べた通り、都度選択される日数カウント方法に基づいてデー・ファクターは変化する。

---

18 原著者注：一般的に、高度なファイナンシャル・モデルにおいては、タイミングに関連するそれぞれの列では一つの式を一貫して用いる。モデル作成者は、期間 0 とそれ以降の期間で異なる式を用いることも多いが、これは期間 0 以降の期間の設定が、期間 0 に基づくことによる。しかしながら、IF 関数を用いることにより、列毎の一貫した式の使用が可能となり、これによりモデル自体も監査が容易となることに加え、モデルの作成も早まり、またエラーを減らすことにも繋がる。

9. "Inputs" シートでは日数カウント方法を選択するためのセル "DayCountSys" を設定したが、これには三つの選択肢、つまり 30/360、Actual/360、Actual/365 がある。モデルで必要となる機能は、"Inputs" シートで日数カウント方法を変更した際に、全ての計算がこの変更に基づいて再計算されることである。

10. セル C6 の実際の数式は、多くの要素から構成されている。Period 0 よりも前の日付は存在しないため、Period 0 の値は常に 0 となる。Period 0 の IF 関数は、この点を考慮して以下の通り設定する。

=IF (A6=0,0

11. 次に、30/360 日数カウント方法が選択された場合の計算を設定する。既に述べた通り、これには DAY360 関数を用いるのが最適であるので、以下の通り設定することが出来る。

=IF (A6=0,0,IF(DayCountSys="30 / 360",DAYS360(B5,B6)/360,

12. 始めに、"DayCountSys" において日数カウント方法の選択を取り扱えるように、二つの目の IF 関数が挿入されていることが分かる。次に、"DayCountSys" に "30 / 360" が選択されている場合には、DAY360 関数が適用されることも分かる。この関数は一つ前の期間の日付（セル B5）を参照して、現期間の日付（セル B6）との間隔を計算する。DAY360 関数により返される値は日数である一方、デー・ファクターの計算は全て 1 年に対する割合を求めることから、DAY360 関数にて返された値を（30 / 360 日数カウント方法による計算の場合は）360 で割る必要がある。

13. 更に、Actual / 360 日数カウント方法が選択された場合の計算を設定する。ここでは、"DayCountSys" における選択が Actual / 360 であることを認識するために、再度 IF 関数を必要とする。この関数で真が返された場合には、現期間の日付と一つ前の期間の日付の日数を計算する。

=IF (A6=0,0,IF(DayCountSys="30 / 360",DAYS360(B5,B6)/360,IF(DayCountSys="Actual / 360",(B6-B5)/360,

第1章　日付およびタイミング

14. 最後に、Actual / 365 日数カウント方法が選択された場合の計算を設定する。
ここでは"DayCountSys"の選択肢は3通りのみであることから、最初の
二つの"DayCountSys"に関するIF関数で偽を返された場合には、自ずと
Actual / 365 日数カウント方法が選択されることになる。Actual / 365 日数
カウント方法に基づく計算は、実質的には Actual / 360 日数カウント方法の
ものと同じで、違いは 365 で割ることのみであり、これを直前の IF 関数で
偽が返された場合の値として設定する。よって、この式の全項は以下の通り
となる。

$$=IF (A6=0,0,IF(DayCountSys="30 / 360",DAYS360(B5,B6)/360,IF(DayCountSys="Actual / 360",(B6-B5)/360,(B6-B5)/365)))$$

	A	B	C	D
1	**Cash Flow**			
2				
3				
4	Period	Date	Day Factor	
5				
6	0	2007/2/1	-	
7	1	2007/3/1	0.083	
8	2	2007/4/1	0.083	
9	3	2007/5/1	0.083	
10	4	2007/6/1	0.083	
11	5	2007/7/1	0.083	
12	6	2007/8/1	0.083	
13	7	2007/9/1	0.083	
14	8	2007/10/1	0.083	
15	9	2007/11/1	0.083	

図 1.6　"Cash Flow"シートにおける日付とタイミング

15. この式を各期間のデー・ファクターのセル全てにコピーしていく。フォルダ MSFC_Ch1に格納されている Excel ファイル MB1.2.xls のサンプルを参照 されたい。

ツールボックス

セルおよび範囲の定義（名前付け）

セルや範囲に名前を付けることはファイナンシャル・モデルを取り扱う上での一つのテクニックで、これにより作業時間の短縮、モデル自体をより明瞭にし、更にミスも減らすことが出来る。初歩的な段階では、セルや範囲に名前を付けることで、計算式や関数におけるそれらの参照の仕方が異なってくる。例えば、セル A1 を "Input1" と名付け、セル A2 に 5 を代入した場合に、セル A3 でセル A1 とセル A2 を足す計算を行う時に入力すべき計算式は以下の通りとなる。

=Input1+A2

また、名前付けされたセルや範囲は、それらの参照を相対参照から絶対参照に変更することになる。この変更により、名前付けされたセルを参照した式を、複数のセルにコピーする際に、参照ミスを減らすことが出来る。通常、参照先のセルは "$" 記号を挿入して（F4 のショートカットの使用）絶対参照への変更が必要になるが、名前付けされた範囲については、コピーした際にもその変更はなされない。

セルや範囲に名前を付ける方法としては 2 通りあるが、正式な方法としては以下の通りである。

1. セルもしくは範囲を選択する。

2. 「数式」タブから「名前の定義」を選択する。

3. 「名前の定義」の中でセルもしくは範囲の名前を設定し、OK をクリックする。複数の名前を定義する際には、ここで新規作成を行う。また、「名前の

43

第 1 章　日付およびタイミング

　定義」の下部に「参照範囲」のボックスがあるが、ここで必要に応じて参照範囲の設定や編集を行う。

　範囲に名前を付けるより簡単な方法は、セルもしくは範囲を選択した後に「名前の定義ボックス」を使用して、直接名前を入力する方法である。付けられた名前はウィンドウの上部左端、数式バーの左側に表示される。もし既にセルや範囲に名前が付けられている場合には、セルや範囲を選択した際に、ここに名前が表示される。図 1.7 の通り、セル "ClosingDate"（セル C4）を選択した際には "ClosingDate" の名前が上部左端に表示される。

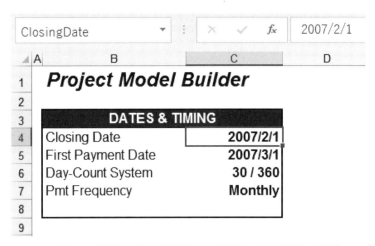

図 1.7　定義付けされた名前と数式の表示（セル C4 を選択した場合）

　全ての入力値や重要な範囲に名前を付けることにより、モデルの作成者やユーザーによる数式の理解が容易となるので、是非とも名前付けを励行されたい。特に、モデル上で高度な VBA を使用する際には、名前付けは非常に重要となってくる。名前を付けられたセルや範囲は、その他の通常のセルや範囲への参照よりも、容易に把握し参照することが可能となる。

データの入力規則

「データの入力規則」ツールを活用して入力値のリストを設定することにより、モデル・ユーザーによる作業時間の短縮やミスの減少に繋げることが出来る。データの入力規制を行えば、ワークシート内のリストを参照し、特定のセルにおけるデータ入力の際に、入力値の選択肢とすることが出来る。

データの入力規制は、以下の通り Excel のツールを活用して簡単に設定することが出来る。

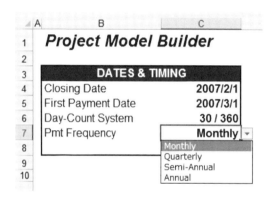

図 1.8 データの入力規制の例

1. 始めに、入力候補値のリストを作成する。図1.8に示す場合では、"Monthly"、"Quarterly"等の四つのセルから構成されるリストからの選択となる。体裁を考慮し、このリストの作成については別のワークシートで行うのが望ましい。(本モデル・ビルダーの中では、このシートはモデルによる計算結果として表示させる必要は無いことから、"Hidden"シートとして設けている。)

第 1 章　　日付およびタイミング

2.　一旦範囲を設定すれば、それに名前を付ける必要がある。望ましい方法とし
ては、名前の定義リストでの検索を容易にするために、名前の頭に"lst"
を付けることである。

3.　最後に、選択したセルにおいて、データの入力規制を有効にする。（図 1.8
におけるセル C7 を参照されたい。）先ずセルを選択し、その後に「データ」
タブの中の「データの入力規制」を選択すると、「データの入力規制」のダ
イアログボックスが開く。「入力値の種類」から「リスト」を選択すると、
「元の値」のテキストボックスが開く。ここに、図 1.9 に示す通り、リスト
の範囲を定義する名前を参照した式を入力する。

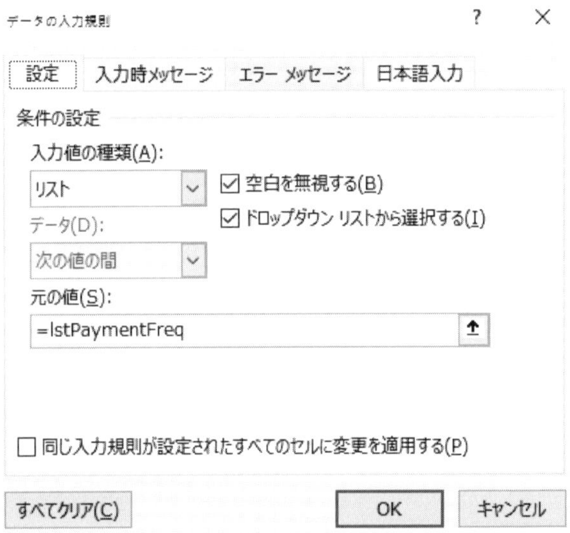

図 1.9　「データの入力規制」ダイアログボックス

EDATE 関数

　ある規則に沿って日付を計算する非常に便利な関数として EDATE 関数がある。EDATE 関数には次の通り、開始日と月数の二つの引数が必要になる。

$$=EDATE (開始日, 月)$$

　上記の通り、この EDATE 関数では月数を扱うが、開始日からその指定された月数だけ経過した日付が求められる。例えば、開始日として "07/15/05"、月数として "1" が指定されている時、EDATE 関数は "08/15/05" を返し、同様に月数として"2"を指定すれば、EDATE 関数は " 09/15/05"を返してくる。また、EDATE 関数は負の月数も扱うことが出来、先ほどと同様に月数に "-1" を指定すれば、EDATE 関数は " 06/15/05" を返してくる[19]。

　Excel 2003 まではこの EDATE 関数を用いるためには分析ツールをインストールする必要があり、インストールされていない場合はエラーが表示される。Excel 2003 で分析ツールをインストールするには、メニューの「アドイン」を選択し、そのダイアログボックス中の「分析ツール」を選択し、OK をクリックする必要があった。尚、Excel 2007 以降では分析ツールをインストールしなくても EDATE 関数を使うことが出来るようになっている。

---

19 訳者注：本書における日付表示はアメリカ方式（MMDDYY）のため、2005 年 7 月 15 日の 1 か月後は 2005 年 8 月 15 日、同 1 か月前は 2005 年 6 月 15 日。

48

第2章　アセット（原資産）から生み出される
キャッシュ・フロー

Asset Cash Flow Generation

第 2 章　　アセット（原資産）から生み出されるキャッシュ・フロー

　最初に計算するのは、アセット（原資産）から生み出されるキャッシュ・フローである。どのようにキャッシュが生み出されるのかは、案件の種類によって大きく異なり得る。ほとんどのストラクチャード・ファイナンス案件では、アセットから生み出されるキャッシュ・フローは、当該アセット（原資産）からの元本および金利という形態となる。案件によっては、特にインフラストラクチャー関連の案件の場合、将来のキャッシュ・フローを予想するのに、コンサルタントによる調査やシミュレーションが利用されることがある。キャッシュ・フロー・モデルでは、案件の種類に関わらず、定期的に発生するキャッシュ・インフローに関する前提条件が必須となる。

　モデルの枠組みを作成するには、アセットから生み出されるキャッシュ・フローの細かい各部分、すなわち金利計算、債務不履行（デフォルト）および期限前返済に関する前提条件、回収等を考慮する必要がある。これらの各部分がどのように機能しているかの詳細な説明は、正確なモデルの作成やモデル作成者のスキル向上に役立つ。本章では最も基本的な概念について説明を行った後に、架空のキャッシュ・フローの創出、すなわち期限前返済と債務不履行（デフォルト）のないキャッシュ・フローに焦点をあてる。その後、アセットからの実際のキャッシュ・フローを作成出するために、細部についての検討を行う。

　アセットからのキャッシュ・フローをどのようにモデル化するかを正確に説明する前に、以下の二つの質問に対する回答を考慮する必要がある。最初の質問は、「今後アセットはどのように存在・変化していくのか？」というものであり、二つ目の質問は「アセットに関するどのようなデータが、どの程度入手可能なのか？」というものである。これらの二つの質問に対する回答によって、二つの手法が適用可能である。すなわち、ローン・レベル法[20]と、代表事例法[21]の二つである。どちらの手法もモデルの作成に必要なキャッシュ・フローを算出するが、同じアセットであっても、採用する手法によって大きく異なる結果が導かれることもあり得る。

20　訳者注：まず個別アセットである、各ローン債権レベルでのキャッシュ・フローを算出した後に、それらを合算してアセット全体からのキャッシュ・フローを算出する手法のこと。詳細は後述
21　訳者注：アセット全体を代表するような性質を持つ架空のアセットを想定した上で、アセット全体からのキャッシュ・フローを算出する手法のこと。詳細は後述

ローン・レベル法と代表事例法の比較－アモチゼーション算定への影響

　前項における二つの質問、すなわちアセットの時系列での変化と、データの量および質に関する質問への回答によって、キャッシュ・フロー算出に際して、どちらの手法を使用するかが決まる。最初にアセットの時系列での変化を考えてみよう。この時系列の概念は、ストラクチャード・ファイナンスになじみのない人にとっては、若干意味不明に感じるかもしれない。よってアセットが、特定のプール内で変化がないか、あるいは更新されるような単純なケースを想定してみよう。「特定のプール」とは、特定のアセットが、その案件にとって唯一のアセットであるような場合を意味する。例えばもしプール内に住宅ローン契約が１０，０００本あれば、これらの住宅ローン契約が案件終了まで残っているようなケースである。住宅ローンの返済、借り換え、債務不履行（デフォルト）が起こっても、新しい住宅ローン債権はプールに追加されない。これは、いわゆる「バイ・アンド・ホールド」タイプの案件や、投資家が特定のプールを購入する場合によく見られる。

　特定のプールにおける、最も好ましいアセットのアモチゼーションの手法は、ローン・レベル法、すなわち各アセットの返済が、個別アセットの特徴に基づき進んでいくようなケースである。１０，０００件の住宅ローン債権は、それぞれ固有の返済スケジュールを有しているが、合算することにより一つの案件の返済スケジュールとなる。この合算された返済スケジュールが、案件のキャッシュ・フロー算出に利用される。

　ローン・レベルでの分析が可能かどうかは、二つ目の質問である「アセットに関するどのような情報が入手可能か？」に対する回答によって左右される。なぜなら、ローン・レベルでの分析をきちんと行うには、各アセットに関する詳細なデータが必要となるからである。最低でも各ローン、即ちプール内の個別ローン債権の期間、残高、金利に関する情報が必要であろう。保有する債権に関する詳細なデータを捕捉し、そのデータにアクセス出来ることが非常に重要である。

　もし上記のような各アセットに関する詳細なデータが存在しないのであれば、もう一つの方法は代表事例を分析することである。代表事例は、似通った個別のローン債権の特徴を、あたかも一つのローン債権または情報の合算とみなす。例えば５本の似通ったローン債権がプール中にあるものの、個別のローン債権の残高や期間、

第 2 章　　アセット（原資産）から生み出されるキャッシュ・フロー

金利が不明な場合、ローン・レベルの分析を行うことは出来ない。しかしながら、もし 5 本のローン債権を合算したプールに関する情報、例えばローン残高の合計、加重平均したローン期間や金利に関する情報が入手可能であれば、これらの数字を利用してプールの返済スケジュールを想定することが出来る。つまりこのケースでは、十分な情報があるために、プール中にある実際の 5 本のローン債権を代表するような、架空のローン債権を想定し、返済スケジュールを想定することが出来る。

　多くの人が代表事例法は理解するのには難しい概念だと思っている。そこで、この概念を感覚的に理解してもらうために、図 2.1 のような計 5 本のローン債権から一つの架空の代表事例を作成してみることにする。

⊿	A	B	C	D	E	F	G
1							
2							
3							
4							
5			*Individual Loans*				
6			Loan	Principal Balance	Rate	Term	
7			1	1,000,000	4.00%	360	
8			2	35,000	14.00%	240	
9			3	500,000	5.50%	360	
10			4	400,000	7.00%	280	
11			5	750,000	5.00%	180	
12							

図 2.1　各ローン債権にはそれぞれ固有の残高、金利および期間がある

　ローンの残高を合計し、金利と期間の加重平均を計算することにより、一つの代表事例を算出することが出来る。図 2.2 の例に見られる通り、この計算によって、個別ローン債権の集合体であるプールに関して、比較的精度の高い概要情報を得ることが出来る。

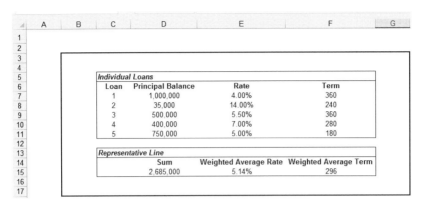

図 2.2 代表事例は、個別ローン債権の残高を合計し、加重平均の金利およびお期間を計算することによって算出することが出来る

プール中の個別のローン債権について五つの異なるキャッシュ・フローを算出するのに比べて、一つの代表事例からキャッシュ・フローを算出する方がずっと容易である。しかしながら、代表事例を作成するにあたっては、主観的な分析が必要になってくる。というのは、アセットの集合体であるプールがより多様性を増すに連れて、代表事例を作成する際のキャッシュ・フローもより影響を受けるからである。図 2.3 のデータ例を想像してみて欲しい。

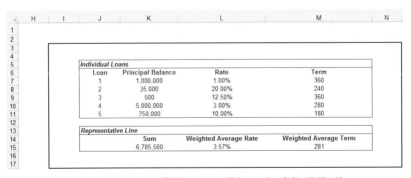

図 2.3 5本のローン債権はそれぞれ異なる元本、金利、期間を持つ

第 2 章　　アセット（原資産）から生み出されるキャッシュ・フロー

　図 2.3 の例では、個別アセットの金利および期間が大きく異なっている。このため、ローン・レベル法によって算出される個別アセット（ローン債権）の金利と各期のキャッシュ・フローの合計額は、代表事例から算出されるキャッシュ・フローとは明らかに異なっている。図 2.4 は各手法を利用した場合の各期のキャッシュ・フローを示している。

　図 2.4 の例では、各手法から算出されるキャッシュ・フローが毎期異なっているだけでなく、合計額も異なっている。毎期の数字が異なっていると、翌期の負債構成に問題が生じる可能性がある。というのは、ローン・レベル法と代表事例法のどちらか一方の手法を利用していると、返済を行うための流動性の不足や、返済遅延に伴うトリガーに抵触する可能性があるからである。また、個別のローン債権の金利の合計金額が 2,926,259 ドルであるのに対して、代表事例を利用した場合の金利の合計金額は 3,233,736 ドルとなる。この例では差額は小さいが、もし元本の金額が 10 億ドルあれば、二つの手法による支払金利の差額は数千万ドルにも達するであろう。代表事例法の Excel の詳細事例は、Zip ファイルの第 2 章　Additional Files 中の RepLineExample.xls ファイルを参照されたい。

	AX	AY	AZ	BA	BB	BC	BD	BI	BF	BG	BH	BI	BJ	BK	BL
1															
2			Aggregated Individual Loans							Representative Line					
3		Period	Beg Bal	PMT	Int	Prin	End Bal		Period	Beg Bal	PMT	Int	Prin	End Bal	
4		0		0	0	0	6,785,500		0					6,785,500	
5		1	6,785,500	36,728	20,172	16,556	6,768,944		1	6,785,500	35,656	20,172	15,484	6,770,016	
6		2	6,768,944	36,728	20,124	16,604	6,752,340		2	6,770,016	35,656	20,126	15,530	6,754,486	
7		3	6,752,340	36,728	20,075	16,652	6,735,688		3	6,754,486	35,656	20,080	15,576	6,738,910	
8		4	6,735,688	36,728	20,027	16,701	6,718,987		4	6,738,910	35,656	20,033	15,622	6,723,288	
9		5	6,718,987	36,728	19,978	16,750	6,702,237		5	6,723,288	35,656	19,987	15,669	6,707,619	
10		6	6,702,237	36,728	19,929	16,799	6,685,439		6	6,707,619	35,656	19,940	15,715	6,691,904	
11		7	6,685,439	36,728	19,880	16,848	6,668,591		7	6,691,904	35,656	19,894	15,762	6,676,142	
12		8	6,668,591	36,728	19,831	16,897	6,651,694		8	6,676,142	35,656	19,847	15,809	6,660,333	
13		9	6,651,694	36,728	19,781	16,947	6,634,747		9	6,660,333	35,656	19,800	15,856	6,644,477	
14		10	6,634,747	36,728	19,731	16,997	6,617,750		10	6,644,477	35,656	19,753	15,903	6,628,574	

図 2.4 個別アセットのローン返済スケジュールを合計したのと比べて、
代表事例を利用した場合の毎期の支払額・金利、元本の額が
微妙に異なる点に留意すること

　個別アセットに関する情報が入手可能な場合、ローン・レベル法によるキャッシュ・フローの算出が望ましいと思うかもしれないが、プールの中のアセットがリボルビングの場合、代表事例法の方がより適切である。リボルビングとは、時間の経過とともに、プール中にアセットが追加されるようなストラクチャーである。例えば１０，０００本の住宅ローン債権からなる案件があると仮定しよう。これらのロ

ーン債権のうちのいくつかは、時間の経過とともに返済や借り換え、債務不履行(デフォルト)が発生し、別のローン債権が追加されるだろう。このようなリボルビング方式のアセットにとって鍵となるのは、プール中のアセットの適格要件である。

　適格要件とは、リボルビング方式として追加出来るアセットを決めるための、事前に定められたルールのことであり、案件のモデル化において不可欠なものである。リボルビング方式のアセットを含む典型的な案件では、適格要件が許容する最悪の条件を持つアセットによって、案件のプールが構成されることが想定されている。例えば、適格要件が許容する個別アセットのイールドの下限が7％の場合、この案件のために作成された代表事例では、7％をアセットのイールドとして利用するべきである。最悪の条件を前提とするのがなぜ重要かと言うと、適格要件以外には、プールを構成するアセットについて保証するものが何もないからである。またストレス・テストは、しばしば最悪ケースのシナリオを含むが、プールの最悪な状態は、適格要件で定めた限界値となる。図 2.5 はローン・レベル法と代表事例法のどちらが利用されるべきかのディシジョン・ツリーである。

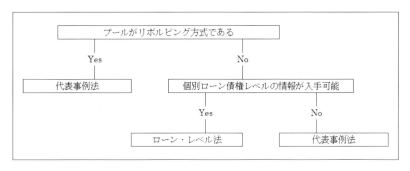

図 2.5 要素の数によって、キャッシュ・フロー算出の分析手法は異なる

第 2 章　　アセット（原資産）から生み出されるキャッシュ・フロー

モデル・ビルダーにおけるキャッシュ・フロー算出例

　アセットのアモチゼーションを習得する最も簡単な方法は、Excel の数式を利用して、単一のローン債権または代表事例を作成してみることである。これは初心者にはちょうど良いレベルである。というのは、今後アセットが複雑化していくとしても、全ての基本は単一のローン債権の中に含まれているからである。第 1 章で作成を開始したプロジェクト・モデル・ビルダーが、単一のローン債権または単一の代表事例を利用しているのは、まさにこのためである。複数の代表事例や、何万もの個別のローン債権を取り扱うことが出来る強力なモデルを作成するには、特定のコンピューター・コードが必要である。VBA はそのような作業に適しており、より上級のモデルでは頻繁に使用されている。高度に発展したモデルは、どのようなタイプのローン債権も取扱いが可能な柔軟性を持っており、多くの異なる尺度に基づくローン債権のアモチゼーションを扱うことが出来る。

インプット・シートにおけるアセットの作成

　ローン・レベル法と代表事例法のいずれの手法を利用するにしても、アセットの作成はインプット・シートから簡単に操作出来るようになっていなければならない。ローン・レベル法においては、計算のための変数の変更や、当該モデルから計算されたキャッシュ・フローと、他のモデルからインポートされたキャッシュ・フローの切り替えを行う感応度選択機能が必要である。プロジェクト・モデル・ビルダーでは、単一の代表事例が利用され、インプット・シートを通じてコントロールされる。

　プロジェクト・モデル・ビルダーにおける代表事例のインプットは、元本と金利の支払いがあるプールに基づいている。従って、最低でもローン債権のプールの当初残高、現在残高、金利、当初期間、残存期間といった情報が必要となる。もし対象となるアセット（つまりローン債権）が変動金利ベースの場合、追加情報が必要になる。ストラクチャード・ファイナンス案件の多くは変動金利のアセットをベースにしていることから、本書では変動金利のアセットのアモチゼーションに関する説明を行い、プロジェクト・モデル・ビルダーでも変動金利を選択出来るようにする。

56

固定金利のアモチゼーション入力

　元利金均等支払いの場合の固定金利のアモチゼーションは、非常に単純でわかりやすい。毎期のキャッシュ・フローは、先ず PMT 関数を使用することによって定期支払額を計算し、次に期初の残高に基づき当期の金利を計算、次いで定期支払額から金利を引いて当期の元本返済額を計算し、最後に期初残高から当期の元本返済額を差し引いて期末の残高を求める。残高がゼロになるまで毎期この作業を行うことによって、元本と金利の一連のキャッシュ・フローが算出される。

変動金利のアモチゼーション入力

　多くの案件が固定金利でモデル化されている一方、変動金利のアセットをベースにした案件も数多く存在する。変動金利のアセットを正確にモデル化するには、より複雑な作業が必要で、キャッシュ・フローを変化させる、例えば下記のような追加情報が必要になる。

・金利インデックス（指標金利）

・金利マージン

・案件の全期間を通じた上限金利（ライフタイム・キャップ）

・案件の全期間を通じた下限金利（ライフタイム・フロアー）

・各期の上限金利（キャップ）

・各期の下限金利（フロアー）

・金利見直しの頻度

・最初の金利見直し日

第2章　　アセット（原資産）から生み出されるキャッシュ・フロー

　適用される金利を計算するには、ベースとなる指標金利の将来予想が必要になる。この前提条件は、典型的には金利先物カーブや格付機関によるストレス・カーブのようなベクトルであり、マージンが各期のベース金利に上乗せされる。案件の全期間を通じた上限金利（ライフタイム・キャップ）とは、案件の全期間を通じて指標金利が一定の水準を超えてしまうような事態を避けるためのヘッジである。逆に案件の全期間を通じた下限金利（ライフタイム・フロアー）とは、案件の全期間を通じて指標金利が一定の水準を下回ってしまうような事態を避けるためのヘッジである。各期の上限金利（キャップ）および下限金利（フロアー）も同様な考えに基づく。すなわち各期の上限金利（キャップ）は、指標金利が案件の全期間中に特定の水準を超えてしまうのを防ぐのではなく、ある特定の期間において、指標金利が特定の水準を超えてしまうのを防ぐ。最後に金利見直しの頻度とは、金利がどの程度頻繁にリセットされ変更されるかを表す。

　変動金利型のアセットのアモチゼーションを取り扱う際には、金利の変化に伴い、キャッシュ・フローがどのような影響を受けるかを考慮するのが一般的である。金利が変化すると、毎期の支払額が変化するか、ローンの期間が変化する。多くのアセットは金利の変化に伴い、支払額が変化する。これが、変動金利型の案件でしばしば観察されるペイメント・ショック[22]の原因である。一方で、支払額が固定されている案件も存在する。この場合、金利が変化しても毎期の支払額は変わらず、ローンの期間が影響を受ける。もし金利が予想よりも上昇した場合、各期の元本返済額が減少し、ローン期間が延長される必要がある。同様に、もし金利が予想よりも下落した場合には、各期の元本返済額が増額され、ローン期間は短縮される必要がある。

　変動金利型のアセットを取り扱う際に考慮すべきもう一つの要素は、ベースとなる指標金利である。というのは、指標金利によっては複数の代表事例が必要となるからである。異なる指標金利をベースにしたアセットから成るプールの場合、それぞれの指標金利に対応した代表事例が必要になるだろう。

　最後に、異なる指標金利をどうモデル化するかという点についての考察を行う。指標金利は、期数と同じ期間にわたる将来の金利の予想である。事例では、３６０

---

22 訳者注：金利上昇により、ローンの元利金返済の合計額が大幅に上昇するショックのこと

期までの可能性があることから、１ヵ月 LIBOR（London Interbank Offered Rate）[23]のような単一の金利ベクトルを計３６０のセルに入力することになる。指標金利をインプット・シートと同じシートに入力するのは非効率である。というのは、今後モデルを作り上げていく過程で、債務不履行（デフォルト）の割合や期限前返済の割合等のベクトルを入力していく必要があり、これに多くのセルを費やすからである。このため、ベクトル用の専用のシートを作成する。

モデル・ビルダー 2.1：インプット・シート中の前提条件とベクトル・シート

　この項では、先ずインプット・シートから作成を開始する。インプット・シートには、代表事例を作成するために必要なデータを入力し、保存する機能がある。アセット作成のためのインプットにより、先ず期限前返済等を考慮しない架空のアモチゼーションのスケジュールを作成する。これが完了したら、期限前返済や債務不履行（デフォルト）、回収等に関する前提条件を考慮に入れたアセットに発展させる。図 2.6 は前提条件のインプット例である。

---

23 訳者注：原著が発行された 2007 年当時は英国銀行協会（BBA）が公表していたが、2012 年の不正操作事件を機にインターコンチネンタル取引所（ICE）に運営が引き継がれた。英金融規制当局は、LIBOR を 2021 年末に廃止し、より信頼性の高い新たな指標金利を採用する方針を示している。

第2章　アセット（原資産）から生み出されるキャッシュ・フロー

図 2.6 アセットに関する前提条件をコントロールするインプット・シート

アモチゼーションのスケジュールに必要なインプットの作成は、以下の手順で行う。

1. "Inputs" シートのセル B10 に **ASSET INPUTS** と入力することにより、インプットに関するこのセクションのラベルを作成する。

2. B11：O11 の範囲に、12 行目に入力する変数のラベルを入力する。各セルに下記のテキストを入力していく[24]。

    B11：Description （内容）
    C11：Original Principal Balance（期初の元本残高）
    D11：Current Principal Balance（現在の元本残高）
    E11：Asset Amort Type（アセットのアモチゼーションの種類）
    F11：WA Fixed Rate（加重平均した固定金利水準）
    G11：Original Term（当初期間）
    H11：Remaining Term（残存期間）
    I11：Seasoning（シーズニング（経年効果））
    J11：Floating Rate Curve（変動金利カーブ）
    K11：Margin（金利マージン）
    L11：Periodic Cap / Floor（各期の上限金利（キャップ）／下限金利（フロアー））
    M11：Lifetime Cap（案件の全期間を通じた上限金利 - ライフタイム・キャップ）
    N11：Lifetime Floor（案件の全期間を通じた下限金利 - ライフタイム・フロアー）
    O11：Rate Reset Freq（金利見直しの頻度）

3. 各前提条件を考察するには、事後的に変更されるとしても、実際の数字を入力していくのが簡単である。先ずセル B12 に、**Asset Pool 1** と入力する。この変数は、アセットを代表するプールのことであり、詳細の説明は不要だろう。このセル以降、フォントのフォーマットを青色の太字にすることを忘れないように。というのは、これらの変数は事後的に変更されるからである。またこのセルを **AssetDes1** と名前を付ける。

---

24 訳者注：カッコ内は日本語訳であり入力不要。以下同様

第 2 章　アセット（原資産）から生み出されるキャッシュ・フロー

4.　セル C12 に、数字の 100,000,000 を入力する。これはプールの期初の元本
残高である。各期の支払額を計算するのに、期初の元本残高を知ることは重
要である。このセルを **AssetOrgBal1** と名前を付ける。

5.　セル D12 には数字の 100,000,000 を入力する。これはプールの現在の元本
残高で、期初の元本残高とは異なった数字になり得る。というのは、プール
の中のローン債権のうちのいくつかは、部分的に返済が進んでいるかもしれ
ないからである。単純化のために、ここでは全てのアセットは新規で、現在
残高は期初残高と同じであると仮定する。このセルを **AssetCurBal1** と名前
を付ける。

6.　セル E12 にはアモチゼーションの種類（固定金利なのか、変動金利なのか、
カスタムなのか）に関する情報を、ドロップダウン・リストから選んで入力
する。このために、先ず"Hidden"シートに戻り、"Hidden"シートのセ
ル A16 に Asset Interest Type（アセットの金利の種類）、セル A17 に Fixed
（固定金利）、セル A18 に Floating（変動金利）、セル A19 に Custom（カ
スタム）と入力する。また"Hidden"シートの A17：A19 の範囲を **lstIntType**
と名前を付ける。

7.　もしアセットのプールのアモチゼーションが固定金利ベースの場合、固定金
利に関する前提条件が必要になる。"Inputs"シートに戻り、セル F12 に
9.00%と入力しておく。このセルを **AssetFxdRate1** と名前を付ける。

8.　セル G12 にはアセットのプールの当初期間に関する前提条件を入力する。
このモデルでは期間の最大数を 360 としたので、ここに入力する数値は 360
よりも小さいか同じである必要がある。ここでは当初期間が 360 であると
仮定し、G12 には 360 と入力する。このセルを **OrgTerm1** と名前を付ける。

9.　セル H12 はアセットのプールの残存期間である。もし全てのアセットが新
規であれば、この数字は当初期間と一致するが、通常は当初期間よりも短く
なる。ここでは初期値として、残存期間を 360 と仮定し、セル H12 には 360
と入力する。このセルを **RemTerm1** と名前を付ける。

10.　次のセルの I12（Seasoning（シーズニング、経年効果））は、当初期間から
残存期間をマイナスすることによって計算される。計算式は下記の通り。

62

$$=\text{OrgTerm1-RemTerm1}$$

非常に簡単な計算式であるが、シーズニングの重要性を過小評価するべきではない。期限前返済と損失額の正確な予測にはシーズニングが重要である。このセルを **Age1** と名前を付ける[25]。

11. セル J12 には、変動金利アセットの場合に、金利を計算するために利用するカーブ（ベクトルと同義）を入力する。この値は、先ほど（上の 6 と）同様にドロップダウン・リストを利用するものの、少し工夫が必要である。参照リストの範囲から金利の名前を選択するが、これは "Hidden" シートには含まれていない。かわりにカーブの名前を、新しく作成する Vectors（ベクトル）という名前のシート上に作成する。

    Vectors（ベクトル）シートを作成するために、先ず新しいワークシートを挿入し、Vectors（ベクトル）と名前を付ける。ベクトルは時系列となるため、時間軸を表すラベルが必要である。"Cash Flow" シートのセル A4 から C4 をコピーして "Vectors" シートのセル A4 から C4 に貼り付ける。次に "Vectors" シートのセル A6 に、＝を入力してから "Cash Flow" シートのセル A6 をクリックすることによって、"Cash Flow" シートのセル A6 を参照する。このセル参照を A6：C366 の範囲にコピーする。セルの書式設定はおそらく不正確であろうから、これらの 3 列について "Cash Flow" シートをコピー後、形式を選択して貼り付ける[26]。

12. "Vectors" シートのセル E4 には最初のベクトル名として **1-Month LIBOR** と入力する。次いでセル F4 には **3-Month LIBOR**、セル G4 には **6-Month LIBOR**、セル H4 には **Prime**、セル I4 には **Custom 1**、セル J4 には **Custom 2**、セル K4 には **Custom 3** と入力する。ここで範囲 E4：K4 を **lstInterstRates** と名前を付けると、図 2.7 のようになる。

---

25 訳者注：Excel 2007 以降では無効となってしまうので、Age1 と名付けたままにするには、Excel 97-2003 形式のまま保存する。Excel 2007 以降の、形式でファイルを保存すると_Age1 に置き換えられて保存される。

26 訳者注：「書式」の貼り付け

第 2 章　　アセット（原資産）から生み出されるキャッシュ・フロー

	A	B	C	D	E	F	G
1	**Vectors**						
2							
3					**Interest Rates**		
4	**Period**	**Date**	**Day Factor**		**1-Month LIBOR**	**3-Month LIBOR**	**6-Month LIBOR**
5							
6	0	2007/2/1	-				
7	1	2007/3/1	0.083				
8	2	2007/4/1	0.083				
9	3	2007/5/1	0.083				
10	4	2007/6/1	0.083				
11	5	2007/7/1	0.083				
12	6	2007/8/1	0.083				
13	7	2007/9/1	0.083				
14	8	2007/10/1	0.083				
15	9	2007/11/1	0.083				
16	10	2007/12/1	0.083				

図 2.7　新しい "Vectors" シートはタイミングと金利に関する基本的な情報を含む

13. ここで "Inputs" シートに戻り、（上の 12 で）lstInterestRate と名付けら
れた範囲の参照を利用して、ドロップダウン・リストを作成する。セル J12
を **AssetFltIndx1** と名前を付ける。この方法によるドロップダウン・リス
トの作成の実用性は、後ほど変動金利の選択が必要になる際に明らかになる。

14. 変動金利に加えて、金利マージンをセル K12 に入力する。セルを
AssetMarg1 と名前を付ける。

15. 各期の上限金利（キャップ）／下限金利（フロアー）とは、各期における金
利の上昇または下落の限界水準であり、セル L12 に入力される。ここでは
上限も下限もないものと仮定し 100%と入力する。（1 ヵ月以内に金利が
100%上昇または下降するような事例は、極めて例外的である）

16. セル M12 には、案件の全期間を通じた上限金利(ライフタイム・キャップ)、
すなわち金利が上昇する場合の絶対値の上限を入力する。各期の上限金利
（キャップ）／下限金利（フロアー）と同様、ここでは 100%と入力する。
つまり基本的にはこの機能は使用しない。このセルを **AssetLifeCap1** と名
前を付ける。

17. セル N12 には、案件の全期間を通じた下限金利（ライフタイム・フロアー）、すなわち金利が下落する場合の絶対値の下限を入力する。0%を入力することにより、この機能は使用しないことになる[27]。このセルを **AssetLifeFloor1** と名前を付ける。

18. この項における最後のセルである O12 には、金利の変更または見直しを行う頻度を表す数値を入力する。金利のタイプによっては、いかなる頻度もあり得る。もし金利が毎期見直しされるのであれば、この値は 1 になる。もし金利が 3 期毎に見直しされるなら、3 を入力する、といった具合である。ここでは毎期金利が見直しされると仮定して、1 を入力する。このセルを **AssetRateReset1** と名前を付ける。

キャッシュ・フロー・シートにおけるアセット作成

　名前から推察される通り、キャッシュ・フロー・シートでは、アセットからのキャッシュ・フローを作成するための計算を行う。代表事例法を用いる場合、架空のアモチゼーション・スケジュールを作成する必要がある。このスケジュールがなぜ「架空」なのかというと、期限前返済や債務不履行（デフォルト）、回収等を考慮しない架空のアモチゼーションだからである。架空のスケジュールは、期限前返済や債務不履行（デフォルト）、回収等を考慮した実際のアモチゼーション・スケジュールを計算する際に使用される。

　架空のアモチゼーション・スケジュールは 6 つの列を使用する。すなわち期初残高、元利金合計支払額、各期の金利水準、利息額、元本返済額、期末残高である。プロジェクト・モデル・ビルダーを含むほとんどのモデルにおいては、元利金均等返済が想定されており、計算も非常に単純である。唯一厄介なのは金利に関する部分で、特に固定金利が望まれる場合には複雑になるが、そうでなければ各期の金利水準は毎期毎に設定される。

---

27 訳者注：アセットがゼロ金利ないしマイナス金利になる事態を想定しない場合

第 2 章　　アセット（原資産）から生み出されるキャッシュ・フロー

D	E	F	G	H	I	J
1						
2						
3	*Notional Amort Schedule*					
4	Beginning Balance	Interest Rate	Payment	Interest	Principal	Ending Balance
5						
6						100,000,000
7	100,000,000	9.00%	804,623	750,000	54,623	99,945,377
8	99,945,377	9.00%	804,623	749,590	55,032	99,890,345
9	99,890,345	9.00%	804,623	749,178	55,445	99,834,900
10	99,834,900	9.00%	804,623	748,762	55,861	99,779,039
11	99,779,039	9.00%	804,623	748,343	56,280	99,722,759
12	99,722,759	9.00%	804,623	747,921	56,702	99,666,057
13	99,666,057	9.00%	804,623	747,495	57,127	99,608,930
14	99,608,930	9.00%	804,623	747,067	57,556	99,551,375
15	99,551,375	9.00%	804,623	746,635	57,987	99,493,387

図 2.8　架空のアモチゼーション・スケジュールは "Cash Flow" シート上に作成する

モデル・ビルダー 2.2：キャッシュ・フロー・シートにおける架空のアセット・アモチゼーション

1. 以前のモデル・ビルダーのセクションと同様、最初のステップとして計算のためのラベルを作成する。"Cash Flow"シートのセル E3 に Notional Amort Schedule（架空のアモチゼーション・スケジュール）と入力する。

2. セル E4 に Beginning Balance（期初残高）、セル F4 に Interest Rate（金利水準）、セル G4 に Payment（元利金合計支払額）、セル H4 に Interest（支払利息額）、セル I4 に Principal（元本返済額）、そして最後にセル J4 に Ending Balance（期末残高）と入力する。

3. 次に列 J に期末残高の計算式を入力する。この手順は多少直観と反するかもしれない。というのは、第 0 期には期初残高が存在しないからである。第 0 期を設定する理由は、案件がクローズし、資金が払い込まれるタイミングをとらえるためである。第 0 期には期初がなく、案件開始時における参照用としてのみ使用される。すなわち、第 0 期のどんな数字も、第 0 期末の数字としてみなされる。後ほど確認する通り、第 1 期は第 0 期が終わるタイミングで開始される。他のモデルで作業を行う際には、計算が期末（end of period（EOP））ベースなのか、期初（beginning of period（BOP））ベースなのか確認するのは重要である。というのは、このタイミングの違いが、しばしば計算結果に明らかな影響を与えることがあるからである。

4. 第 0 期というのは例外的な存在のため、J 列に当初残高を入力するためには IF 関数が必要となる。そうでなければ、期末残高というのは、期初残高から当期の元本支払額を差し引いたものになる。従ってセル J6 には下記の計算式を入力し、セル J366 までコピーする。

$$=IF (A6=0,AssetCurBal1,E6-I6)$$

この計算式は、下記のように解釈される。すなわち、もし第 0 期であれば、セル J6 の値は "Inputs" シートに入力されたアセットの現在残高となり、そうでなければ、期初残高からその期の元本支払額を差し引いたものとなる。

第2章　アセット（原資産）から生み出されるキャッシュ・フロー

5. 次に期初残高の計算を行う。これは非常に簡単である。というのは、どの期においても期初残高というのは、常にその前の期の期末残高と等しいからである。従って、セル E7 には

$$=J6$$

と入力し、この数式を 366 行までコピーする。この計算がなぜ 7 行目から始まるのか困惑した場合には、第 0 期（6 行目）には期末残高しか存在しないことを思い出して欲しい。

6. 次の計算は各期の金利水準で、この項における、そしておそらくはモデル全体においても、最も込み入った数式である。金利水準の数値は、多くの要素に左右される。最も主要な要素は、モデル・ユーザーが "Inputs" シートにおいて選択する金利ベクトルである。従って、計算式は、先ず金利ベクトルの選択のために "Inputs" シートを参照し、次いで予想金利水準が入力されている "Vectors" シートを参照する。また、金利が変動金利ベースの場合、上限金利（キャップ）、下限金利（フロアー）および金利見直しが必要になる可能性がある。当該期の正確な金利水準を求めるためには、これらの全ての要素を考慮に入れる必要がある。

7. 金利に関する計算式を入力する前に、"Vetctors" シートに金利ベクトルの数字を入力する必要がある。典型的な金利ベクトルは、予想金利カーブで、いろいろな方法で入手することが出来る。通常は、ブルームバーグや他の金融情報サービスから入手可能な金利先物カーブで十分である。格付基準を満たすには、格付機関によって作成されたストレス・カーブを使用すべきである。この後、計算例を正確に行うために、付属のモデル・ビルダー例 2.2 のファイルの "Vectors" シートから、1 ヵ月 LIBOR のカーブ（範囲セル E6：E366）をコピーし、作成中のモデルの同一箇所に貼り付ける[28]。

---

[28] 訳者注：2009 年〜2015 年までの（米ドル）低金利に慣れた読者の中には、1 month LIBOR が 2.60% から始まり、4 年間で 6.94% まで上昇していくというインプットを、非現実的と感じる方もおられるであろう。しかしながら原著者のオールマン氏が原著を上梓した 2006 年 12 月末時点での 1 month LIBOR は 5.32% であり、2004 年以降の利上げの最終局面にあった。

8. "Vectors"シートに金利ベクトルの数字を入力したところで、"Cash Flow"シートに戻り、セル F7 に数式を入力する。数式の最初の部分で、固定金利と変動金利の選択を行う。これには"Inputs"シートのセル E12 を参照する、単純な IF 関数が必要となる。もし"Inputs"シートのセル E12 で固定金利（Fixed）が選択された場合、各期の金利は"Inputs"シートのセル F12 に入力された加重平均固定金利になる。そうでなければ、金利は変動金利となり、"Vectors"シート中の該当する期とカーブに対応する金利が選択されることになる。IF 関数を使用した固定金利選択は以下の通り単純である。

$$=IF(AssetIntType1="Fixed",AssetFxdRate1,$$

9. 上の IF 関数において偽（false）となった場合、すなわち変動金利の場合、期間と金利カーブの二つの情報が必要になる。"Vectors"シートを見ればわかる通り、これらの情報は"Vectors"シートに含まれている。必要なのは、セルが対応する期数と、ユーザーが"Inputs"シートで選択した金利カーブの関係である。これは OFFSET 関数と MATCH 関数の組み合わせという強力な検索機能を利用することによって達成することが出来る。VLOOKUP 関数のような特定の検索関数を利用するよりも、これら二つの関数を組み合わせて使用するほうが使いやすい。というのは、特定の検索関数は、通常検索する対象を順番に並べ替えておく必要があるからである。OFFSET 関数や MATCH 関数はこのような条件を必要としない。読者がもしこれらの機能になじみがなければ、この章の終わりにあるツールボックスを参照されたい。

この方法がどのように機能するかを理解するには、"Vectors"シート内の表を、X 軸にカーブの名前、Y 軸に期数を配した表とみなすのが有効である。OFFSET 関数は、選択されたカーブと期に対応するセルを表の中から特定する。OFFSET 関数は、基準となるセルから数値を利用してセルの検索を行うため、期数とカーブを表す数値が必要である。期数は既に数値で表記されていることから、数字として認識する必要のある変数は、選択された金利カーブのみとなる。しかしながら"Vectors"シートには、既に金利カーブのリストがあることから（E4：K4 の範囲が lstInterestRates と名付けられたことを思い出して欲しい）、リストにも暗黙の順番があることになる。すなわち、1-Month LIBOR（セル E4）から始まり、次いで 3-month LIBOR（セル F4）になるといった具合である。詳細は図 2.9 を参照されたい。

69

第 2 章　　アセット（原資産）から生み出されるキャッシュ・フロー

図 2.9　"Vectors" シートは正しい金利を決定するために参照する金利のリストを含む

　図 2.9 を見ればわかる通り、セル D6 をオフセットの基準とした参照を行う
場合、1-Month LIBOR の第 1 期（2.60%）を指定するのは（1,1）となる。
この参照の手法は OFFSET 関数の文脈で使用される。もしセル D6 から右
側に 1 セル、下に 1 セル離れたセルを参照すると、セル E7 になる。これは
下記の式と同一である。

$$=OFFSET (\$D\$6, 1, 1)$$

　この数式は、セル D6 を右に 1 セル、下に 1 セルずらす、という意味で、セ
ル E7 の値、すなわち 2.60% を返す。セル D6 は $ で絶対参照になっている
ため、参照する範囲には変更ない。絶対参照セル $D$6 がオフセットの基準
であることがわかれば、次は金利カーブに関する文字情報を、数値に変換す
るような関数が必要である。

70

金利カーブに関する変数についての変換を可能にするのが、MATCH 関数である。MATCH 関数は、リストの中のどの値、順番でもうまく機能する。好都合なことに、金利カーブのリストは作成済である（lstInterestRates）。もし該当する 1-Month LIBOR に関する金利カーブの文字情報を与えられたら、lstInterestRates という名前のリストとの正確なマッチングが可能だろう。というのは、MTACH 関数は、リストの中からマッチングした場所の数値を返すからである。このケースでは、1-Month LIBOR は lstInterestRates 中の最初の値である。従って、MATCH 関数では、1-Month LIBOR というテキスト情報から 1 を出力する。

期数は既に数値情報であることから、MATCH 関数を利用して検索する必要がない。もしオフセットの基準が第 1 期の一つ上のセルであれば、セルを一つ下にずらずと数値は 1 になる。該当するセルの期数は 1 であることに留意されたい。同様にセルを二つ下にずらせば、該当するセルの期数は 2 となる。以下同様である。複雑そうに見えても心配する必要はない。数式は以下のようになる。

=IF (AssetIntType1="Fixed",AssetFxdRate1,IF(A7=1,
OFFSET (Vectors!$D$6,A7,MATCH (AssetFltIndx1,
lstInterestRates,0))

この数式の追加により、"Vectors" シートのセル D6 をオフセットの基準として、セルを下および右にずらすことになる。期数によっていくつセルを下にずらすが決まる。同様に "Inputs" シートの金利リストからどの金利カーブを選択するかによって、セルをいくつ右にずらすかが決まる。1-Month LIBOR はリスト中で最初（＝一番左）なので、右に一つセルをずらせば良い。もし "Inputs" シートにおいて 3-Month LIBOR が選択されたら、オフセットは右に 2 セル移動し、セル F7 になる。というのは、3-Month LIBOR は（lstInterestRates 中で左から）二つ目にあるからである。

10. 数式作成における次のステップは、金利に上限（キャップ）がある場合の取り扱いである。金利キャップは、金利が一定の上限を超えて上昇するのを避けるためのヘッジとして購入される。変動金利ベースの場合、毎期毎または案件の全期間を通じて、金利が定められた上限を超えないようにするためのキャップがあり得る。これを取り扱うのに最適なのが MIN 関数である。変

第 2 章　アセット（原資産）から生み出されるキャッシュ・フロー

動金利の場合、各期の金利は（金利カーブ中の）予想金利か、上限金利のいずれかになる。MIN 関数部分は、以下のように追加される（下記数式の**太字**部分）：

=IF (AssetIntType1="Fixed",AssetFxdRate1,
MIN (OFFSET (Vectors!\$D\$6,A7,MATCH (AssetFltIndx1,
lstInterestRates,0)),
(F6-AssetMarg1)+AssetPdCapFl1,AssetLifeCap1)

新たに追加した部分の数式により、"Vectors"シート中の予想金利、前期のベース金利に各期の上限金利（キャップ）を加えたもの、または全期間を通じた上限金利（ライフタイム・キャップ）のうち、最少のものが出力される。前期の仕上がり金利からマージンが差し引かれていることに留意されたい。これは、数式の最後でマージンが加えられるためで、上限金利（キャップ）を比較する際には、ベース金利の予想と比較する必要があるためである。前月の仕上がり金利には、既にマージンが加算されているので、ベース金利の比較のためには、マージン部分を差し引く必要がある。

11. これとは逆のアプローチが下限金利（フロアー）について必要である。下限金利（フロアー）とは上限金利（キャップ）の逆で、金利がある一定の水準を下回るような事態を避けるためのヘッジである。ヘッジが真逆なので、真逆の関数、すなわち MAX 関数を利用するのが適切となる。MAX 関数（**太字**部分）は、MIN 関数の直前に挿入されるべきである。各期の下限金利（フロアー）が、（前期の仕上がり金利からマージンを差し引いたものから）差し引かれている。

=IF (AssetIntType1="Fixed",AssetFxdRate1,**MAX** (MIN (
OFFSET (Vectors!\$D\$6,A7,MATCH (AssetFltIndx1,
lstInrerestRates,0)),(F6-AssetMarg1)+AssetPdCapFl1,
AssetLifeCap1),**(F6-AssetMarg1)-AssetPdCapFl1,**
AssetLifeFloor1)

12. 数式の次の部分では、変動金利の場合の金利見直しの頻度について理解する必要がある。一口に変動金利といっても、四半期毎あるいは半年毎にしか金利見直しがない案件もある。これに対応するのが"Iputs"シートのセル O12

（AssetRateReset1）である。タイミングによって何かをするのを決定する
のに最適な関数は MOD 関数である。もし MOD 関数に不慣れであれば、詳
細は章末のツールボックスを参照されたい。MOD 関数は（下記数式の**太字**
部分）、当期が "Inputs" シートで設定した金利見直しの頻度で割り切れる
かどうかを試すために利用される。もし割り切れるのであれば、変更後の金
利を検索する必要があり、そうでなければ当月の金利は、前月と同じままで
ある。最後の文章から明らかな通り、IF 関数も必要となる。

=IF (AssetIntType1="Fixed",AssetFxdRate1,**IF(MOD ($A7,**
AssetRateReset1)=0,MAX (MIN (OFFSET (Vectors!$D$6,A7,
MATCH (AssetFltIndx1,lstInrerestRates,0)),
(F6-AssetMarg1)+AssetPdCapFl1,AssetLifeCap1),
(F6-AssetMarg1)-AssetPdCapFl1,AssetLifeFloor1),**F6)**

この数式の追加により、もし当期が金利見直しの頻度で割り切れるのであれ
ば、"Vectors" シート中の該当する金利が検索され、そうでなければ前月の
金利（セル F6 ）がそのまま適用される。

13. 次に、第 1 期には、前月の金利がないということを考慮に入れる必要がある。
もし変動金利の場合、単純に最初の変動金利を参照すれば良い。これは今期
を参照する IF 関数で、先に使用したのと同じ（つまり OFFSET 関数と
MATCH 関数の組み合わせ）検索手法で、同じ金利の場合を TRUE にする
ことで簡単に出来る。IF関数を挿入し（**太字**部分）、OFFSET 関数と MATCH
関数の組み合わせをコピーおよび貼り付けする（**太字**部分）ことによって、
以下のような数式となる。

=IF (AssetIntType1="Fixed",AssetFxdRate1,**IF(A7=1,**
OFFSET (Vectors!$D$6,A7,MATCH (AssetFltIndx1,
lstInrerestRates,0)),IF(MOD ($A7,AssetRateReset1)=0,
MAX (MIN (OFFSET(Vectors!$D$6,A7,MATCH(AssetFltIndx1,
lstInrerestRates,0)),(F6-AssetMarg1)+AssetPdCapFl1,
AssetLifeCap1),(F6-AssetMarg1)-AssetPdCapFl1,
AssetLifeFloor1),F6)))

第 2 章　　アセット（原資産）から生み出されるキャッシュ・フロー

14. 最後に、マージンについて付け加える。固定金利であろうと変動金利であろ
うと、最後にマージンを加える必要がある。全期間を通じた上限金利（ライ
フタイム・キャップ）または下限金利（ライフタイム・フロアー）が、マー
ジン分だけ超過してしまう可能性があることに注意が必要である。このため、
マージン（**太字**部分）は、全期間を通じた下限金利（ライフタイム・フロア
ー）または上限金利（ライフタイム・キャップ）から差し引かれる必要があ
る。最終的には数式は以下のようになる[29]。

$$
\begin{aligned}
&\text{=IF (AssetIntType1="Fixed",AssetFxdRate1,IF(A7=1,} \\
&\text{OFFSET (Vectors!\$D\$6,A7,MATCH (AssetFltIndx1,} \\
&\text{lstInterestRates,0)),IF(MOD (\$A7,AssetRateReset1)=0,} \\
&\text{MAX (MIN (OFFSET(Vectors!\$D\$6,A7,MATCH(AssetFltIndx1,} \\
&\text{lstInterestRates,0)),(F6-AssetMarg1)+AssetPdCapFl1,} \\
&\text{AssetLifeCap1-}\textbf{AssetMarg1}\text{),(F6-AssetMarg1)-AssetPdCapFl1,} \\
&\text{AssetLifeFloor1-}\textbf{AssetMarg1}\text{),F6)))+}\textbf{AssetMarg1}
\end{aligned}
$$

15. 次の計算式で、各期の元利金の支払総額を求める。これには Excel の PMT
関数が最適である。PMT 関数で各期の元利金の支払総額を求めるには、残
高、期間および金利に関する情報が必要となる。プロジェクト・モデル・ビ
ルダーでは、固定金利シナリオの場合、毎期の元利金の支払総額は一定で、
変動金利の場合、（金利変動に応じて）元利金の支払総額も変動する。

　元利金の支払総額の計算式においては、変動金利の場合、支払総額が残高よ
りも多くなってしまう可能性についても考慮が必要になる。これに対処する
には、残高が支払総額よりも小額がどうかをチェックするための IF 関数を
挿入する必要がある。もし残高が支払総額よりも小額であれば、支払総額は
残高とその期の金利額の合計となる。セル G7 には次の数式を入力し、セル
G366 までコピーする：

---

29 訳者注：“Inputs” シートで入力したライフタイム・キャップの水準に、マージン込みで
も達成しないとの前提に基づく。

$$=IF (J6<=G6,H7+E7,-PMT (F7*C7,OrgTerm1,AssetOrgBal1))$$

PMT 関数の前のマイナス符号についてコメントしておく。PMT 関数はマイナス値を出力するため、モデル中の全ての数字を正の値にするという一貫性を保つためには、PMT 関数の前にマイナス符号をつける必要がある。

16. 元利金の支払総額に関する数式が完成したら、次の数式は支払金利額の計算になる。各期の適用金利は F 列にあるため、この計算は非常に簡単である。各期の支払金利額は、期初残高に金利を乗じたものになる。各期の金利は引き続き年利で表示されているため、デー・ファクターを掛けることで各期の金利を計算する必要がある。セル H7 に入力する数式は以下の通り（セル H366 までコピーする）。

$$=F7*C7*E7$$

17. この章における最後の列は元本返済額である。元利金の支払総額と今期の支払金利額が既に計算されていることから、当期の元本返済額は支払総額から支払金利額を差し引いたものになる。セル I7 に以下の数式を入力し、セル I366 までコピーする。

$$=G7-H7$$

18. これで架空のアモチゼーションのスケジュールが完成した。"Inputs" シートにおける変数を変更して、アモチゼーションのスケジュールがどのような影響を受けるか確認してみよう。この項の内容をよく理解するようにして欲しい。というのは残りのモデルにおけるキャッシュ・フローは、この架空のアモチゼーションのスケジュールをベースにしているからである。

75

第 2 章　アセット（原資産）から生み出されるキャッシュ・フロー

ツールボックス

OFFSET 関数

ファイナンシャル・モデリングにおいて最も有用な種類の関数の一つが、他のセルを参照する機能である。OFFSET 関数は、指定した参照から、与えられたパラメーターに応じて別のセルを指定する。OFFSET 関数には、下記の情報が必要となる。

=OFFSET（オフセットの基準となる参照、指定した行数、指定した列数）

例えば、もし下記のように入力されていたら、

=OFFSET (A1, 1, 1)

出力される値はセル B2 になる。というのは、OFFSET 関数がセル A1 から開始され、下に 1 行右に 1 列移動した先を指定しているからである。

MATCH 関数

しばしば見過ごされがちだが、MATCH 関数は非常に有力な関数である。検査範囲内を検索し、検査値と一致する要素の、配列内での相対的な位置を表す数値を出力する。MATCH 関数の入力方法は以下の通りである。

=MATCH（検査値、検査範囲、照合の種類）

図 2.10 では C5：C7 の範囲に果物のリストがある。もしリスト中の "Pear（洋ナシ）" の場所が必要であれば、MATCH 関数が利用出来る。この事例における

76

最後のパラメーターである0^{30}は、検査の正確性を表す。0 と入力した場合には、"Pear（洋ナシ）" という単語が正確に一致しなければならず、もしそうでなければ#N/A と出力される。1 は検査値以下の最大の値が検索され、-1 は検査値以上の最少の値が出力される。1 または-1 を入力する場合には、検査範囲のデータを並べ替えておく必要があることから、可能であれば 0（ゼロ）を使うようにしたい。

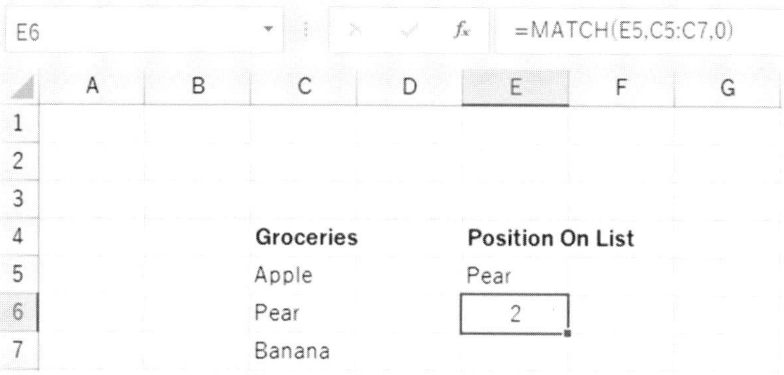

E6			▼	⋮	✕	✓	f_x	=MATCH(E5,C5:C7,0)

◢	A	B	C	D	E	F	G
1							
2							
3							
4			**Groceries**		**Position On List**		
5			Apple		Pear		
6			Pear		2		
7			Banana				

図 2.10 果物のリストを利用した MATCH 関数の使用例

---

30 訳者注：数字のゼロ

第 2 章　　アセット（原資産）から生み出されるキャッシュ・フロー

MOD 関数

　MOD 関数は数学関数の一つで、数値を除数で割った時の余りを求める。MOD 関数には引数は二つしかなく、それは割り算の分母となる数値と、割り算の分子となる除数である。

PMT 関数

　PMT 関数は、ファイナンス分野における有力な関数の一つと言える。この関数に、（ローンの）利率、期間、元本金額を入力すると、1 期間あたりの定期返済額が算出される。数式の入力は以下の通り。

=PMT（利率、期間、元本金額（の現在価値））

　入力する利率が、期間に対応しているかどうか、常に留意されたい。例えば、もし期間が月次ベースであれば、金利も月次ベースに調整してから入力する必要がある。また、PMT 関数のデフォルト設定では、定期返済額をマイナス値で出力するので、PMT 関数の冒頭にマイナス符号をつけるか、同時に使う他の関数がマイナスの返済額を取り扱う必要がある。モデル・ビルダーでは全て正の値を前提としているため、PMT 関数の前にマイナス符号をつけて利用する必要がある。

第 3 章　期限前返済

Prepayments

第 3 章　　期限前返済

　2 章においては架空の返済スケジュールを作成したが、これは案件のキャッシュ・フローの前提条件となるものである。このキャッシュ・フローでは、ローン資産のプール中の全てのローンにおいてスケジュール通りに返済が行われるものと仮定する。しかしながら、このような簡単な話で全てを片付けることが出来るのであれば、多くの金融の専門家たちは職を失うことになるだろう。実際のローンにおいては、全く支払いがなされず滞納状態が続いたり、時にはそれが債務不履行（デフォルト）に陥ったりすることもあるが、このような場合のキャッシュ・フローは不規則なものとなる。

　本章においては期限前返済[31]に焦点を当て、どのようにこれらを追跡、想定し、如何にしてキャッシュ・フロー・モデルに反映させるについて考察を行う。最初に、「何をもって期限前返済とするか」、についてはっきりさせるべきであろう。期限前返済には、未返済の元本残高を一括で返済する“期限前一括返済”と、未返済残高の一部を返済する“一部期限前返済”がある。例えば、ある月に個人債務者が余剰のキャッシュを持っており、間もなく支払期日を迎える\$1,800 に対して\$2,000 を支払う場合を考えてみる。この場合には、\$1,800 は元本と金利を合わせた支払額であることから、\$200 の追加支払は未返済元本残高をその分だけ減少させる一部期限前返済となる。その他の期限前返済としては、期限前一括返済に繋がるリファイナンス（借り換え）、クレジットイベント（信用事由）の発生、抵当物受戻権喪失、等がある。

　本章の後半部分では主にモデル・ビルダーによる演習を取り扱う。但し、いくつかの演習は、モデルの作成には直接関連しない。また、演習の一つでは、過去の期限前返済の情報をどのように抽出するか、あるいは想定する期限前返済のシミュレーション・カーブを如何にして描くか、について説明する。この期限前返済の予想カーブは、プロジェクト・モデル・ビルダーにおける期限前返済の前提条件として使用する。この目的は読者に対して、ストラクチャード・ファイナンスのモデリングにおける以下の三つの重要項目を示すことである。

---

31 訳者注：本書では、“Prepayment”を基本的には「期限前返済」と訳したが、SMM 等の専門用語や関連の固有名詞においては「返済」ではなく「償還」を主に使用している。両者において本質的な違いは無いが、読者の混乱を避けるため、ローン・レベルの元本支払いを「返済」、MBS 等証券化商品レベルでの元本支払いを「償還」と整理している。

1. 期限前返済のデータに関する理想的なフォーマット

2. 如何にして期限前返済のデータをプロジェクション[32]に落とし込むか

3. 如何にしてプロジェクションをファイナンシャル・モデルに適用・統合するか

期限前返済の追跡方法

期限前返済のコンセプト自体は比較的容易であるが、期限前返済の追跡方法や期限前返済率の計算方法は数多くある。「期限前返済」の用語自体、資産の種類によってその意味が異なるだけでなく、同じ産業の異なる企業間でさえ異なってくる。重要なのは過去のデータを適切に解釈し、それらをプロジェクションに活用出来るように、それぞれの期限前返済が意味するところやその根底にある計算に関わる事象を理解することである。期限前返済に関するデータを如何にして取り扱うかについて探る前に、いくつかの主な用語の定義を見ておこう。

月次期限前返済／償還率（SMM）

期限前返済の最も基本的な測定方法としては、月次期限前返済／償還率 (SMM : Single Monthly Mortality) が知られている。その名前 (Mortality : 死亡率) からは、いささか不穏当な印象を覚えるが、これはそもそも期限前返済がローン資産の処分、あるいは収益性を損なう損失に他ならないためである。不動産ローンや自動車ローンを取り扱うモデルの多くは、期限前返済に関するシミュレーションにおいて、期限前返済率を通常 SMM に変換する。これはモデルの多くが月次ベースで計算されている一方、SMM もその名の通り月次ベースの返済／償還率を表わしたものであり、モデルへの適用が容易であるためである。SMM は基準月の前月の元

---

32 訳者注 : Projection。仮定した事象が現実に起きるかどうかわからないが、もし事象が発生したらどうなるかという予測情報。これに対して Forecast（フォーキャスト）は、現実に起きることが予想される予測情報。

第 3 章　　期限前返済

本残高から、基準月の約定返済額を差し引いた額に対する期限前返済額の割合で表わし、その算出式は以下の通りである。

SMM =（基準月の期限前返済額）/（基準月の前月の残存元本額 - 基準月の約定返済額）

任意繰上返済／償還率（年次期限前返済／償還率）（CPR）

　多くの案件は月次ベースで行われていることから、それらのモデルによるシミュレーションにおいては SMM の使用が適当であろう。しかしながら、不動産担保ローンやその他の長期資産に関するモデルにおいては、期限前返済率を年次期限前返済／償還率（CPR : Conditional Prepayment Rate）として知られる年率で表わすことがしばしばある。また CPR はその略語から、累積期限前返済／償還率（Cumulative Prepayment Rate）や累積デフォルト率（CDR : Cumulative Default Rate、4 章参照）と間違えられることもある。CPR の最も一般的な定義は SMM の年率への変換であるが、その算出式は以下の通りである。

$$CPR = 1 - (1 - SMM)^{12}$$

　この計算はスプレッド・シートに容易に設定出来、また多くの参考図書に掲載されている換算表にても参照することが出来る。

PSA（全米公社債協会）標準繰上償還モデル

　過去数年間に亘る不動産担保ローンにおける期限前返済のデータに基づいて、全米公社債協会 （PSA : Public Securities Association）[33]によって、標準期限前償還モデルが導入された。これらの曲線やその乗数は、不動産担保ローン案件をモデ

---

33 訳者注: 1997 年に The Bond Market Association（TBMA）に改称。2006 年には Securities Industry Association と合併し、Securities Industry and Financial Markets Accociation（SIFMA）となった。

ル化するのにしばしば利用されている[34]。100%PSA モデルでは、不動産担保ローンのオリジネーション 1 ヵ月後の期限前償還率を 0.2%の CPR とし、その後 30 ヵ月目まで 0.2%ずつ上昇すると想定する。また 30 ヵ月目およびそれ以降については、一定の期限前償還率として 6.0%の CPR を想定する。図 3.1 に 100%PSA モデルにおける想定 CPR 曲線を表わす。

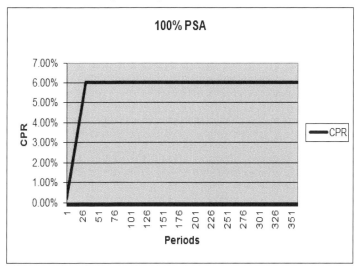

図 3.1 100%PSA モデルにおける想定 CPR

次に、ある一定のパーセントの PSA における償還率を計算する。これは、100%PSA における各年率を調整することで算出することが出来る。例えば、200%PSA における償還率は 100%PSA のものの 2 倍に等しく、ローン・プール毎にそれを想定する[35]。1 ヵ月目の 0.2%の CPR は 0.4%となり、それに続く 29 ヵ月間は 0.4%毎に上昇し、30 ヵ月目以降については 12.0%の CPR を想定する。

---

34 訳者注：我が国でも日本証券業協会により、RMBS の標準期限前償還率として PSJ (Prepayment Standard Japan) モデルが導入され、2006 年以降毎月数値が公表されている。詳細は同協会のサイトを参照されたい。
35 原著者注：Public Securities Association, Standard Formula for the Analysis of Mortgage-Backed Securities and Other Related Securities, 6/01/90, p.SF-5 に基づく。

83

第 3 章　　期限前返済

絶対期限前償還速度（ABS）

　自動車ローン等の比較的短期のローン資産においては、絶対期限前償還速度
（ABS： Absolute Prepayment Speed、以下 ABS）が、期限前返済に関するより
適切な指標となるであろう。そもそも、これらのローンの返済期間は比較的短期で
あることから、比較的大きな割合の元本返済が進み、ローン・プールの債権残高が
減少するに連れ、償還率が上昇することになる。ABS をモデルの中で使用するた
めには SMM に変換する必要があるが、これは以下の式にて変換する。

$$ABS = 100 * SMM / (100 + SMM * (n-1))$$

　ここで、n はオリジネーション（案件開始日）からの期間数である。例えば、ロ
ーン・プールが 1.5%の ABS を有する場合、計算で用いるべき SMM は 5 ヵ月経
過時点で 1.6%となる。

期限前返済／償還履歴データの形式

　期限前返済／償還のプロジェクションは、金利と経済情勢の変動の両方を考慮す
るため、非常に複雑となり得る。最も基本的な出発点は、過去どのように期限前返
済がなされてきたのかを調べることである。分析対象となる特定のローン資産につ
いて、十分な期限前返済の履歴データ（少なくとも 3 年間程度は必要）を取得する
のが最善な方法である。これらのデータは、企業によって異なる形式だとしても、
少なくとも各期間のアセットの残高と、期限前返済された元本の額の記録は含んで
いるはずである。理想的には（原資産を保有している）企業が、過去の期限前返済
の分析結果を提供することが望ましい。

　過去の期限前返済の分析を行うには、原資産であるローンが実行された月、四半
期、年の情報を追跡することになる。例えば、1998 年 8 月に実行されたローン資
産は、その月からローン・プールの残高に含まれることになる。8 月から 9 月にか
けて、同 8 月に実行されたローン資産に期限前返済があった場合には、ローン・プ
ール資産全体とは別に管理していくことが必要になろう。同様に、8 月に実行され
た個別のローン資産の、現時点での元本残高についても注意を払う必要があろう。

これらの履歴の分析は、ローンを実行する各月において行うべきである。これによって、より正確な期限前返済に関するトレンド分析が可能となるためである。

　尚、モデル・ビルダーにおいて示しているデータは、どのように期限前返済の履歴を追跡するかの一つの理想的な事例である点に留意されたい。多くの場合、このデータは分析に必要なデータの一部であり、実際に使用可能な形式とするためには、更なるデータの操作が必要となるだろう。

期限前返済カーブの設定

　適切な期限前返済の履歴データが準備出来たら、次は、期限前返済の発生を表す想定曲線（以下、期限前返済カーブ）を、同時期に実行されたローンおよびローン資産全体について作成する。第一に、モデル・ビルダーで用いる期限前返済額は、各時点での残高に基づき、SMM（月次期限前返済／償還率）によって計算されたものである点に留意されたい。この方法を取らない場合には、各期における期限前返済発生率を計算する必要がある。つまり、ローンの実行年月毎に、各期における期限前返済発生率を設定することになる。この点については、後段で本章のモデル・ビルダーによる演習を行うことにより理解が深まるであろう。期限前返済発生率の設定例は図 3.2 の通り。

第3章　期限前返済

Prepayment Analysis											
	A	B	C	D	E	F	G	H	I	J	K	L
Monthly SMM											
Originations		Jan-04	Feb-04	Mar-04	Apr-04	May-04	Jun-04	Jul-04	Aug-04	Sep-04	Oct-04
Periods Out	0										
	1	0.78%	0.90%	0.84%	0.71%	1.01%	1.55%	0.49%	0.87%	0.41%	0.62%
	2	0.02%	0.51%	1.47%	0.93%	0.30%	1.17%	0.26%	0.16%	0.44%	0.76%
	3	1.55%	1.36%	0.16%	1.06%	0.58%	0.97%	1.49%	0.86%	0.57%	0.97%
	4	0.41%	0.40%	0.37%	1.09%	0.13%	0.66%	0.23%	0.70%	0.02%	0.76%
	5	0.16%	1.27%	0.77%	0.43%	0.44%	0.98%	1.49%	0.19%	0.44%	1.29%
	6	0.10%	0.51%	1.37%	0.82%	1.49%	0.39%	1.28%	1.12%	0.54%	0.93%
	7	1.05%	1.04%	0.71%	0.26%	1.19%	0.35%	0.63%	1.36%	0.47%	0.84%
	8	0.57%	1.37%	1.37%	0.54%	1.12%	0.96%	1.30%	1.25%	0.68%	0.43%
	9	0.62%	1.07%	0.40%	1.17%	0.14%	1.40%	0.80%	0.46%	1.26%	1.55%
	10	1.06%	0.40%	1.12%	0.84%	1.18%	0.17%	1.15%	0.73%	1.05%	0.34%

図 3.2　期限前返済発生率の標準的な分析事例

（ローンの実行年月毎に、各期における期限前返済発生率を追跡している）

SMM（月次期限前返済／償還率）の表は、加重平均法によって、経過月毎に総計することが出来る。各ローンの残高の差異を適切に反映するために、個々のローンの SMM を、各期の元本残高に応じて加重する必要がある。このように加重平均を行って算出した期限前返済カーブを足し合わせることによって、ローン・プール全体の累積期限前返済カーブを求めることが出来る。このやり方は、期限前返済カーブを作成する最も基本的な方法であり、より高度なモデルにおいては、異なる要素や、更に洗練された手法が用いられている。

　上記の加重平均を行って算出された期限前返済カーブは、ローン資産の期限前返済の発生を表す最も基本的なものである。期限前返済のプロジェクションを作成する際にこのカーブ曲線を利用するのは、以下の想定に基づく。

1. 期限前返済のプロジェクションを必要とする場合、そのローン資産は、期限前返済カーブを設定するために用いたローン資産と同じでなければならない。これは当然と思うかもしれないが、例えば資産クラスが不動産担保ローンで、期限前返済履歴データが固定金利の不動産担保ローンに基づくものである場合、期限前返済カーブは、その貸付を行う金融機関が取り扱う固定金利の不動産担保ローンにのみ使用すべきである。このような区別は、不動産担保ローンの詳細分類毎に行うべきである。というのは、不動産担保ローンの期限前返済率は、商品の種類毎に特有のものであるためである。

2. 期限前返済率には特に顕著な傾向は見られない。もし期限前返済率の履歴に顕著な増加や減少の傾向が見られ、この傾向が維持されると予想される場合、期限前返済カーブにもその傾向を織り込む必要がある。市場動向、オリジネーションのための手続き、あるいは経済環境等の変化が、上記の傾向を引き起こすことがあり、それが将来の期限前返済の履行に影響を及ぼすこともあろう。

3. 後段でより複雑なケースについて例示するが、期限前返済カーブの仮定に必要な検討事項の一つに金利動向がある。期限前返済の実施は金利動向に密接に関連する。簡単な例として住宅ローンの債務者が挙げられる。住宅ローンの金利は固定金利もしくは変動金利であろう。住宅ローンが固定金利によるもので、比較的高い金利の時に借りたものであれば、金利が下落した時には、債務者はリファイナンス（借り換え）をする傾向がより顕著になるであろう。あるいは、金利が低水準の時に変動金利でローンを借りている場合で、今後は金利が上昇すると予想するのであれば、債務者は固定金利でのリファイナ

第 3 章　　期限前返済

ンス（借り換え）を望むであろう。従って、より高度な期限前返済の分析に
おいては、様々な期限前返済カーブを適用する際に、金利変動の想定シナリ
オも織り込むべきである。

モデル・ビルダーにおける期限前返済カーブ

　期限前返済カーブを仮定したら、それをファイナンシャル・モデル内に含める。
モデルに最大限の柔軟性を持たせるためには、複数の期限前返済カーブ（標準カー
ブおよび任意設定カーブ）や、主な期限前償還率の変換式をモデルに含めるように
する必要がある。またモデルは、使用するカーブを容易に選択出来たり、ローン資
産クラス毎に異なるカーブを使用することが出来たり、あるいはシナリオ設定の自
動化によりカーブの選択が出来、かつ必要最小限の調整で計算が実行出来るように
構築すべきである。これらについては、モデル・ビルダーにおける演習で実際に取
り扱うこととする。

ストラクチャード・ファイナンスにおける期限前返済の効果

　モデル・ビルダーによる演習に移る前に、ストラクチャード・ファイナンス案件
における期限前返済の効果について触れておく。期限前返済はローン元本の返済を
推し進めるものであり、またパス・スルーの構造を有する場合には、債券や証券の
早期償還に繋がるものである。投資元本がより早期に回収されるため、当初この期
限前返済は投資家にとって好ましいものであると考えられていた。

　確かに、もしローン資産の収益率がいつも悪く、投資家への返済のために必要な
キャッシュ・フローが潤沢と言えない状況であれば、上記の通りと言えるかもしれ
ない。この場合、投資家の中にも出来る限り早期の返済を望む人もいるだろう。し
かしながら、ローン資産の収益率が当初の想定通りである場合、資金調達コスト以
上の金利収入を生んでいる、すなわち超過スプレッドを享受出来る状況にあると言
える。この超過スプレッドは、案件の期間を通じて信用保全にも繋がるものである。
期限前返済を行う傾向にある債務者は、比較的良好な信用力を有しながらも、比較
的高い金利で融資を調達している債務者である。このため実際に期限前返済が行わ

れた場合には、超過スプレッドは低下してしまう。債務者が期限前返済を早期に行った場合、案件の期間は短くなり、全期間を通じた超過スプレッドも、期限前返済をゆっくりしたペースで行った場合に比べて小さくなってしまう。この点は非常に重要である。仮に、期限前返済の発生以外はデフォルト率も含めて全て同一条件の二つの案件Ａ、Ｂを比較した場合、より早期に期限前返済が行われる案件Ａの超過スプレッドは、案件Ｂのそれより小さいものとなる。

　もう一つ考慮すべき点として、各案件の加重平均残存期間や、投資家の総合収益（トータルリターン）について正確な見積もりを得られるよう、期限前返済率を正確にモデル化する必要がある。機関投資家は、しばしば一定の償還期間や収益率を念頭に資産担保証券を購入することがあるが、期限前返済は案件の加重平均残存期間に著しく影響し、案件期間を通じた金利収入を低下させ、ひいては上記投資の収益性を低下させてしまう。

モデル・ビルダー 3.1：期限前返済の履歴分析および期限前返済カーブの設定

1. 期限前返済分析における最初のステップは返済履歴データをレビューすることである。ここではダウンロードした Zip ファイル中のフォルダ MSFC_Ch3 に格納されている MB3.1 - Raw Data.xls を参照する。このファイルには一つのシート"Raw Data"のみが含まれており、そこに期限前返済分析のための整理されたデータを収録している。これらは期限前返済分析を行うために最低限必要となるデータ、つまりローン・プールの残高および期限前返済額に関するデータである。

2. 分析を始めるために MB3.1 - Raw Data.xls のファイルに新しいシートを追加し、そのシートに Prepay Analysis と名前を付ける。このシートで、ローン・プール全体に対する SMM（月次期限前返済／償還率）を計算する。取り纏めの体裁は原データと同様であるため、"Raw Data"シートのセルの範囲 A5：AA31 をコピーして"Prepay Analysis"シートの同じ箇所に貼り付ける。

第 3 章　　期限前返済

3. 次にセルの範囲 C7：AA7 に含まれるデータを消去する。これは経過時間 0 の時には、期限前返済率は存在しないためである。SMM（月次期限前返済／償還率）は期限前返済額を期初残高で割ることにより算出する。公式な算出式では、分母の計算において期初残高から基準月の約定元本返済額を差し引かなければならないが、今回のケースでは、元本残高が毎月どのように減少していくのか、つまり約定元本返済額やデフォルト率がどの程度であるのかに関する情報は無い。また、約定元本返済額を差し引かなくとも、その影響は限定的と考えられることから、ここでは期初残高を用いた計算で十分と考えられる。セル C8 に代入する数式は次の通りである。

= 'Raw Data'!C39/'Raw Data'!C7

4. 上記式をセルの範囲 C8：AA31 に展開する時、#DIV/0 が表示されるエラーが見られるセルも出てくるが、これについては IF 関数を用いることで簡単に避けることが出来る。よって、セル C8 の数式を以下の通り修正する。

= IF ('Raw Data'!C39="","",'Raw Data'!C39/'Raw Data'!C7)

このように設定することで、0 を伴う計算を避け、0 による割り算から生じるエラーをシートから取り除くことが出来る。また、この設定により、分析結果は図 3.3 のような逆三角形の形で表示される。

5. 各年月に実行されたローンにおける経過年月毎の期限前返済率を用いて、ローン資産の平均期限前返済を表す累積返済カーブを算出する。ローン毎に元本残高は異なるため、累積返済カーブの計算には加重平均を用いる必要がある。Excel による最も簡単な加重平均の計算方法は、SUMPRODUCT 関数と SUM 関数を合わせて使用することであろう。この計算方法を使用したことが無い読者は、本章のツールボックスに述べる詳細説明を参照されたい。この関数の組み合わせを返済カーブの計算に用いる際には、若干の注意が必要になる。なぜなら、0 の値の存在が平均値の計算を不適切にしてしまうからである。よって、この問題を排除するために、セルのカウント方法を工夫する必要がある。

6. セル AC6 に WA Count と名前を付ける。セル AC8 から AC31 のセルには、加重平均の計算に用いるべき有効なセル数を表わす数値を計算する。例えば、8 行目に各年月別ローンの 1 ヵ月経過後のデータを、9 行目には 2 ヵ月経過後のデータを表わし、以下の行に同様に計算結果を表わす。データを見て分かる通り、データの表示は逆三角形となり、経過時間が長くなれば関連のデータ数も少なくなる。2006 年 1 月 1 日時点において、2006 年 1 月に実行するローンに関する 1 ヵ月経過後の期限前返済データは存在するはずもなく、また同様に 2005 年 12 月のものについては 2 ヵ月経過後のデータは存在しないことから、上記は当然のことと言える。SUMPRODUCT 関数と SUM 関数を組み合わせて使用する際に、計算において考慮すべきデータの数を予めカウントしておく必要がある。これは COUNT 関数を用いることで容易に処理することが出来る。

第 3 章　期限前返済

Prepayment Analysis

Monthly SMM

Periods Out	Originations Jan-04	Feb-04	Mar-04	Apr-04	May-04	Jun-04	Jul-04	Aug-04	Sep-04	Oct-04	Nov-04	Dec-04	Jan-05	Feb-05	Mar-05
0															
1	0.78%	0.90%	0.84%	0.71%	1.01%	1.55%	0.49%	0.87%	0.41%	0.62%	1.21%	0.62%	0.12%	0.61%	0.99%
2	0.02%	0.51%	1.47%	0.93%	0.30%	1.17%	0.26%	0.16%	0.44%	0.76%	0.38%	0.80%	0.84%	0.72%	0.86%
3	1.55%	1.36%	0.16%	1.06%	0.58%	0.97%	1.49%	0.86%	0.57%	0.97%	0.10%	0.09%	0.02%	0.48%	0.75%
4	0.41%	0.40%	0.37%	1.09%	0.13%	0.66%	0.23%	0.70%	0.02%	0.76%	0.34%	0.46%	0.44%	1.49%	1.50%
5	0.16%	1.27%	0.77%	0.43%	0.44%	0.98%	1.49%	0.19%	0.44%	1.29%	0.74%	0.18%	0.97%	0.28%	0.97%
6	0.10%	0.51%	1.37%	0.82%	1.49%	0.39%	1.28%	1.12%	0.54%	0.93%	1.27%	0.12%	0.04%	0.84%	0.73%
7	1.05%	1.04%	0.71%	0.26%	1.19%	0.35%	0.63%	1.36%	0.47%	0.84%	0.33%	0.08%	1.04%	0.16%	1.21%
8	0.57%	1.37%	1.37%	0.54%	1.12%	0.96%	1.30%	1.25%	0.68%	0.43%	0.69%	0.84%	1.47%	1.42%	1.12%
9	0.62%	1.07%	0.40%	1.17%	0.14%	1.40%	0.80%	0.46%	1.26%	1.55%	1.31%	1.29%	1.52%	0.80%	1.19%
10	1.06%	0.40%	1.12%	0.84%	1.18%	0.17%	1.15%	0.73%	1.05%	0.34%	0.34%	0.84%	0.48%	0.02%	0.37%
11	0.58%	0.47%	0.47%	0.30%	0.73%	0.04%	0.40%	0.51%	1.36%	0.75%	0.19%	1.09%	0.01%	0.17%	
12	1.48%	1.44%	0.34%	0.25%	0.59%	0.23%	0.02%	0.71%	0.79%	0.42%	1.40%	1.33%	0.71%		
13	0.34%	0.97%	0.79%	0.56%	0.37%	0.06%	1.50%	1.30%	0.60%	0.56%	1.24%	0.77%			
14	1.40%	1.42%	0.25%	1.31%	0.55%	0.51%	1.12%	0.90%	0.91%	0.49%	0.39%				
15	0.13%	1.47%	1.54%	1.51%	1.09%	1.33%	0.74%	0.00%	1.19%	0.83%					
16	1.34%	0.25%	0.65%	0.54%	1.12%	1.41%	0.51%	1.47%	1.20%						
17	1.56%	0.93%	0.81%	0.97%	1.51%	1.19%	0.16%	1.11%							
18	0.83%	0.51%	1.13%	0.14%	1.26%	1.52%	0.29%								
19	1.51%	1.44%	1.27%	1.02%	0.87%	1.37%									
20	0.21%	0.93%	1.13%	1.32%											
21	1.53%	1.53%	1.03%	1.46%											
22	0.54%	0.66%	1.26%												
23	0.43%	1.36%													
24	1.53%	0.61%													

図 3.3　期限前返済の原データは、この段階でパーセント（百分率）表示に変換しておく

7. セル AC7 において COUNT 関数を用いてセル C6 から AA6 までを引数とすると、解として 25 が求められる。しかしながら、今一度この範囲をよく見てみよう。このセル AC7 は各ローンの 1 ヵ月経過後のデータ数を表わすセルであるが、2006 年 1 月分のデータは存在せず、また 2 ヵ月経過後のものについては 2006 年 1 月分と 2005 年 12 月分のデータは存在しない。これらのデータが存在しないセルをカウントしない算出式を設定するには、当該期間までの経過期間数をカウント数から差し引けば良いが、ここで経過期間数は列 B に表示されているのでこれらを活用する。よって、最終的な算出式は以下の通りとなる。

$$=COUNT\ (\$C\$6{:}\$AA\$6){-}B8$$

また、この数式をコピーしてセルAC8からAC31までにそれを貼り付ける。これらの結果は上から下への数列となり、図 3.4 の通り経過期間数は順に小さくなる数字として表示される。

8. 次に、セル AD6 に WA SMM Curve と名前を付ける。ここではデータの加重平均を計算する。データ A の加重平均は、その加重割合を表わすデータ B を用いて、対になるデータ A とデータ B を掛けあわせたものの総和を、データ B の総和で割ることにより求めることが出来る。これは Excel の SUMPRODUCT 関数と SUM 関数を用いることで容易に計算出来る。ここで注意すべき点は、空白のセルを加重平均してしまわないことである。これについては OFFSET 関数を用いれば良い。よって、セル AD8 には以下の通り数式を入力する。

$$=SUMPRODUCT\ (C8{:}OFFSET\ (\$B8,0,\$AC8),'RawData'!C7{:}OFFSET$$
$$('Raw\ Data'!B7,0,\$AC8))/SUM\ ('Raw\ Data'!C7{:}OFFSET$$
$$('Raw\ Data'!B7,0,\$AC8))$$

上記数式中の SUMPRODUCT 関数は二つのデータ配列を引数とするが、ここでは SMM（"Prepay Analysis" シートの 8 行目）と、各年月に実行されたローンの期初残額（"Raw Data" シートの 7 行目）のデータを用いる。行全体のデータを引用するのではなく、OFFSET 関数を用いてデータが入っているセルのみ引用するように設定する。ここでは、OFFSET 関数中に AC 列で計算した数値を引数として用いることによって、SUMPRODUCT

第 3 章　　期限前返済

関数で存在するデータのみを引用することになる。同様に、上記数式の分母
に用いている SUM 関数の中でも、存在するデータのみを引用するように
OFFSET 関数を用いる。もし OFFSET 関数が存在しなかったら、SUM 関
数の値は必要以上に大きなものとなったであろう。この数式をコピーしてセ
ル AD8 から AD31 まで貼り付ける。

9.　新しいシートを追加して、それに Summary と名前を付ける。このシートに
モデルで使用する想定期限前返済カーブを保存する。"Prepay Analysis" シ
ートのセル A7 から B31 の範囲をコピーし、それを "Summary" シートの
セル A7 に合わせ、貼り付ける。次に、セル D5 に WA SMM Curve と名前
を付ける。セル D8 から D31 には、"Prepay Analysis" シートで求めた WA
SMM Curve を引用する。一般的には、これはモデルにおける期限前返済を
予測するものであるが、例を簡単にするために 2 年間のデータのみを使用し
簡素化した。しかしながら、モデル演習におけるプロジェクト・モデル等の
ファイナンシャル・モデルでは、一般的により範囲の広い想定期限前返済カ
ーブや予測が必要となる。これはより多くのデータや、PSA（（全米公社債
協会）標準繰上償還モデル）等の標準期限前償還カーブ、または CPR（任
意繰上償還率（年次期限前償還率））でしばしば利用される信用格付業者に
よる想定条件を用いることで可能になる。

10.　SMM と CPR が互いにどのように変換されるのかを把握するために、セル
E5 に CPR と名前を付け、セル E8 に次の数式を代入して SMM を CPR に
変換する。

$$=1\text{-}(1\text{-}D8)^{\wedge}12$$

この数式をコピーしてセル E8 から E31 に貼り付ける。これらは SMM を
年率に変換したものである。信用格付業者はしばしばローン資産に対するこ
の CPR に関する想定条件を与えるので、SMM と CPR の間の変換式につい
て理解することは重要である。最終的な想定期限前返済カーブを図 3.5 に示
す。

94

⊿	AB	AC	AD	AE
1				
2				
3				
4				
5				
6		WA Count	WA SMM Curve	
7				
8		24	0.80%	
9		23	0.86%	
10		22	0.73%	
11		21	0.68%	
12		20	0.73%	
13		19	0.80%	
14		18	0.68%	
15		17	1.08%	
16		16	0.94%	
17		15	0.64%	
18		14	0.50%	
19		13	0.75%	
20		12	0.77%	
21		11	0.82%	
22		10	0.97%	
23		9	0.97%	
24		8	0.84%	
25		7	0.85%	
26		6	1.31%	
27		5	0.90%	
28		4	1.20%	
29		3	1.03%	
30		2	0.51%	
31		1	1.53%	

図 3.4　COUNT 関数の使用と WA SMM カーブの出力例

第 3 章 　　 期限前返済

▲	A	B	C	D	E
1	*Prepay Summary*				
2					
3					
4					
5				WA SMM Curve	CPR
6					
7	Periods Out	0			
8		1		0.80%	9.17%
9		2		0.86%	9.84%
10		3		0.73%	8.39%
11		4		0.68%	7.87%
12		5		0.73%	8.47%
13		6		0.80%	9.19%
14		7		0.68%	7.83%
15		8		1.08%	12.19%
16		9		0.94%	10.75%
17		10		0.64%	7.47%
18		11		0.50%	5.85%
19		12		0.75%	8.65%
20		13		0.77%	8.81%
21		14		0.82%	9.45%
22		15		0.97%	10.99%
23		16		0.97%	11.01%
24		17		0.84%	9.65%
25		18		0.85%	9.72%
26		19		1.31%	14.59%
27		20		0.90%	10.23%
28		21		1.20%	13.51%
29		22		1.03%	11.64%
30		23		0.51%	5.95%
31		24		1.53%	16.88%

図 3.5 　 SMM および CPR による想定期限前返済カーブ

モデル・ビルダー 3.2：想定期限前返済

1. 前回までのモデル演習で、架空のアモチゼーション・スケジュールを作成するところまで進めた。本章のモデル演習では、期限前返済を踏まえた実際のアモチゼーション・スケジュールを作成する。先ず演習用モデルの"Cash Flow"シートを開き、セル L3 に Actual Amortization と名前を付ける。この下の 4 行目には各列のヘッダーを次の通り記載する。

   L4: Beginning Balance（期初元本残高）
   M4: Default Rate（デフォルト率）
   N4: New Defaults（新規デフォルト額）
   04: Amort Factor（アモチゼーション係数）
   P4: Prepay Rate（期限前返済率）
   Q4: Voluntary Prepay（期限前返済額）
   R4: Actual Amort（アセットの実際のアモチゼーション額）
   S4: Interest Rate（金利水準）
   T4: Actual Interest（金利額）
   U4: Principal Recovery（元本回収額）
   V4: Ending Balance（期末元本残高）

   これらの列の多くは後段の章に進むまでは空欄のままであるが、この時点で各列を設けておくべきである。

2. これらの列の中の二つ、つまりアモチゼーション係数（Amort Factor）と期末元本残高（Ending Balance）には、6 行目の期間 0 の数式を含むが、既に述べた通りこれは期間 0 における起債／当初ローン実行時の元本である。アモチゼーション係数は、架空のアモチゼーション・スケジュールにおける、当初元本額に対する当該期間の元本残高の割合である。この係数は非常に重要である。というのは、これはローン資産が当初のスケジュールに基づいてどのように減少していくかを示す指標であり、また期限前返済額の測定にも役立てることが出来るからである。期間 0 においては常に 1 の値を取るが、これは未だアモチゼーションが始まっていないためである。また最終期間では、既にアモチゼーションが終了しているために、アモチゼーショ

97

第 3 章　期限前返済

ン係数も 0 となる。セル O6 に代入する数式は以下の通りとなり、これをセル O366 までコピーして貼り付ける。

$$=IF\ (A6=0,1,J6/\$J\$6)$$

期間 0 において、期末元本残額は当初のローン資産残高に他ならないが、その後は各期におけるアモチゼーション、期限前返済、デフォルトによりこの元本残高は減少していく。現時点では未だ数字が記入されていないセルもあるが、取り敢えずセルの参照を含んだ次の数式をセル V6 に代入する。

$$=IF\ (A6=0,AssetCurBal1,L6-N6-Q6-R6)$$

これをコピーして、セル V366 まで貼り付ける。

3. 次に期初元本残高に関する L 列についてであるが、これは架空のアモチゼーション・スケジュールと同様に、一つ前の期末元本残高に一致する。よって、セル L7 には=V6 と入力し、これをコピーしてセル L366 まで貼り付ける。

4. 期限前返済率に進む前に、期限前返済に関する前提条件を速やかに変更出来るように "Inputs" シートをアップデートする必要がある。"Inputs" シートのセル B16 から O16 までセルを結合し、このセルにラベルとして PREPAYMENT / DEFAULT / RECOVERY INPUTS と入力する。また、以下の各セルにも同様にラベルを記入する。

B17: Description
C17: Prepay Curve
D17: Prepay Stress

5. B 列の Description は、期限前返済、デフォルトおよび回収により影響を受ける各ローン資産を参照するためのものである。ここでは Asset Pool 1 についてインプットしており、これは既に AssetDes1 と名前を付けている。セル B18 に=AssetDes1 と入力する。またこのセルに pdrDes1 と名前を付ける。

98

6. セル C18 では期限前返済カーブを "Vectors" シートから選択する。これはローン資産の金利の想定カーブを選択することと同様で、"Vectors" シートから一つの想定カーブを選択する必要がある。"Vectors" シートの各セルに、それぞれのラベルを記入する。

M5: SMM1
N5: SMM2
O5: SMM3
P5: Custom CPR 1 DATA ENTRY ONLY
Q5: Custom CPR 2 DATA ENTRY ONLY
R5: Custom CPR 3 DATA ENTRY ONLY

またセル M4 から O4 の範囲を選択し、これに"lstPrepayCurve"と名前を付ける。

7. "Inputs" シートに戻り、セル C18 を選択する。ここではデータタブの「データの入力規則」ツールを用いて、入力データの候補となるものをセルの範囲 lstPrepayCurve に設定する。この範囲には SMM に関する三つのデータ列のみが含まれるために、入力候補も 3 通りのみとなる。また、"Vectors" シートに設定した DATA ENTRY ONLY と名付けられた CPR (任意繰上償還率 (年次期限前償還率)) に関する列には CPR の想定カーブを入力するが、演習用のモデルで使用するためには SMM に変換しなければならない。尚、"Inputs" シートのセル C18 には pdrPrepay1 と名前を付ける。セル D18 には期限前返済に関するストレス係数を入力する。これは各期間における期限前返済カーブに対する倍数を表わす数値で、先ずセル D18 に 1 を入力し、pdrPrepayStress1 と名前を付ける。

8. 計算例に沿って計算するために、Zip ファイルのフォルダ MSFC_Ch3 に格納されているファイル MB3.2.xls を開く。完成済の "Vectors" シートに表示されている期限前返済カーブをコピーして、同じ場所、つまりセル M7 から M366 に貼り付ける。(尚、Zip ファイルのフォルダ MSFC_Ch3 内のサブフォルダ Additional Files には、PSA カーブに基づく計算例に関するファイルも格納されている。)

第 3 章　　期限前返済

9. 次に、"Cash Flow" シートに適当な期限前返済率を表示させる必要がある。
   これは、ローン資産の金利の設定と同様に、OFFSET 関数と MATCH 関数
   を組み合わせて使用する方法によって設定が可能である。但し金利の設定と
   異なり、上限値、下限値、リセットの設定の必要が無いため、より簡単なも
   のとなる。セル P7 に表示させるべき数値は、"Inputs" シートで選択され
   た期限前返済カーブと、当該期間によって計算される（この計算例の場合）。
   各数値は "Vectors" シートに格納されているため、OFFSET 関数において
   参照を開始するセルは、"Vectors" シートのセル L5 となる。ここから適当
   な値を設定するためには、期間（"Cash Flow" シートのセル P7 の場合は 1）
   と、期限前返済カーブ（計算例で選択されているのは SMM 1 で、"Vectors"
   シートにおいて最初に表示している（M 列）期限前返済カーブである）に
   基づいて参照先が決められる。その他に考慮すべき追加の要素としてはシー
   ズニング[36]がある。このシーズニング期間中にあるローン資産では、期限前
   返済カーブを適用する妥当なタイミングを参照する必要がある。この考慮無
   しでは、適当ではない過去の返済履歴に基づく期限前返済カーブをローン資
   産に適用してしまうことになる。次の数式を適用することにより、"Inputs"
   シートで異なる期限前返済カーブが選択されたり、期間が変わったりしても、
   期限前返済率を適切に設定することが出来る。

$$=OFFSET\ (Vectors!\$L\$6,A7+Age1,MATCH\ (pdrPrepay1,$$
$$lstPrepayCurve,0))*pdrPrepayStress1$$

10. このモデル演習において最後に取り上げる数式は非常に重要である。という
    のは、それが各期間の期限前返済額を決定するためである。この数式の冒頭
    部分は、エラーを避けるために IF 関数を用いている。つまり、残高 0 に対
    して期限前返済額を算出しようとした場合、#DIV/0 と表示されるエラーが
    出てしまうことから、これを避けるために、セル Q7 の数式には以下の IF
    関数を用いる。

$$=IF\ (L7=0,0,$$

---

36 訳者注：経年効果。当初期間から残存期間をマイナスすることによって計算される。モデル・
　ビルダー演習 2.1 の 10 で、Inputs シートのセル I12 を Age1 と名前を付けている。

100

11. 次に、MAX関数とMIN関数を使用する。MAX関数を使用することにより、高いデフォルト率が発生した際にもマイナスのローン資産残高を避けることが出来る。マイナスのローン残高は期限前返済率を歪ませることにも繋がる。またMIN関数を使用することにより、ローン残高からデフォルトに陥った額を差し引いた額と、算出した期限前返済額の小さい方の額を選択することが出来る。ローン残高からデフォルトに陥った額は、期初残高から新たなデフォルト額を差し引いた額（L7-N7）として求めることが出来る。期限前返済額の計算では、期初残高に架空のアモチゼーション・スケジュールにおけるローン資産減少率を乗じ、更に月次期限前返済／償還率（SMM）を乗じるが、ここで架空のアモチゼーション・スケジュールにおけるローン資産の減少とは何を意味し、なぜそれが数式の一部となっているのかについて読者は混乱するかもしれない。これはアモチゼーション係数を1期前のアモチゼーション係数で割って分数の形式であらわしたアモチゼーション・スケジュールで、期限前返済額からアモチゼーションの金額を取り除くものである。最終的な数式は次の通りとなる。

$$=IF (L7=0,0,MAX (MIN ((L7-N7),L7*O7/O6*P7),0))$$

デフォルト額（N7）を期初残高から差し引いたものをMIN関数の一部としている点に特に注意されたい。これは、ローン資産が返済期間終了に近づくに連れて、デフォルト額を把握し一掃する必要があることから、非常に重要な点である。デフォルトに陥ったローン資産が自発的に期限前返済されることはないと考えられるため、これらの計算においては先ずデフォルト額を考慮する必要がある。

第 3 章　　期限前返済

ツールボックス

SUMPRODUCT 関数と SUM 関数を用いた加重平均

　資産プールにおけるファイナンス分析を行う際には、平均金利、平均残存期間、平均ローン経過期間、などの「平均」という言葉がしばしば利用されるが、これらの「平均」の意味は何であろうか。これらは「加重平均」と捉える必要があり、この「加重」を考慮しなければ、分析において誤った評価を行ってしまうだろう。というのは、ある案件におけるローン資産プールでは、プール中の個別ローン債権の元本残高が同程度になることは極めてまれで、元本残高の差異は時間が経過すればするほど大きくなるのが通常だからである。

　ローン資産プールにおいて、より大きい残高を有するローン資産は、比較的小さい残高のローン資産に比べ、プール全体に対する影響が大きい。このためローン資産の元本残高は非常に重要である。簡単な例として、二つのローン資産のみで構成される資産プールを想定し、その元本残高と残存期間について考察してみよう。ここでは全く内容の異なるローン資産、つまり一方は比較的経過期間が浅く（つまり残存期間が長く）、元本残高も大きいローン資産を、他方は一定期間が経った（つまり残存期間が短めで）かつ元本残高も残りわずかなローン資産を仮定する。図3.6（Zip ファイルのフォルダ MSFC_Ch3 のサブフォルダ Additional Files 中のWA Example という名前の Excel ファイルを参照）に示す通り、AVERAGE 関数を用いて計算したこの資産プールの残存期間と平均金利はそれぞれ 187.50、6.00%となる。

▲	A	B	C	D	E
1	*Weighted Average Example*				
2					
3			Balance	Rate	Term
4		Loan 1	1,000,000	10.00%	360
5		Loan 2	500	2.00%	15
6					
7		Average		6.00%	187.50
8		Weighted Average		10.00%	359.83

図 3.6 算術平均と加重平均の差異

102

上記は明らかに誤解をまねく結果である。なぜなら、元本残高の大部分の残存期間は 187.50 より長く、またその金利も 6.00%よりはるかに高いものであるためである。よって、平均残存期間の適切な表現方法としては、元本残高に基づいた加重平均を取る必要がある。この加重平均を取ることによって、ローン資産の残存期間は 360 に近い数値となり、また金利もほぼ 10%と計算される。この計算は各残存期間と元本残高の積の合計を、元本残高合計で割ることにより算出することが出来る。加重平均は関数を使わなくとも計算可能であるが、SUMPRODUCT 関数とSUM 関数を用いることでより簡単に計算することが出来る。

　SUMPRODUCT 関数は、同じ大きさの二つの配列を引数として、それぞれに対応する値（要素）の積の合計を解として返す。図 3.6 の例では、残存期間の配列 E4：E5 に対応する元本残高 C4：C5 を掛け合わせ、これらの和を計算すべく SUMPRODUCT 関数を用いている。これらの配列は次の数式の通りに参照される。

$$\text{=SUMPRODUCT (Array Reference 1，Array Reference 2)}$$

　SUMPRODUCT 関数により、加重平均の計算における最初の二つの過程、つまり二つの配列の対応する値（要素）の積および合計の計算を片付けることが出来、残るは SUM 関数を用いて元本残高合計で割ることのみである。この関数の組み合わせは、あらゆるローン資産の加重平均の計算に用いることが出来、その重み付けには一般的に元本残高を用いる。

　また、本章を通じて示した通り、加重平均は過去の履歴データを要約する際にも用いるべきである。この時、平均値の計算に歪みを生じさせないために各配列から 0 の値を取り除くべく OFFSET 関数も使用する必要がある。

104

第4章　延滞・債務不履行（デフォルト）および損失分析

Delinquency, Default, and Loss Analysis

第 4 章　　延滞・債務不履行（デフォルト）および損失分析

　ストラクチャード・ファイナンスにおけるほとんど全ての資産クラスでは、オブ
リガー（原債務者）が支払の延滞や不履行（デフォルト）を起こすことがあり、こ
れらは最終的に損失に繋がる。オブリガー（原債務者）が債務不履行（デフォルト）
に陥り、損失が発生することについて理解することはそれほど難しいものではない。
しかしながら過去の損失報告や将来の損失予想、更にそれらを考慮してストラクチ
ャード・ファイナンスのモデルを如何にして構築するかを検討する際には、しばし
ば困難となることがある。というのは、損失報告・予想、あるいは損失をモデル化
するにあたっての標準的な方法等は存在しないため、関連データが一貫性の無い形
で纏められていたり、時には誤解を生むフォーマットで整理されていたりするから
である。過去の損失に関する情報を理解するのに最も好ましいフォーマットは「ス
タティック（静的）な損失報告」、つまり各期間における損失を追跡することであ
る。このフォーマットは、過去の損失カーブを描いたり、過去の実績が示す厳しい
現実や以前のローン資産の運用実績から予想されるタイミングに基づいて将来の
損失予想カーブを設定したりする場合には、理想のフォーマットである。

　損失をモデルに織り込むことは様々な方法で行うことが出来るが、これらは格付
機関の方法論や主観的な算出手法に依存する。本章においては、損失発生の理解に
関する基礎的な準備に主眼を置き、上記の概念をモデルに織り込むために実際に実
行可能な方法を示す。本書の後段では、その他の方法についても解説する。

延滞・不履行（デフォルト）・損失

　損失の理解が紛らわしいものになり得る一つの理由として、損失発生までの過程
に関する用語の存在が挙げられる。ここで、各関連用語について予め以下の通り定
義する。

● 　延滞：
　　支払期日が到来し、その期日までにオブリガー（原債務者）が支払いを実行
　　しなかった時、そのオブリガー（原債務者）は延滞したものとみなす。より
　　細かな纏まりを見たてて分析する際には、通常、1 日から 30 日までの延滞、
　　31 日から 60 日、61 日から 90 日、といった月次の延滞に分別する。延滞中
　　のオブリガー（原債務者）とみなされる場合のポイントは、今後に支払が期

待出来る、あるいはこれ以上の延滞は無く返済が実行される可能性を有することである。

- 債務不履行（デフォルト）：
  各金融機関や法的な定義によるが、延滞状態はやがてデフォルトに繋がる。オブリガー（原債務者）がデフォルトに陥ったとみなされた時、もはやオブリガー（原債務者）からの定期的な返済は期待されず、一般的には法的措置の実行が開始される。ここでは、オブリガー（原債務者）の延滞状態からデフォルトへの移行に関するタイムフレームを、ストラクチャード・ファイナンス案件における法的定義に基づいて設定し、オブリガー（原債務者）がデフォルトに分類されるまでの時間軸に沿って想定損失が変わり得ることを明確に理解することが非常に重要である。

- 損失：
  ローンがデフォルトに陥った時、金融機関によっては速やかに残債に関する貸倒損失処理を行うであろう。これは「グロスの損失」であるが、その後の経過により、差し押さえた資産の売却や更なる債権回収の追求により回収が実現出来る場合もあろう。

　債券の著名なスペシャリストである Frank J. Fabozzi は、次の通り損失を定義することにより、その用語の重要性について強調している。

　不履行（デフォルト）とは実質的には最早返済を受けることがない状態を意味する。ローンは 90 日以内延滞のカテゴリーに入る場合、担保権の実行手続きに移行する場合、あるいは再度正常に返済が実行される場合などがあろう。つまり、返済が為されなくなったことにより、最終的に清算されたローンのみをデフォルトに陥ったものと分類する。また、損失とは、ローンがデフォルトに陥ったことにより被る損失額のことである[37]。

　有益な例として、損失を被る状況にあるローンについて分析してみよう。当初元本が$1,000 で現在の残高が$586.5 である担保付ローンにおいて、20 ヵ月目の返済

---

37 原著者注：Frank J.Fabozzi, Bond Credit Analysis: *Framework and Case Studies* (New Hope, PA: Frank J. Fabozzi Associates, 2001), 245.に基づく。

第4章　延滞・債務不履行（デフォルト）および損失分析

期日が到来するタイミングで返済が停止された状況を想定する。図 4.1 は、このローンが辿った返済実績と返済状況の分類を表している。

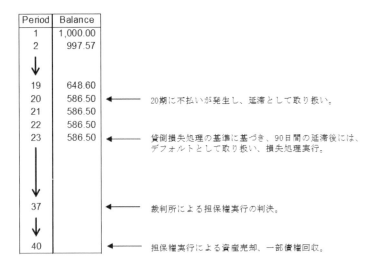

図 4.1 デフォルトに至るまでの時間軸

　図 4.1 から分かる通り、90 日が経過するまでは延滞扱いとされ、その後にデフォルトとして分類される。デフォルトに陥った後には速やかに貸倒損失処理が行われ、その一方で法的手続きが取られて、更に 14 ヵ月後には裁判所においても担保権実行の判決が下され、3 ヵ月掛けて売却が行われ、債権回収が実現することになる。

延滞分析の重要性

　損失分析における論理上の出発点として、資産プールにおいて最初に約定返済が滞る傾向を把握する。これは、同類の資産における過去の延滞データの調査を通じて行われるが、信用状況と流動性の観点からも非常に重要である。信用状況とは、その資産の運用実績が良好か否か、将来に見込まれる損失額が大きいのか小さいのか、に関する指標である。また流動性とは、ある特定の期間における実際のキャッシュ・フローに基づく案件固有の対価である。

　一点目の信用状況が重要なのは、将来の損失見込みを上積みする必要性を示す場合があるためである。既存資産の延滞分析を実施する際、信用状況は注意すべき事項である。オリジネーション以降、次第に延滞が増加しているのであれば、損失が発生する可能性はより高いかもしれない。また、より多くの延滞の発生は、原資産をオリジネートした会社がよりハイリスク・ハイリターンを追求していることを意味することもある。この場合、オブリガー（原債務者）の信用状況や金利について、より詳細に調査すべきである。

　二点目の流動性は、サイズおよびリスクを適切に設定した上で、ストラクチャード・ファイナンス案件を組成するにあたり極めて重要となってくる。ローン資産が一貫して高い延滞発生率を有しているのであれば、この点をモデル中に反映させる必要がある。そうしなければ、損失、元本、金利および手数料を賄うのに必要なキャッシュを十分見込むことは出来ないであろう。また延滞は、延滞が発生しているローンからはキャッシュを見込むことが出来ないことから、キャッシュ・フローに直接影響を与えてしまう。しかし、これはデフォルトとして扱うことが出来ない状況である。つまり、残債を償却することをせず、超過スプレッドが損失を賄うことが出来ず、またキャッシュも受け取ることが出来ない状況である。モデルの負債項目が完成した後にこのコンセプトは明確になる。

　上記二点の考察には延滞履歴カーブが必要となる。これらのカーブは信用状況や延滞度合いを決定するのに有用である。モデル・ビルダーにおいてはこれらのカーブは用いていないが、この分析は非常に重要であるので演習を行うためにカーブを設定する。

109

第 4 章　延滞・債務不履行（デフォルト）および損失分析

モデル・ビルダー 4.1：延滞履歴カーブの設定

1. 理想的には、延滞履歴分析は同様のアセット・クラスの資産のデータを用い
   て始めたいが、ここではダウンロードした Zip ファイルのフォルダ
   MSFC_Ch4 にデータを用意した。Excel ファイル MB4.1・Raw Data.xls
   を開き、延滞履歴に関する原データを確認する。このファイルを Historical
   Delinquency Curves.xls として保存する。

2. このデータには二つのセクションが設けられている。一つ目のセクションは
   現時点での残債額で、各ビンテージ・期間毎に整理している。二つ目のセク
   ションには 30 日延滞のグループに属するローンの残債額（つまり、支払期
   日起算で 1 日から 30 日の遅延が発生しているローンの元本額）を示してい
   る。延滞の程度や傾向を把握するのに一番の方法は、それらのパーセンテー
   ジを見ることである。よって、先ず始めに、このパーセンテージを見る領域
   を設けるために、セルの範囲 C37：AA37 をコピーし、これを C66：AA66
   に貼り付ける。同様に、B38：B62 をコピーして B67：B91 に貼り付ける。
   軸のラベルもコピーすることが出来るが、一旦、65 行目は空白にしておく。

3. 延滞率を適切に計算するには、前月末の残債額に対する当該月の延滞額を参
   照する。従って、この計算式は簡単な割り算だが、これまでと同様に#DIV/0
   のエラーを排除するように設定するために、セル C68 に次の通り入力する。

   =IF (C39="","",C39/C7)

   このように設定することにより 0 バランスとなる期間でのエラーを排除し
   た上で、各延滞データを当該残債額で割ることが出来る。

4. 全てのビンテージの傾向を考慮するには加重平均が有用である。第 3 章で扱
   った通り、加重平均の計算は、SUMPRODUCT 関数と SUM 関数の組み合
   わせにより簡単に行うことが出来る。これらの詳細は 3 章のツールボックス
   にて取り上げた通りである。また、値が入力されていないセルの参照を避け
   るために OFFSET 関数が必要となる。この関数を設定する際には、各ビン
   テージが有するデータ数に基づくセル数を決定する値が必要となる。データ
   ファイル中では、2004 年 1 月分には 24 個のデータが含まれており、以降 1
   ヵ月毎にデータ数は一つずつ減少することから、減少する数列が必要となる。

110

セル A68 に 24、セル A69 に 23 を入力し、これらのセルを選択しドラッグしつつ減少する数列をセル A91 まで伸ばす。ここまでで、ワークシートは図 4.2 の通りとなる。

5. セル AC68 には第 1 期の加重平均が求められ、セル AC69 には第 2 期、以降同様に加重平均が求められる。セル AC68 には次の通り入力する。

    =SUMPRODUCT (C68:OFFSET (B68,0,A68),C7:OFFSET(B7,0, A68))/SUM (C7:OFFSET(B7,0,A68))

この加重平均を求める式は、各延滞率に各ビンテージの残債額を掛けることによってそれぞれの加重を考慮し、更に各値の合計を総残債額で割ることで加重平均を求めている。ここでも値が入力されていないセルの参照を避けるために OFFSET 関数を使用している。

6. この延滞データは、図 4.3 の通りに表わすことが出来る。

第 4 章　　延滞・債務不履行（デフォルト）および損失分析

| | | Originations | | | | | | | | | | | |
Periods Out		Jan-04	Feb-04	Mar-04	Apr-04	May-04	Jun-04	Jul-04	Aug-04	Sep-04	Oct-04	Nov-04	Dec-04
24	0	0.00%	6.32%	4.84%	4.26%	3.26%	0.00%	1.91%	1.46%	1.12%	0.98%	1.02%	1.05%
23	1	6.02%	5.54%	4.23%	3.69%	3.27%	0.00%	2.98%	2.62%	2.31%	2.39%	1.83%	1.40%
22	2	3.92%	4.03%	3.53%	3.06%	2.72%	2.62%	2.50%	2.18%	1.68%	1.29%	1.14%	1.17%
21	3	4.41%	3.49%	3.05%	3.09%	3.22%	3.11%	2.59%	2.59%	1.10%	0.98%	0.86%	0.75%
20	4	5.22%	4.16%	3.63%	6.27%	6.58%	5.86%	0.42%	6.23%	4.84%	4.29%	0.22%	3.36%
19	5	5.51%	5.30%	4.31%	4.00%	3.60%	6.97%	3.73%	2.81%	1.25%	5.12%	1.70%	4.00%
18	6	4.25%	4.13%	5.13%	1.03%	3.27%	2.55%	2.27%	1.96%	2.30%	6.12%	2.03%	4.77%
17	7	7.59%	8.25%	6.09%	4.53%	4.10%	0.66%	4.54%	2.33%	4.14%	3.21%	2.44%	5.68%
16	8	8.64%	8.60%	7.24%	6.18%	5.62%	0.17%	5.33%	3.98%	4.93%	0.83%	4.30%	3.74%
15	9	2.21%	10.24%	6.72%	6.51%	6.66%	6.31%	4.92%	4.21%	4.48%	3.50%	3.05%	2.31%
14	10	5.93%	12.19%	3.81%	1.67%	7.90%	2.26%	2.38%	5.00%	1.61%	1.45%	1.88%	1.24%
13	11	5.08%	6.61%	4.53%	1.97%	3.70%	3.37%	3.04%	3.03%	2.41%	2.17%	2.72%	1.42%
12	12	1.30%	7.87%	5.38%	6.34%	4.39%	5.47%	4.29%	3.60%	2.87%	3.61%	2.61%	2.77%
11	13	5.55%	4.92%	4.21%	2.94%	5.20%	3.44%	3.11%	2.63%	2.84%	2.57%	2.61%	
10	14	8.99%	5.86%	5.01%	5.66%	1.34%	4.95%	4.49%	3.78%	3.03%	3.23%		
9	15	8.14%	1.52%	1.29%	6.94%	1.59%	1.28%	5.55%	5.47%	5.94%			
8	16	4.18%	1.81%	3.72%	2.92%	3.22%	1.52%	2.36%	1.72%				
7	17	2.54%	2.15%	2.38%	1.61%	1.52%	1.41%	1.12%					
6	18	2.10%	2.56%	2.83%	1.32%	1.09%	1.01%						
5	19	4.41%	3.05%	3.66%	3.30%	2.73%							
4	20	2.00%	3.63%	1.92%	1.72%								
3	21	2.39%	3.04%	3.01%									
2	22	2.33%	0.79%										
1	23	0.00%											

図 4.2　期間毎の延滞カーブ

112

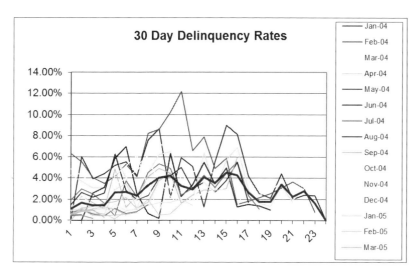

図 4.3 延滞実績に関するチャート（イメージ[38]）

モデル・ビルダー4.1の延滞データは、1日から30日までの延滞額を示していることから、非常に有用と言える。また、確保すべき流動性をモデル中で算出する必要が出てきた際にも、非常に有益な情報となる。更に、データ中にはわずかな傾向があることに注目したい。より初期のビンテージには後期のものより若干多くの延滞が見られ、ビンテージが進むに連れて信用状況に改善傾向が伺える。これは将来の損失予想を下方修正する議論に繋がるかもしれない。

ここで述べた分析が、最も基本的な延滞分析である。また、この手続きは1日から30日、31日から60日、といった延滞期間毎に適用する。これらの延滞情報は、延滞の変遷を捉えることにも用いられ、履歴データに限りがある際には損失データとしても代用される。しかしながら、各ビンテージの確定したデータがある場合には、損失履歴カーブを導出し、それを分析すべきである。

---

38 訳者注：実際のグラフは、ダウンロードファイルを参照。

第4章　延滞・債務不履行（デフォルト）および損失分析

損失履歴カーブの導出

　延滞が発生しながらも返済が継続する状況では、流動性の問題が生じ、案件にマイナスの履歴を残す結果となるものの、完全にデフォルトしたローンと同じように扱うことも不適切である。延滞の場合と同様に、デフォルトも過去の履歴に基づいて一定の資産プールに対して予測することが出来る。実際、その分析は静的分析を用いて同様に行うことが出来る。

　ここで静的分析の重要性について改めて確認しておこう。ある資産の運用実績について理解を深めるためには、そのオリジネーションから満期に至るまでの履歴を追わなければならない。また、この履歴の追跡では、オリジネーションのタイミングが異なる他のローンの影響を一切排除する。これは、静的分析の中心となるコンセプトである。ここで「静的」と述べているのは、各期間各ビンテージのローン資産を、その他の期間の資産から切り離して、個別に精査することを念頭にしているためである。ある一期間にオリジネートされた全てのローン資産における損失は、時系列に沿った分析において追跡し記録され、損失額と残債の比較はその一期間内にて行う。ここでは、その他のローン資産の損失額や残債は一切考慮されない。例として、図4.4において7行目に各オリジネーション額を並べる。各オリジネーション額のデータは、6行目に記した各期のものである。各オリジネーション時期における損失額は、各列の上から下に表示されている通りである。

	A	B	C	D	E	F	G	H
4								
5								
6			Jan-04	Feb-04	Mar-04	Apr-04	May-04	Jun-04
7	Periods Out	Origination Amt	26,784	27,997	29,266	30,591	31,977	33,426
8		1	-	-	-	-	-	-
9		2	-	-	-	-	-	-
10		3	-	-	-	-	-	-
11		4	-	340	272	250	200	-
12		5	303	288	230	212	195	-
13		6	193	202	186	171	157	157
14		7	212	169	156	168	181	181
15		8	244	195	179	333	359	330
16		9	252	240	206	207	190	380
17		10	190	180	237	52	168	135

図4.4 損失に関する生データ（静的損失データを最もよく表わす）

図 4.4 中の 2004 年 3 月にオリジネートされたローンについて見ると、オリジネーションから 4 期間で$272 の損失が発生していることがわかる。オリジネーションから 4 期目とは 2004 年 7 月に該当し、図 4.4 中のセル E11 に当たる。

　この$272 の損失が意味するところを理解することが重要である。この例では、この額は当該月のグロス損失額である。「グロス損失額」とは、残債のうち、不払いとなると見込まれる額を指している。ある期間の損失程度を捉える一般的な方法は、オリジネーション額に対する割合を算出することであろう。あるローン資産における一定期間内の損失額を、オリジネーション額で割ることにより、そのローン資産における損失率を求めることが出来る。先ほど挙げた例の 2004 年 7 月の損失額$272 について考えると、2004 年 3 月のオリジネーション額$29,266 に対して0.93%の損失率であることがわかる。

　このように百分率で損失データを表わすのは、各期間にオリジネートされたローン資産毎の比較が可能となるからである。また、この方法を用いることによって、動的分析に基づいて算出された際に発生し得る不正確な損失率を算出してしまうことを回避出来る。Standard & Poor's は、静的損失データを用いることが好ましい理由を次の通り述べている。

　「静的損失データに基づく分析が好ましいと考えているのは、その分析によりローン資産の全弁済期間にわたる損失実績を明らかにすることが出来るからである。また、静的損失データからは、ローン資産ポートフォリオの性質の変遷、ローンの引き受け、回収方針に関する洞察も与えられる。これらの各変動要因における変化は、常に新たな債権回収と年数を経ているものが混在していることから、変動する動的データからは容易に明らかにすることは出来ないであろう。加えて、年間損失に基づくデータは、ローン資産ポートフォリオが著しく成長した期間においては、損失実績を過小評価しかねない。成長著しいポートフォリオを分析する際、当該期間の損失を、その前の期間のポートフォリオと比較するかもしれない。このポートフォリオの成長を加味した調整は、新たにオリジネートされたローンでの損失は直ちに発生せず、次の期間に発生するかもしれない、という点を考慮に入れている。」[39]

---

[39] 原著者注：Standard & Poor's, *Structured Finance: Equipment Leasing Criteria* (New York: McGraw-Hill, 1999), 17.に基づく。

第 4 章　　延滞・債務不履行（デフォルト）および損失分析

E42			f_x	=IF(E11="",E\$67*\$AD42,E11/E\$38)			
	A	B	C	D	E	F	G	H
35								
36			24	23	22	21	20	19
37			Jan-04	Feb-04	Mar-04	Apr-04	May-04	Jun-04
38		Origination Amt	26,784	27,997	29,266	30,591	31,977	33,426
39	24	1	0.00%	0.00%	0.00%	0.00%	0.00%	0.00%
40	23	2	0.00%	0.00%	0.00%	0.00%	0.00%	0.00%
41	22	3	0.00%	0.00%	0.00%	0.00%	0.00%	0.00%
42	21	4	0.00%	1.22%	0.93%	0.82%	0.63%	0.00%
43	20	5	1.13%	1.03%	0.79%	0.69%	0.61%	0.00%
44	19	6	0.72%	0.72%	0.64%	0.56%	0.49%	0.47%
45	18	7	0.79%	0.60%	0.53%	0.55%	0.57%	0.54%
46	17	8	0.91%	0.70%	0.61%	1.09%	1.12%	0.99%
47	16	9	0.94%	0.86%	0.70%	0.68%	0.60%	1.14%
48	15	10	0.71%	0.64%	0.81%	0.17%	0.53%	0.40%

図 4.5　損失額の原データを損失率に変換する

　各オリジネーション期間におけるローン資産の損失履歴を追跡することによっ
て、アセットのパフォーマンスに関する推定の精度を高めることが出来る。

　月次の損失額が確定すれば、累積損失率は容易に計算することが出来る。この累
積損失率は当該月までの月次損失率の総和である。図 4.6 に示す通り、2004 年 3
月にオリジネートしたローンについて見てみると、2006 年 3 月（＝24 ヵ月目）ま
での累積損失率は 12.99%であることがわかる。

	Jan-04	Feb-04	Mar-04
Origination Amt	26,784	27,997	29,266
1	0.00%	0.00%	0.00%
2	0.00%	0.00%	0.00%
3	0.00%	0.00%	0.00%
4	0.00%	1.22%	0.93%
5	1.13%	2.24%	1.72%
6	1.85%	2.97%	2.35%
7	2.64%	3.57%	2.88%
8	3.55%	4.26%	3.50%
9	4.49%	5.12%	4.20%
10	5.20%	5.76%	5.01%
11	6.44%	7.01%	5.94%
12	7.81%	8.26%	7.01%
13	8.16%	9.69%	7.97%
14	9.06%	11.35%	8.50%
15	9.81%	12.21%	9.10%
16	10.00%	13.21%	9.80%
17	10.78%	13.81%	10.33%
18	12.02%	14.50%	10.94%
19	13.12%	14.67%	11.09%
20	13.67%	14.87%	11.51%
21	14.00%	15.09%	11.77%
22	14.26%	15.36%	12.07%
23	14.80%	15.66%	12.66%
24	15.04%	16.07%	12.99%

図 4.6 累積損失率カーブ（各月次損失率の総和）

　ここで、損失率が時間の経過に連れてどのようなカーブを描くか、について混乱が生じるかもしれない。注意すべき点の一つとして、時間の単位をある期間とするのか、あるいは特定の月日とするのか、という点が挙げられる。これまでに用いてきた例の中の方法は、期間を時間経過の単位として表わしており、これを経過期間法（Periods-out method）とする。この方法では、2004年3月にオリジネートしたローンでは、第4期間（つまり2004年7月）に0.93%の損失があり、第5期間（2004年8月）では0.79%の損失があることを表わしている。しかしながら、損

第4章　延滞・債務不履行（デフォルト）および損失分析

失データは期間毎ではなく月日に基づいて与えられることもある。一般的には、最初のオリジネーション日を起点日として、以降1ヵ月毎の月日を設定していく。それぞれ期間もしくは月日をおく方法の主な違いは、月日を与える方法では全てのオリジネーション期間に対して月日が設定されるが、経過期間法ではそれぞれのオリジネーション期間に対する経過期間が設定されるという点である。

　月日を設定する方法では、2004年3月にオリジネートされたローン資産は、2004年7月に$272の損失を、上から7番目のセルに示している。経過期間法では、同じ期間（2004年7月）を上から4番目のセルに示すことになる。つまり、経過期間法ではオリジネーション期間毎に経過期間が設けられるのに対して、月日を設定する場合は全ローン資産で最初のオリジネーション日から月日が設定されることになる。この点を明確にするには図4.7を参照されたい。

Dates Method		Periods Out Method	
Origination Month	3/1/04	Origination Month	3/1/04
Months		Months	
1/1/04		1	
2/1/04		2	
3/1/04		3	
4/1/04		4	272
5/1/04		5	
6/1/04		6	
7/1/04	272	7	

図 4.7 時間軸に月日もしくは期間を設定する場合の違い

モデル・ビルダー 4.2：損失履歴・予想カーブ

1. 先ず、ダウンロードした Zip ファイルのフォルダ MSFC_Ch4 中にあるファイル MB4.2 - Raw Data.xls を開く。このファイルは延滞履歴に関するものと類似しているが、損失分析用に変更を施している。最初に気付くであろう違いは、ローン資産プール毎にオリジネーション額のみを記載している点で

ある。これは、静的分析は当初のオリジネーション額に対して行うためである。このファイルは、適宜異なるファイル名で保存し、演習に使用する。

2. 延滞分析と同様に、オリジネーション日と残債をそれぞれ 37、38 行目にコピーする。また、B 列の期間をコピーし、38 行目に記載の Origination Amt 以下に貼り付ける[40]。

3. セル C39 に以下の式を入力する。

$$=IF (C8="","",C8/C\$38)$$

この式は延滞分析の場合と同様であるが、現在の残債ではなく、当初のオリジネーション額に対する損失に基づいている。同式を C39 から AA62 にかけてコピーする。

4. これまでに月次損失率を求めたが、このデータを累積損失率カーブにして分析する。先ず、オリジネーション年月とオリジネーション額について、65 行目および 66 行目にコピーする。また、各期間を B 列 66 行目からコピーする。累積損失率は、当該期間の損失率を前期間までの損失率に加えることで求める。式を入力する前に、67 行目の各セルを空白にしておくことを確認する。これは、第 1 期間と（その前の行にインプットされた）オリジネーション額の間を空白にすることによって、累積損失率にオリジネーション額が加算されないようにするためである。この設定を行った上で、セル C68 に以下の式を入力する。

$$=IF (C39="","",C39+C67)$$

この式をセル C68 から AA91 にかけてコピーする。累積損失率カーブは図 4.8 に示すようなグラフとなる。

---

40 訳者注：MB4.2-Raw Data.xls ファイルでは既に入力済のため、この作業は不要。

119

第4章　延滞・債務不履行（デフォルト）および損失分析

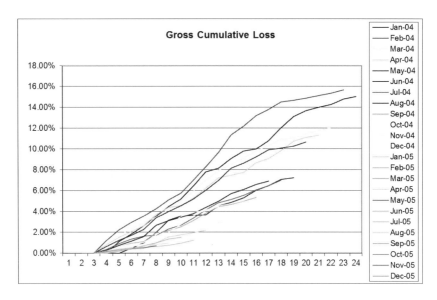

図 4.8 累積損失率カーブ（イメージ[41]）

モデル・ビルダー演習 4.2 を続ける前に、この累積損失率カーブを用いて将来予測を行うために、どのようにこのカーブを分析するかを理解することは非常に重要である。

損失履歴カーブの分析

静的手法を用いて描かれた各ローン資産の損失履歴カーブは、二つの重要な特性をもっており、これらをしっかり把握すべきである。その特性とは、損失規模（severity）とタイミングである。損失規模は、ビンテージ毎の最終的な累積損失率に表わされる。これは、各月にオリジネートされた各ローン資産において、オリ

---

41 訳者注：実際のグラフは、ダウンロードファイルを参照。

ジネーション額に対してデフォルトとなり回収不能になる割合がどの程度あるのかを表するものである。タイミングは、ある特定の時点までにどの程度の損失が発生するのかを表す。モデル・ビルダーの例において 24 ヵ月の返済期間を設けた場合、各期間における損失のタイミングは、ある特定の期間での累積損失率を（24 ヵ月での）全累積損失率で割ることにより決定出来る。

　損失のタイミングは、ストラクチャード・ファイナンス案件に重大な影響を及ぼすため、それを理解することは非常に重要である。損失のタイミングが比較的初期段階に見られる場合、これは損失がローンのオリジネーション後すぐに発生していることを意味し、そのローン資産はすぐに棄損していることになる。また、ストラクチャード・ファイナンス案件において、この損失は、直ちに損失に対するバッファーとなる超過スプレッドに直接影響を与える。通常よりも早い時期に損失を認識する損失カーブに基づくストラクチャード・ファイナンス案件は、超過スプレッドを累積する間も無く損失が発生してしまうため、より多くの信用補完が必要となる。逆に、通常よりも遅い時期に損失を認識する損失カーブ、つまり償還期間終了間際で損失が発生する場合にも、ストラクチャード・ファイナンス案件における考慮が必要となる。損失がストラクチャード・ファイナンス案件の後期まで発生しない場合、信用補完の規模の検討を要し、また適用する期間も考慮しなければならない。もし通常の損失カーブに基づいてモデル化する一方、実際の損失がより後期に発生した場合には、各トリガーやリザーブ・アカウント（準備金口座）といった重要な仕組みの設定は、案件の後期に発生する損失に対して不適切なものとなってしまうだろう。

モデル・ビルダー 4.2：続き

5.　セル AC38 に Weighted Avg Curve とラベルを付ける。損失履歴カーブの損失規模を捉えるために、加重平均カーブを描く。これを次の式を用いて、セル AC39 から行う。

=SUMPRODUCT (C39:OFFSET (B39,0,A39)),$C$38:
OFFSET($B$38,0,A39))/SUM ($C$38:OFFSET($B$38,0,A39))

この式を、セル AC62 までコピーする。また、これらは月々の損失であるので、セル AC64 にこれらを全て足し合わせて加重平均損失を求める。

121

第 4 章　　延滞・債務不履行（デフォルト）および損失分析

6. タイミングは、先ずは月次ベースで分析して累積する。最初の期間の月次損失を、月次損失合計で割る。セル AD38 に Timing とラベルをつけて、次の式をセル AD39 に入力する。

=AC39/$AC$64

この式をセル AD62 までコピーする。これらの合計をセル AD64 に計算すると、100%となることを確認する。

7. タイミングを観察する便利な方法は、累積タイミングカーブを導出することである。これは次の式を用いて、セル AE40 から始める。

=AE39+AD40

ここで、この式の列については、ラベルの行を足してしまうことを回避すべく、他の列より一行下げて始めることに注意したい。この式をセル AE62 までコピーする。モデル・ビルダー4.2 は、次の損失カーブの予測を終えてから、最終段階へと移る。

損失カーブの予測

　ローン資産に明らかな傾向が無く、ローン資産の返済期間を含む年数のデータがあれば、前項で導出した加重平均カーブを予想損失カーブとして使用することが出来る。しかしながら、多くの場合、産業あるいは企業は、その損失を膨らませたり減らしたりといったサイクルを繰り返す。また、特に新興国市場におけるローン資産においては、比較的短い期間のデータしか揃わないだろう。これらが損失カーブの予測が必要となる背景である。

　第一の課題である損失の傾向は、各ローン資産において同じ期間を観察することによって把握することが出来る。モデル・ビルダー4.2 では、月々の損失は顕著に低下する傾向を持っていることが分かるだろう。図 4.9 の期間 5 を見ると、各ローン資産は 2004 年 1 月以降、オリジネーション月が若くなるに連れて損失率が低下しているのが分かる。また、多くの期間で同様の傾向が見受けられる。より新しいローン資産は、より損失が小さいことが予測されることから、履歴データのみに基

122

づく加重平均カーブは損失を過大評価しているのではないかとの議論があり得るが、これらの新しい期間の損失は未だ報告されておらず、よって加重平均カーブにも考慮されていない。

	Jan-04	Feb-04	Mar-04	Apr-04	May-04	Jun-04	Jul-04	Aug-04
Origination Amt	26,784	27,997	29,266	30,591	31,977	33,426	34,940	36,523
1	0.00%	0.00%	0.00%	0.00%	0.00%	0.00%	0.00%	0.00%
2	0.00%	0.00%	0.00%	0.00%	0.00%	0.00%	0.00%	0.00%
3	0.00%	0.00%	0.00%	0.00%	0.00%	0.00%	0.00%	0.00%
4	0.00%	1.22%	0.93%	0.82%	0.63%	0.00%	0.37%	0.28%
5	1.13%	1.03%	0.79%	0.69%	0.61%	0.00%	0.55%	0.49%

図 4.9 一定期間に亘って各ローン資産を観察することで損失傾向を把握すべき

　損失の傾向が見受けられる際に精緻な損失分析を行うためには、ローン資産がオリジネーションから償還期限までに被るかもしれない損失のプロファイルを正確に把握することが必要となる。加重平均カーブを用いることにより、損失履歴データと、オリジネーション日毎の各ローン資産のデータに基づいた正確なカーブを導出することが出来る。損失履歴カーブの有用性は、何本の損失カーブがオリジネーションから償還期限までのデータをたどるかを見ることにより評価することが出来る。例えば、現在のデータを 2006 年 1 月のものとし、損失データを 2004 年 1 月から与えられたとものとする。また、償還期限を 24 期間とする。この場合、オリジネーションと損失データが月次で与えられたとしたら、一つのローン資産のみが償還期限に達することになる。つまり、2004 年 1 月に起債され、24 ヵ月の償還期間を有するローンのみが、2006 年 1 月に償還期限を迎えることになる。損失履歴データは 2004 年 1 月から 2006 年 1 月までに亘るので、損失履歴は各ローン資産の各期間の一部に基づくものである。しかしながら、例えば 2004 年 4 月に起債されたローン資産には一部の損失履歴、つまり 2004 年 5 月から 2006 年 1 月までの 21 ヵ月のデータしか存在しない。

　もし損失データに傾向が見られる一方、ローン資産の多くが償還期限を迎えていないとすれば、より新たにオリジネートされたローン資産は、加重平均カーブに大きな影響を与えることになる。そのような傾向を説明するには、新たなローン資産に関する損失予測を調整する必要がある。例えば、損失が時間を経るに連れて大きくなっており、新たにオリジネートしたローン資産に想定損失に基づく調整を加え

123

第 4 章　延滞・債務不履行（デフォルト）および損失分析

ていない場合は、加重平均はその損失を過小評価することになる。逆に、損失が時間を経るに連れて小さくなる場合には、加重平均はその損失を過大評価することになる。

　損失の傾向を考慮するためには、より新しくオリジネートしたローン資産を、基準となるローン資産から推定されるタイミングカーブを用いて調整する必要がある。この基準となるローン資産は、各ローン資産の想定損失タイミングを説明するのに役立つ静的損失データ中のローン資産でなければならない。ローン資産の過去実績が極端に不安定でない限り、将来オリジネートするローン資産も同様に損失を出すと想定することは論理的である。公共債協会（PSA）や格付機関等の第三者によって導出されたタイミングカーブを用いて損失想定を調整することも出来る。また、より精巧な静的損失分析を行って損失傾向を決定することも出来る。これらの分析結果が損失傾向の基準をもたらす。以下のモデル・ビルダー4.2 の続きでは、損失を予測するのに最も基本的なアプローチを取る。

モデル・ビルダー4.2：続き

8.　静的損失分析を完成させるには、先ず比較的新しくオリジネートされたローン資産について、損失傾向に沿って調整する必要がある。これを行うには、各ローン資産の月次損失をタイミングカーブに基づき推定しなければならない。ここで、月次損失率を計算するために、64 行目から 67 行目を空けるべく数行挿入する。

9.　セル B64 に Loss Sev. Taken とラベルを付ける。これは、各ローン資産においてオリジネーション額に対する損失率を表わす。正しく計算を行うために、ここでは SUM 関数に OFFSET 関数を組み合わせて用いる。OFFSET 関数の参照を念頭に、各ローン資産のデータ数を与えるために関連の行を設定し、セル C36 に 24、セル D36 に 23、と順に減少する数列を入力し、最後にセル Z36 に 1 を入力する。その後、セル C64 に次の数式を入力する。

=SUM（C39:OFFSET（C38,C36,0））

この式は履歴データから求めた損失率の総和を計算するものである。OFFSET 関数の重要性は、後ほど予測損失率を計算する際により明確になろう。

10. 次に、セル B65 に Loss % Taken とラベルを付ける。この行は、分析の対象とするローン資産が、加重平均タイミングカーブに対してどれぐらいの割合の損失を織り込んでいるかを示している。例えば、2004 年 1 月に起債したローン資産では、24 ヵ月の全期間についての損失履歴データがあるので、既に 100%分の損失が考慮されていると言える。同様に、2004 年 2 月に起債したローン資産では 23 ヵ月のみ経過しており、1 ヵ月分については未だ損失履歴データが無い状況であることから、100%を若干下回る割合となる。これらの損失を織り込んだ割合について計算するために、次の式をセル C65 に入力する。

$$=OFFSET\ (\$AE\$38,C36,0)$$

この式は、各ローン資産のシーズニング（経年効果）に基づくタイミングカーブを参照するための OFFSET 関数である。この式をセル Z65 までコピーする。

11. 損失を織り込んだ割合を確認し、残りの損失を考慮する余地の割合を 100%から織り込み済みの割合を引くことにより求める。セル B66 を Loss to be Dist.とラベルを付け、セル C66 に次の式を入力して、それをセル Z66 までコピーする。

$$=1\text{-}C65$$

12. 予想損失は、経過期間中の損失率を、既に損失を織り込んだ割合にて除することで求められる。ローン資産が既に全損失率を織り込み済みの状態であれば、損失率はそのままの値となる。また、ローン資産が未だ全損失を織り込んでいない状態であれば、それは 100%未満の割合となり、損失率は 100%未満の割合で除することによりグロスアップされる。セル B67 に Expected Loss とラベルを付けて、セル C67 に次の式をインプットし、それをセル Z67 までコピーする。

$$=C64/C65$$

第 4 章　延滞・債務不履行（デフォルト）および損失分析

13. 各ローン資産において計算した予想損失とともに、将来の月次損失率を予測する。これは既に IF 関数を組み込んでいるので、月次損失の計算式から直接行うことが出来る。セル C39 をクリックし、データが存在しない（""と表示）場合にはデータが無い状態を維持するように IF 関数を用いたことを思い出そう。ただ、上記で説明した通り、損失データが存在しない場合には予測値を代入すべきである。この予測の計算は、予想損失額に損失想定タイミングカーブ上の損失率を掛けることにより求める。よって、セル C39 には次の数式を入力する。

$$=IF\,(C8="",C\$67*\$AD39,C8/C\$38)$$

この数式が意味するところは、月次損失データが存在しない場合には、損失想定タイミングカーブに基づいて、予想損失額にカーブ上の損失率を掛けて値を求めるが、データが存在する場合には、履歴データを用いるというものである。この式を C39：W62 の範囲のみにコピーする。というのは、2005 年 10 月以降にはデータがほとんど含まれないことから、#DIV/0 のエラーが予測されるためである。これらの月次損失に関する表は図 4.10 の通りである。

Loss Sev. Take	15.04%	15.66%	12.07%	11.31%	10.67%	7.22%	7.00%
Loss % Taken	100.00%	97.44%	92.95%	90.00%	87.30%	83.18%	78.56%
Loss to be Dist	0.00%	2.56%	7.05%	10.00%	12.70%	16.82%	21.44%
Expected Loss	15.04%	16.07%	12.99%	12.57%	12.22%	8.68%	8.91%

図 4.10　予想損失率

14. 最後の手順として、予想損失を考慮して新たな加重平均カーブを導出する。セル AG38 に Adj.WA Curve とラベルを付け、セル AG39 に次の式を入力する。

$$=SUMPRODUCT\,(C39:W39,\$C\$38:\$W\$38)/SUM\,(\$C\$38:\$W\$38)$$

この式をセル AG62 までコピーする。これは、各期間（W 列まで）の全てのデータを考慮して、直接的に加重平均を求めるものである。セル AG69 で個々の月次データの総和を求める際、損失傾向が現れている時に損失カー

ブを用いて調整した場合と、履歴データのみを考慮した場合ではその差は明らかであろう。後者では総損失率 9.34%の加重平均カーブとなるが、前者の調整後カーブでは損失傾向を加味したことにより総損失率 7.01%のカーブとなる。この比較は、図 4.11 に示す通りである。

Weighted Avg Curve	Timing	Cum. Timing	Adj WA Curve
0.00%	0.00%		-
0.00%	0.00%	0.00%	0.00%
0.00%	0.00%	0.00%	0.00%
0.24%	2.52%	2.52%	0.24%
0.36%	3.82%	6.34%	0.34%
0.29%	3.14%	9.48%	0.27%
0.27%	2.89%	12.37%	0.24%
0.53%	5.68%	18.05%	0.45%
0.53%	5.65%	23.70%	0.43%
0.43%	4.64%	28.34%	0.34%
0.58%	6.26%	34.60%	0.45%
0.66%	7.04%	41.64%	0.48%
0.70%	7.50%	49.14%	0.50%
0.54%	5.73%	54.87%	0.38%
0.47%	5.01%	59.89%	0.32%
0.60%	6.40%	66.29%	0.41%
0.51%	5.42%	71.71%	0.34%
0.64%	6.85%	78.56%	0.43%
0.43%	4.62%	83.18%	0.29%
0.38%	4.12%	87.30%	0.26%
0.25%	2.70%	90.00%	0.17%
0.28%	2.96%	92.95%	0.19%
0.42%	4.49%	97.44%	0.30%
0.24%	2.56%	100.00%	0.18%
9.34%	100.00%		7.01%

図 4.11 調整前および調整後の加重平均損失カーブの比較

　前項では、静的損失分析で用いる最も一般的な分析手法について詳細に述べたが、これは決して網羅的ではない。分析対象にはあらゆる状況が想定され、それらにはそれぞれ異なる分析手法が必要となってくる。例えば、履歴データが非常に不安定な場合、そもそもデータ数が少ない場合、あるいはローン資産そのものに変更が生じた場合、などである。よって、各状況の把握や損失発生の背景に関する理解が、適切な分析手法を選択するための鍵となる。二つの異なる静的損失履歴データがあ

第4章　延滞・債務不履行（デフォルト）および損失分析

り、それらは非常に類似しているように見えたとしても、採用すべき分析手法は、しばしばデータには現われない情報に基づいて選択する必要がある。これらの分析手法は、損失額の大きいローン資産を順番に精査していくような詳細な計算に基づく分析から、簡便な比較分析にまで及ぶ。

　損失分析に用いる手法にかかわらず、損失そのものや案件においてどのような背景や要因が損失に繋がっているのかを理解することが、ストラクチャード・ファイナンス案件のモデリングにおいて最も重要な要素である。ストラクチャーの主要部分は損失に関連しており、またそれを軽減させるように機能すべきである。このことは、予想損失をモデルでシミュレーションするに連れてより明白になる。

予想損失カーブの統合

　本章の前半では、履歴データに基づいた損失への理解や、履歴データからの将来の予想損失の推定に焦点を当てた。本章の後半では、損失履歴データから集積した情報に基づいて、キャッシュ・フローを算出する際に、それらの損失を考慮出来るようにする。ストラクチャード・ファイナンスのモデリングにおいて、当初残高法（original balance）と現在残高法（current balance）の二つの損失計算方法がある。その手法の選択は、モデルに織り込む損失カーブの種類に依存する。

　当初残高法は、ローン資産の当初オリジネーション額に、月次損失率を乗じる方法である。この方法は、ローン資産における損失履歴データの分析が完了しており、当初オリジネーション額に対する損失規模が計算されている場合に用いる。累計が100%となるタイミングカーブを用い、信用情報に差異が無い場合には、当初オリジネーション額に対する損失額は仮定したタイミングカーブに一致するものになるだろう。

　一方、現在残高法は、ローン資産の現在残高に、月次デフォルト率（Monthly Default Rate：MDR）を乗じる方法である。月次デフォルト率は、標準デフォルト想定（Standard Default Assumption：SDA）カーブを予想損失として用いる際に使用する。この場合、損失額は当初オリジネーション額に対する割合に関連するものでは無くなる。

128

いずれの手法でも、損失の予想において用いるのは、ローン資産の残高に対する
パーセンテージである。これはアモチゼーションの代表事例法と同様である。つま
りローン資産を一纏めにし、損失割合を想定するのである。しかしながら、ローン・
レベルのアモチゼーションを採用する際にパーセンテージを利用するのは稀であ
る。何故なら、損失パーセンテージは個別のローン資産から導いているからである。
実際に、ローン資産はデフォルトをするか、そうでないかの二通りのみである。一
つのローン資産を、デフォルト部分とそうでない部分に分けて考えるというような
コンセプトは存在しない。しかし、モデリングにおいては、損失カーブを個々のロー
ン資産に適用した上で、それらを一纏めにする。このコンセプトは、シーズニン
グ（経年効果）とデフォルト発生タイミングを考慮する際に非常に重要になってく
る。

シーズニング（経年効果）とデフォルト発生タイミング

ローン資産の返済が開始したり、あるいはオリジネーション後に期間が経過した
りするに連れ、ローン資産における予想損失額は変化する。というのは、年数が経
過したローン資産は、新たにオリジネートされたローン資産とは異なる損失カーブ
を持つからである。例えば 24 ヵ月の返済期間で新たにオリジネートされたローン
資産には、24 期間の予想損失カーブが想定されるだろう。つまり、24 ヵ月目まで
に予想損失が全て（100%）発生する前提となる。一方、既にオリジネートから 10
ヵ月が経過したローン資産が、案件に組み入れられる場合を想定してみよう。この
ローン資産においては、10 ヵ月分の想定損失は既に発生済みであると捉えること
が出来る。図 4.12 にオリジネート後の経過期間と、想定損失残（全期間で想定さ
れる予想損失の内、未だ経過していない期間に相当する想定損失）の異なる二つの
ローン資産の違いを示す。

第 4 章　　延滞・債務不履行（デフォルト）および損失分析

Periods	Periodic Loss	Cumulative Loss	Loan 1 - New Loan	Loan 2 - Seasoned Loan
1	0.00%	0.00%		
2	0.00%	0.00%		
3	0.00%	0.00%		
4	0.24%	0.24%		
5	0.34%	0.58%		
6	0.27%	0.85%		
7	0.24%	1.09%		
8	0.45%	1.54%		
9	0.43%	1.97%		
10	0.34%	2.31%		
11	0.45%	2.76%		
12	0.48%	3.24%		
13	0.50%	3.73%		
14	0.38%	4.11%		
15	0.32%	4.43%		
16	0.41%	4.84%		
17	0.34%	5.18%		
18	0.43%	5.62%		
19	0.29%	5.91%		
20	0.26%	6.17%		
21	0.17%	6.34%		
22	0.19%	6.54%		
23	0.30%	6.83%		
24	0.18%	7.01%		

図4.12　新たにオリジネートしたローン資産は全予想損失7.01%が見込まれるのに対し、
オリジネートから 10 ヵ月経過後のローン資産では、既に 2.31%分は発生済みと見なし、
残りの 4.70%分の予想損失のみが今後発生する見込みと捉えることが出来る

シーズニング（経年効果）は、モデル中においてローン資産のアモチゼーションの代表事例もしくは個々のローン資産の経過期間を計算し、各期間に適用される予想損失率をデフォルト・カーブの該当期間に一致させるように設定することで表す。

経年したローン資産の予想損失は、デフォルト・タイミング・カーブによって、大きく異なることがある。デフォルト・タイミング・カーブに基づき発生するデフォルトのタイミングとその問題については既に述べたが、これらの分析での前提は新規にオリジネートされたローン資産であった。もし、ローン資産が経年したものであり、デフォルトのタイミングが比較的初期に（オリジネーション直後から）デフォルトが発生する前提になっているのであれば、その経年したローン資産は、既に一定額の損失が発生している可能性がある。モデル・ビルダーのモデリングが完成した後には、経年効果とデフォルトのタイミングによる予想損失の違いを、ローン資産の経過年数やデフォルト・タイミング・カーブを変化させながら考察することが出来る。

モデル・ビルダー 4.3 : デフォルトのアセット・アモチゼーションへの組込み

1. 先ずは "Inputs" シートから始める。各セルを次のように設定する。

   セル E17 : Gross Cumulative Loss とラベルを付ける。
   セル F17 : Loss Stress とラベルを付ける。
   セル G17 : Loss Timing Curve とラベルを付ける。
   セル H17 : SDA Curve とラベルを付ける。

   各ラベルの下に、各値を入力していく。セル E18 に 1.00%を入力し、このセルに pdrCumLoss1 と名前を付ける。また、セル F18 に 1 を入力し、pdrLossStress1 と名前を付ける。ここで、セル G18 と H18 を設定する前に、"Vectors" シートで、いくつかの作業を行う。

2. 第3章で "Vectors" シートの R 列まで進んだ。S 列は空白の列として空けておき、セル T3 に Defaults とラベルを付ける。T 列から X 列までにタイミングカーブを入力する。セル T4 から X4 まで、それぞれ Timing Curve 1、

131

第 4 章　　延滞・債務不履行（デフォルト）および損失分析

Timing Curve 2 というように順にラベルを付ける。ここで、範囲 S4：X4 に lstDefaultCurve と名前を付ける。ここでは、空白の S4 を含めて、データ選択において空白を選択出来るようにしておく。

3. "Vectors"シートのセル Z4：AD4 に進む。これらのセルに、Default Rate 1、Default Rate 2 というように順にラベルを付ける。ここでも、セル Y4 と AE4 を空白にしておくことに注意する。セル AF4 に進み、SDA 50%とラベルを付け、続けてセル AG4、AH4 にそれぞれ SDA 100%、SDA 200% とラベルを付ける。また、範囲 AF4：AH4 に lstSDA と名前を付ける。

4. "Inputs"シートに戻り、上記で定義した lstDefaultCurve を用いてドロップダウン・リストをセル G18 に設定する。セル G18 を pdrLossTime1 と名前を付ける。更に、これも上記で定義した lstSDA を用いてドロップダウン・リストをセル H18 に設定し、これを SDA_Loss と名前を付ける。

5. ここまでで、損失率と損失発生のタイミングの選択に関するインプットを設定した。損失率は損失履歴データに基づいて速やかにインプットしたり変更したりすることが出来る。タイミングカーブについては、5 種類のカーブを設定し、これらから選択出来るようになった。各カーブのラベル付けも終えているので、あとはどのカーブを選択するのかを決定する必要がある。これには損失タイミングが期間によって柔軟に変化させることが出来るような表を用いて行うのがベストである。この表は多少のスペースを必要とするので、モデル中の他の項目とは別に設定すべく、"Cash Flow"シートの後に新しいシートを設けて、これに"Loss Timing と名前を付ける。"Loss Timing"シートのセル A4 に Timing Curves とラベルを付ける。また、セル A6 に Months とラベルを付ける。セル D6 から H6 に損失タイミングカーブの各種類番号を、D6 に 1、D7 に 2 というように順に番号を付ける。ここまでの作業で図 4.13 のようになる。

132

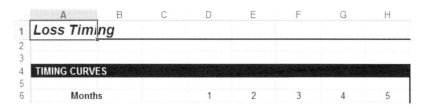

図 4.13 "Loss Timing" シート

6. "Loss Timing" シートのセル A7 には 1 を入力するが、これは損失タイミングカーブが開始する最初の期間を表わしている。セル B7 には 12 を入力するが、これも損失タイミングカーブの期間 12 を意味する。ここで設定しているのは、損失タイミングカーブの各期間の個別設定であり、これらは後ほど参照する。上記は期間 1 から 12 までの設定であった。この表記はラベルとしてしまえば簡単なのだが、ここでは後の工程での参照を考慮して、数字でのフォーマットを残しておく。これを行うためにセル A7 で右クリックし「セルの書式設定」を選択し、「表示形式」の中の「ユーザー定義」を選択する。このセルのフォーマットで、#,## "to"と入力すれば、図 4.14 に示す通りに表示される。

	A	B	C	D	E	F	G	H
1	Loss Timing							
2								
3								
4	TIMING CURVES							
5								
6		Months			1	2	3	4	5
7	1	to	12		3.33%	5.00%	20.00%	1.00%	0.00%
8	13	to	24		3.33%	5.00%	20.00%	1.00%	0.00%
9	25	to	36		3.33%	5.00%	20.00%	1.00%	0.00%
10	37	to	48		3.33%	5.00%	20.00%	1.00%	0.00%

図 4.14 セル上で数値のフォーマットを残しつつ、
期間を示す表示になるように設定する

第 4 章　延滞・債務不履行（デフォルト）および損失分析

このセルのフォーマットにより、数値でありながら、一目で期間表示であることが分かるようになった。セル A7 と B7 の下のセルには、それぞれの期間間隔に従ってインプットしていく。つまり、セル A8 と B8 には 13、24 をそれぞれにインプットし、同様に 36 行まで繰り返し、期間 360 まで設定する。

7. 上記 6 で設定した表は、発生し得る損失タイミングカーブのシナリオを設定するために作成した。シナリオ 1（セル D6 にラベルを付けた）では、各パーセンテージをセル D8 から D36 にかけて入力し、A 列と B 列で設定した各期間に対する損失率を設定する。例えば、セル D8 には 3.33333333%、もしくはより簡単に=(100/30)%とインプットする。これは、ローン資産における 1 年目の当該期間（1 ヵ月から 12 ヵ月目）の損失率が 3.33333333%であることを意味する。また、このローン資産の全返済期間に亘る損失率が 10%であるとすると、当該期間の損失率は 0.33333333%（10% * 3.33333333%）となる。ここでは、シナリオ 1（セル D8 から D36）の各期間（各 12 ヵ月）の損失率を 3.33333333%としよう。360 期間を同じように 1 年毎に分けることにより、全ての期間の総和は 100%となる。実際、全ての損失タイミングカーブの総和は 100%となる。そうならなければ、何れかに誤った数値を入力していることになる。他のシナリオについては、先ずは一旦空白にしておく。後ほど、シナリオの選択を説明する時に他のシナリオについても入力する。

8. 損失タイミングは、ある期間の損失率として（1 ヵ月目から 12 ヵ月目の期間では 3.33333333%というように）しばしば表すが、モデル中ではより細かく、例えば月次損失率のように表すこともある。その場合、損失タイミングカーブをモデルに応じた期間に変換する必要がある。最終的には、"Vectors" シートに月次損失率を適切に設定する。上記 2.では五つの損失タイミングカーブを設けるように列（T 列から X 列）を設けた。ここで、適切な各期間の損失率を抽出するために OFFSET 関数と MATCH 関数の組み合わせた式を使用する。"Vectors" シートのセル T7 に次の式を入力する。

=OFFSET ('Loss Timing'!D$6,MATCH ($A7,'Loss Timing'!$A$7:$A$36,1),0)/12/PmtFreqAdd

この式は、いくつかの点を除けば、他の OFFSET 関数と MATCH 関数の組み合わせと類似している。上記の場合は、各損失タイミングカーブはセル D$6 を参照するところから開始する。この選択したセルは、"Vectors" シート上の現在の期間と一致する "Loss Timing" シート上の期間（A 列）を参照する。A 列のみを参照することがここでは非常に重要である。というのは、MATCH 関数の「照合の種類」に 1 を用いているためである。これは、この式が参照する値と同じ、もしくはそれ以下となる値の中で最大値を参照することを意味する。例えば、期間 14 の損失率を決定する際に、"Loss Timing" シート上のセル A7 から A36 までの中で、14 と同じもしくはそれ以下の数字で、最大の値は 13 となる。これにより、"Loss Timing" シートの期間 2 である 13 ヵ月目から 24 ヵ月目の期間を参照することが出来る。「照合の種類」としての 1 は、期間の範囲より狭い参照の時のみに使用することが出来る。

その他に異なる点は、この式の除数である。OFFSET-MATCH 関数から返される値は、各期間の損失率に基づく。よって、設定された期間の損失率を得るには、当該期間内の損失率をモデルで設定した一区間の期間（ここでは 1 ヵ月間隔）で除する必要がある。モデル中の設定が月次である場合は、各期間の損失率を全て 12 で割らなければならない。しかしながら、モデルの一区間の期間が四半期、半期、あるいは 1 年毎である場合には、Payment Frequency Additive（"Hidden" シート参照）で定義する値を掛ける必要がある。ここで、この式をセル T366 までコピーする。ここまでの作業で、図 4.15 の通りとなる。

第 4 章　延滞・債務不履行（デフォルト）および損失分析

	Timing Curve 1	Timing Curve 2	Timing Curve 3	Timing Curve 4	Timing Curve 5
Defaults					
	0.28%	0.42%	1.67%	0.08%	0.00%
	0.28%	0.42%	1.67%	0.08%	0.00%
	0.28%	0.42%	1.67%	0.08%	0.00%
	0.28%	0.42%	1.67%	0.08%	0.00%
	0.28%	0.42%	1.67%	0.08%	0.00%
	0.28%	0.42%	1.67%	0.08%	0.00%
	0.28%	0.42%	1.67%	0.08%	0.00%

図 4.15　"Vectors"　シート上で、月次の損失タイミングカーブを表す

9.　引き続き "Vectors" シート上で作業を進める。次に、適切な各期間のデフォルト率について設定する。これは、最終的に損失額を求めるための損失率である。このデフォルト率は、各期間の損失率に対して別に設定した割合を掛けた率で構成される。また、ここでは損失カーブに一定のストレスを掛けて設定する。上記 3. では、この作業のために Z 列から AD 列までを空けていたが、ここでセル Z7 に次の式をインプットする。

$$=(pdrCumLoss1*pdrLossStress1)*T7$$

この式では、"Inputs シート" で設定する全損失率（pdrCumLoss1）を用いて、これにストレス係数（pdrLossStress1）を必要に応じて掛け、これらの積と各期間（一区間）の損失率を掛け合わせている。つまり、ここでは一期間での損失額を求めるための損失率を求めている。この式を Z7:AD366 の範囲にコピーする。

10. ここまでは、モデル・ユーザー自身で作成した損失タイミングカーブについて焦点を当ててきたが、時には例えばモーゲージ・ローンのような長期ローン資産に適用されるような既定の損失タイミングカーブを用いることもあろう。既に標準デフォルト想定（Standard Default Assumption：SDA）カーブについて述べたが、これらは数十年間に亘るモーゲージ・ローンに関するデータに基づいて全米公共債協会（PSA）によって定められた既定値である。これらは、モーゲージ・ローン商品やその他の長期ローン商品における想定損失率を決定する際に非常に有用な指標とされている。

最も標準的な SDA カーブは 100%SDA カーブであり、これは最初の 29 ヵ月で年次デフォルト率が一期間で 0.02%毎上昇し（期間 1 は 0.02%）、30 ヵ月目から 60 ヵ月目では年次デフォルト率が 0.60%、その後 61 ヵ月目から 120 ヵ月目では一期間で 0.0095%毎下降し、最後の 121 ヵ月目から 360 ヵ月目では年次デフォルト率が 0.03%となる。この 100%SDA カーブは非常に認識しやすい形状となり、グラフにすると図 4.16 の通りとなる（詳細は Additional Files フォルダにある SDAExample ファイルを参照）。

この 100%SDA カーブに一定の割合を乗じる、あるいは除することにより、様々なカーブを描くことが出来る。50%SDA カーブは 100%SDA カーブの各期間で半分の損失率を有するカーブとなり、200%SDA カーブは 100%SDA カーブの各期間で倍の損失率を有するカーブとなる。

ここで留意すべき点としては、これらの SDA カーブの各値は月次モデルで使用したものでは無いことである。つまり、SDA カーブは年次デフォルト率に基づいて月次デフォルト率を使用しカーブを描いている。また、次の式を用いて年次デフォルト率を月次デフォルト率に変換している。

Monthly Default Rate = $100*(1-(1-(\text{Annual Default Rate}/100))^{(1/12)}$

50%、100%、200%SDA カーブを、それぞれ "Vectors" シートの AF7：AH366 に入力する。また、これらの値を各章で作成するモデルにもコピー、貼り付ける。

第 4 章　延滞・債務不履行（デフォルト）および損失分析

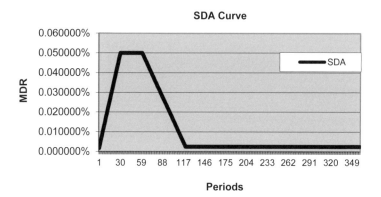

図 4.16　100%SDA カーブ

11. 次に、各前提条件の"Cash Flow"シートへの入力を始める。"Cash Flow"シートを参照し、M 列と N 列にデフォルトに関するデータを入力するために設定したことを確認する。セル M7 には、"Inputs"シートでの設定に基づいて、適切なデフォルト率を入力するようにしなければならない。ここでは、モデル・ユーザー自身による損失データと SDA カーブの二つの損失タイミングカーブがあるが、"Inputs"シートに基づいて適切にデフォルト率のカーブを選択出来るようにする必要がある。

適切なカーブを選択する一つの方法は、損失カーブを選択する"Inputs"シートのセルが空白かどうかを確認することである。もしモデル・ユーザーが損失カーブ中で値が無いものを選択したら、他の損失カーブが参照されなければならない。これを実現するには、空白のセルをデータ・バリデーションシート中に含めておく。また、これを明確にするために、セル M7 に入力する式の始めには次の IF 関数を組み込み、空白も前提の一つとして捉える。

=IF (pdrLossTime1="",

この IF 関数は、損失タイミングカーブに空白が含まれているかどうかを確認する。該当セルが空白であった場合には SDA カーブが適用され、空白で無かった場合にはユーザー自身の損失カーブの値を使用する。モデル・ユーザーは常に空白のセルを使用することがあるので、この点に留意することは重要である。これを怠ると、モデル中で混乱を生みかねず、また数式も意図する通りに機能しなくなるかもしれない。最終的な数式は次の通りとなる。

=IF (pdrLossTime1="",OFFSET (Vectors!$AE$6,A7+Age1,
MATCH (SDA_Loss,lstSDA,0)),OFFSET (Vectors!$X$6,A7+Age1,
MATCH (pdrLossTime1,lstDefaultCurve,0)))

OFFSET 関数と MATCH 関数の組み合わせは、損失カーブの種類や経年効果を考慮した調整を踏まえて、"Vectors" シートより適切なデフォルト率を参照するために用いる。この式をセル M366 までコピーする。

12. デフォルトの項目を完了するための最後の手順は、各期間でデフォルトによる損失額を計算することであり、これをセル N7 より始める。これはシンプルな式となり、デフォルト率に残債額を掛けるのであるが、使用するデフォルト率の種類に基づいて、いくつかの点を考慮しなければならない。モデル・ユーザー自身の損失カーブは、各ローン資産の当初オリジネーション額に対する損失率を計算している。そのようなカーブに基づいてデフォルトを想定した場合、デフォルト率は当初オリジネーション額に対して乗じなければならない。しかしながら、SDA カーブは当該期間の残債に対して月次損失率を計算してものである。よって、SDA カーブを用いる場合には、デフォルト率を当該期間における残債額に対して乗じるべきである。モデル・ユーザー自身の損失カーブと SDA カーブの間で必要となるスイッチ機能は、上記 11.での手順と同様に IF 関数を用いる。

IF (pdrLossTime1="",L7*M7,$L$7*M7)

このように、SDA カーブが用いられる場合には、当該期間の残債額に対してデフォルト率が乗じられる。また、モデル・ユーザー自身の損失カーブを用いる場合には、当初オリジネーション額に対してデフォルト率が乗じられる。更に、当初オリジネーション額に対してデフォルト額を計算した場合には、当該期間のデフォルト額が同期間での残債額を上回ってしまう可能性も

139

第 4 章　　延滞・債務不履行（デフォルト）および損失分析

あるが、現実にはあり得ない計算であることから、この状況を避けるために MIN 関数を用いて次の通り入力する。

$$=MIN (L7,IF (pdrLossTime1="",L7*M7,\$L\$7*M7))$$

この式を N7 : N366 の範囲にコピーする。

13. デフォルト額を設定出来れば、"Cash Flow" シートにおけるもう二つの事項も完了させることが出来る。その二つとは、実際のアモチゼーションと金利である。最初にアモチゼーションについてセル R7 で計算する。実質的な元本は、当初オリジネーション額からデフォルト額を差し引き、その期間の架空のアモチゼーションを表す率を掛けることで求める。次の式をセル R7 に入力することでこれを実行する[42]。

$$=(L7-N7)*(1-O7/O6)$$

ここで、架空のアモチゼーション率は、当該期間のアモチゼーション係数を前期間のもので除したものとなっていることに留意されたい。この式をコピーして R7 : S366 の範囲に貼り付ける。

14. 最後に二つの列に実際の金利を計算するための式を入力して本章を完成させる。最初の列では架空のアモチゼーション率をそのまま引き継ぐ。セル S7 に次の式を入力し、S7 : S366 の範囲にそれをコピーする。

$$=F7$$

次に、セル T7 に次の式を入力する。

$$=S7*C7*(L7-N7)$$

これにより、デフォルトのローン資産を除いて金利を計算することが出来る。これを T7 : T366 の範囲にコピーする。

---

[42] 訳者注：現在残高がゼロより大きい場合。現在残高がゼロの場合にも対応するには、数式を以下の通り修正する必要がある。=IF(L7<=0,0,(L7-N7)*(1-O7/O6))

損失に関する計算を終えるにあたり、今一度、損失が如何にモデルに影響を与えるかについて振り返る。デフォルトとは、ローン資産の元本のうち、損失となる見込みのものをいう。このデフォルトになる見込みの元本は回収不能であるので、ローン資産プールから控除すべきである。これは、"Cash Flow"シートの V 列の Ending Balance に関する式で実施する。デフォルトによってローン資産プールの残額が毎期間減少することを認識することは非常に重要である。実際アモチ・ゼーションと金利は、デフォルトによって直ちに、そして著しく影響を受ける。本書では、デフォルトによって影響を受けるその他の事項も後ほど触れるので、この計算と適用方法についてよく理解するべきである。

　延滞・デフォルト・損失を分析することの重要性についても再確認しておきたい。損失はストラクチャード・ファイナンス案件の運用実績において中心的な決定要素であり、注意深く精査する必要がある。この分析は、適切にリスクを見積もった上でトランシェの額を設定し、損失の可能性を伴うローン資産を保有することに伴うリスクを理解するという観点で、非常に重要である。本章は、これらの延滞・デフォルト・損失に関する有益な入門である一方、ローン資産の特性を把握するには追加の分析や特徴的な分析が必要となることを述べた。

　モデルの負債側の議論に移る前にもう一つ資産側に関して議論する章を加えるが、ここでは債権回収について見ていく。デフォルトが発生した後でも、担保権実行、デフォルト債権の売却、あるいは継続的な債権回収の遂行によりキャッシュを回収出来る可能性がある。次の章では、この点について焦点を当てる。

142

第5章　回収

Recoveries

第5章　　回収

　デフォルトしたアセットからは損失が発生するものの、債権の一部をキャッシュ
として回収出来ることがままある。回収を行う主な手段は、アセットを差し押さえ
て売却することである。売却によって回収される現金は、ストラクチャード・ファ
イナンス案件のキャッシュ・フローに組み込まれ、負債の返済に充当することが出
来る。このプロセス自体は非常に単純でわかりやすいものの、債権回収を正確にモ
デル化するには、多くの細部を理解する必要がある。

　債権回収に関する細かいニュアンスを説明するのに最良の方法は、先ず関連用語
を理解することである。第4章では、グロス損失を「債務不履行（デフォルト）に
なり支払いが見込めない」アセットとして定義した。アセットが差し押さえられ売
却されれば、売却代金として回収された金額は、当初の損失金額から差し引くこと
が出来る。グロス損失額から回収額を差し引いたものがネット損失額となる。

ネット損失額＝グロス損失額　－　回収額

　ネット損失額に関連する用語として、損失率（loss severity）と回収率（recovery
rate）の二つの用語がある。この二つはしばしば混同されるが、実際には正反対の
概念である。回収率とは、回収金額をグロス損失額で除したものであり、損失率と
はネット損失額とグロス損失額の比率である。例えば、あるアセットがデフォルト
状態となり、100 ドルの損失が発生したと仮定してみる。もし（差し押さえした）
アセットの売却から 80 ドル回収したとすれば、回収率は 80％となり、損失率は
20％と計算される。

回収率＝回収額／グロス損失額

損失率＝ネット損失額／グロス損失額

　最後に回収期間のずれ（Recovery Lag）の定義について考察してみる。（原資
産であるローン債権にデフォルトが発生しても）回収はすぐに行われない。という
のは、法的手続きが必要だからである。すなわち、先ず当該アセットが物理的に差
し押さえられ、売却手続きを踏む必要がある。実際に売却によるキャッシュ回収が
実現するまでには、数ヵ月から場合によっては数年かかることもある。デフォルト
発生日から、実際のキャッシュ回収日までの期間を、回収期間のずれという。

回収に関する理解を深めるために、あるローン債権が、デフォルトしてから回収されるまでの流れを順に考察してみる。例として、2005 年 5 月から支払いが滞ったアメリカの自動車ローン債権を仮定してみよう。このまま延滞状態が続き、（3 ヵ月後の）2005 年 8 月にデフォルトと認定された時のローン残高が 1,580 ドルであったとする。この時点で 1,580 ドルが 2005 年 8 月のグロス損失額として記録される。そして同じ月に、車の引き上げのための法的手続きも開始される。

アメリカの自動車ローン債権市場では、法的手続きは比較的迅速に進められ、判決も数ヵ月のうちに出ることがある。上の例で、サービサー（債権回収会社）が（法的手続き開始から）2 ヵ月以内に差し押さえ命令を得たと仮定してみよう。差し押さえ命令が出ると、車は物理的に引き上げられる。アセットが乗り物や機械といった動産の場合、清算またはオークションの会場に送付される。アセットの種類によるものの、アセットを売却し現金化するには時間がかかる。上の例では、車が引き上げられてから競売にかけられ、最終的に 850 ドルで売れるまでに 1 ヵ月かかったと仮定する。図 5.1 に時系列の動きを纏めたので参照されたい。

図 5.1 デフォルトした自動車ローン債権の典型的な回収プロセスの流れ

上の例は一部のみ正しい。というのは、（売却代金から、アセットの売却に伴い発生する）各種コストを差し引く必要があるためである。ほとんど全てのアセットにおいて、最も重要なコストは、売却にかかるコストと言える。アセットを差し押さえるための法人を起用するのにもコストがかかるし、（差し押さえした）アセットを、売却やオークションの会場に実際に持ち込み、キャッシュ化するのにもコストがかかる。これらのコストは、特にアセットが国際的に展開している場合には、巨額になることもあり得る。ストラクチャード・ファイナンス案件では、差し押さ

145

第 5 章　　回収

えおよび売却が難しく、多額の費用がかかると見込まれる地域の場合、（原資産の
所在する）場所について、しばしば制限を課すことがある。

　回収に関する前提条件で、もう一つ大事なのが、キャリーに伴うコストに関する
ものである。ローンがデフォルトとみなされた時点から、アセットが売却され売却
代金としてキャッシュを受領するまでの間、ローンの残高には金利コストがかかる。
このコストは、回収に関する前提条件に含まれていないこともある。この例では、
キャリー・コストに関する前提条件はないものとする。

　先ほどの事例に戻ると、売却に要したコストを、売却代金から差し引く必要があ
る。売却に要したコストを 200 ドルと仮定すると、ネットの回収金額は（850 ド
ルから 200 ドルをひいた）650 ドルになる。この例では、回収率は 41.13%（650
ドル／1,580 ドル）、損失率は 58.86%（930 ドル／1,580 ドル）となる。

　回収率と回収期間のずれに関する典型例が入手可能な場合であっても、回収に関
する過去データの分析を行う必要がある。これには、回収率に加えて、回収金額の
平均値や売却コスト、回収までの期間等のデータを集めることになる。この過去デー
タの分析は、第 3 章および第 4 章におけるデータ分析よりも、単純なものであ
る。証券の発行体にとっては、回収に関するデータをローン・レベルで正確に行う
のには、しばしば困難を伴う。可能であればローン・レベル法を使うのが望ましい
が、より単純なアプローチで十分な場合もある。

モデル・ビルダー 5.1：回収に関する過去データの分析

1. ダウンロードした Zip ファイルの MSFC_Ch5 フォルダから、MB5.1‐Raw
   Data.xls という名前のファイルを開く。このファイルを Recovery Data と
   名前をつけて保存する。このデータは、前の章で取り扱った損失に関する情
   報に、回収に関する不完全な情報を加えたものである。詳細は図 5.2 を参照
   されたい。

146

	A	B	C	D	E	F	G	H
33								
34								
35								
36		Recovery Analysis						
37								
38		Vintage Year	Vintage Loss	Liquidation Proceeds	Liquidation Costs	Net Proceeds	Recovery Rate	Avg Months to Liquidation
39		2004		18,603	3,755			5
40		2005		4,222	788			3
41								
42								

図 5.2 損失関連のデータに加えて、回収関連の情報を追加する

2. この例では、回収金額は、案件がオリジネートされた年をベースに与えられ
   ている。セル D39 の値である 18,603 は、2004 年にオリジネートされたロ
   ーンからの回収金額である。回収金額を比較するには、各年の損失額の合計
   が必要である。セル C33 から開始して、SUM 関数を使用して各月毎の損失
   額の合計を求める[43]。

3. 2 で使用した SUM 関数により、各月毎の損失を合計した。毎年の損失額は、
   毎年の回収額に関する情報と比較する必要があり、これは SUMIF 関数を利
   用することによって求めることが出来る。しかしながら先ず YEAR 関数が
   必要となる。セル C34 に、セル C6 をシリアル値とする YEAR 関数を入力
   する。すなわち

$$=YEAR\ (C6)$$

   と入力する。この数式をコピーして、AA34 まで貼り付ける。これにより、
   月毎のローンの情報が年毎のデータに変換され、SUMIF 関数を使用する準
   備が整う。

4. セル C39 において SUMIF 関数を利用して、年毎の総損失額を求める。数
   式は次の通り。

$$=SUMIF\ (\$C\$34:\$AA\$34,B39,\$C\$33:\$AA\$33)$$

---

43 訳者注：セル C33 に=SUM (C8:C32) と入力し、セル AA33 までコピーする。

147

第 5 章　　回収

この数式をコピーして、セル C40 に貼り付けると、2005 年にオリジネート
されたローンの損失額の合計が計算される。

5. アセットの売却代金および売却に要するコストは、原データとして提供され
   る。通常はデータの操作が必要になるが、ここでは既にファイルに入力され
   ている形式でのデータが入手可能になっていると仮定する。次に、売却から
   生じるネットの売却代金を計算する。これは単純な引き算で、セル F39 に
   下記のように入力する。

   =D39-E39

   この式をコピーし、セル F40 に貼り付ける。

6. 次に回収率を計算する。これはネットの回収金額を、損失金額で割ることに
   よって求められる。セル G39 に次の数式を入力する。

   =F39/C39

   この式をコピーし、セル G40 に貼り付ける。

7. 最後の分析は、回収期間のずれに関するものである。これはセル H39 およ
   び H40 に入力されている。通常、回収期間のずれは（回収を行う）サービ
   サーによって報告されるべきだが、より詳細な分析を行うことによって計算
   することも可能である。図 5.3 の完成版の入力例を参照して欲しい。

◢	A	B	C	D	E	F	G	H	I
35									
36		Recovery Analysis							
37									
38		Vintage Year	Vintage Loss	Liquidation Proceeds	Liquidation Costs	Net Proceeds	Recovery Rate	Avg Months to Liquidation	
39		2004	36,806	18,603	3,755	14,848	40.34%	5	
40		2005	7,290	4,222	788	3,434	47.11%	3	
41									

図 5.3 回収に関する分析結果

この分析の要点は、回収率と回収期間のずれである。このケースでは、2年分の
データしかないため、平均値を使うのが妥当かどうかは疑問である。データの量が
限られているため、保守的に、最も低い回収率と最も長いずれを想定することにす
る。すなわち、この例では、回収率は40.34%、回収期間のずれは5ヵ月となる。

キャッシュ・フロー・モデルにおける回収の予想

　（デフォルトした原資産からの）回収は、確定したキャッシュ・フローではない
ため、リスク回避的なアナリストは、しばしば懐疑的な見方をする。データがそろ
っていても、回収（からのキャッシュ・フロー）を信用しないアナリストすら存在
する。しかしながら、もし回収に関する前提条件があるのであれば、回収をキャッ
シュ・フローに正確に反映させることが重要となる。すなわち、回収のずれの影響
を、キャッシュ・フローのタイミングに正しく反映させ、案件のストラクチャーと
整合するキャッシュの流れを指定する。

第 5 章　回収

モデル・ビルダー 5.2：モデル・ビルダーに回収関連のデータを統合する

1. 先ず "Inputs" シートのセル J17 に Recovery Rate と入力する。ついでセル K17 に Recovery Lag と入力する。セル J18 には、回収率の概算値として 40%と入力し、pdrRecovRate1 と名前を付ける。セル K19 には、回収期間のラグとして 5 を入力し、pdrRecovLag1 と名前を付ける。

2. 次に "Cash Flow" シートに移る。以前の分析において、U 列は回収に関する部分として空欄にしてあった。回収金額を計算するには、回収率と回収のずれを考慮に入れる必要がある。これは IF 関数と OFFSET 関数の組み合わせによって求めることが出来る。先ず IF 関数を使用するが、これは、最初の回収期間よりも前に、回収金額の計算を行わないようにするためである。セル U7 の数式は、以下のように入力を開始する。

=IF (A7<=pdrRecovLag1,0,

この IF 関数の入力がないと、回収のずれが発生する期間（OFFSET 関数を利用する）より前の期間で、エラーが発生してしまう。IF 関数を入力したら、次に OFFSET 関数で、過去に発生したデフォルトの金額を参照する。過去の参照期間は、回収のずれとする。デフォルト金額が確定したら、回収率を掛けることで回収金額が求められる。正確な数式は以下の通りとなる。

=IF (A7<=pdrRecovLag1,0,OFFSET (N7,-pdrRecovLag1,
0)*pdrRecovRate1)

OFFSET 関数は、第 1 期のデフォルト金額（セル N7）から始まり、回収のずれを使用して過去のデータを参照する。回収のずれの前のマイナス符号は過去を参照し、プラス符号であれば将来を参照することを意味する。最後にデフォルト金額に回収率を掛けることによって、回収金額が計算される。この数式をコピーして、U7 ：U366 の範囲にドラッグして貼り付ける。

上の数式を利用して回収金額を計算する場合、ローンの経年効果をどう考えるべきかという議論が生じる。すなわち、この数式は、案件開始前に発生するローンのデフォルトを考慮していないという議論である。案件を組成する

150

よりも前にデフォルトが発生したローン資産がプールに含まれていれば、回収は上記の IF 関数で設定しているよりも早いタイミングで始まる可能性がある。この議論に対する回答として、ほとんどの案件は、デフォルトしたアセットを、組成時にプールに組み入れることはないということを指摘しておく。つまりプールに組み入れられる全てのローン債権は、ストラクチャード・ファイナンス案件の組成時点では債務不履行（デフォルト）になっておらず、従って年数が経過したローンであっても IF 関数に関する前提条件は引き続き有効である。

ここで回収に関する項は終了となるが、アセットのアモチゼーションに関する部分を完成させるには、"Cash Flow" シートに 1 列追加する必要がある。X 列が最後の列で、ここで各期の全てのキャッシュ・フローを合算する。セル X4 に Total Cash Flow for Liabilities と入力する。セル X7 に入力した次の数式をコピーして、X7：X366 の範囲に貼り付ける。

$$=Q7+R7+T7+U7$$

元本返済予定金額、期限前返済金額、金利金額および回収金額は、毎月実際に発生するキャッシュ・フローで、優先順位に従って負債のウォーターフォールに充当される。回収に関して重要な点は、回収額はキャッシュ・フロー・ウォーターフォールには含まれているものの、回収してもアセットの元本は減らないという点である。これは、超過スプレッドを生みだすという点において、金利と同じと言える。

151

第 5 章　　回収

回収に関する最後の留意点

　回収に関する分析が、期限前返済や債務不履行（デフォルト）に関する分析ほど
詳細でないのは、回収金額がアセットの種類や、地域および全般的な経済状況によ
って著しく変動し得るからである。アセットに関してはより進んだ手法もある。例
えば特定の地域における住宅価値に焦点をあてた MVD（Market Value Decline）
法や、自動車リースの残存価値算定のための ALG（Automotive Lease Guide）と
いったものがある。しかしながら、これらの分析は、特定の産業における非常に詳
細な調査に基づいている。

　また、ストラクチャード・ファイナンス案件は伝統的にアセットからのキャッシ
ュ・フローに基づいており、デフォルト部分からの回収には依存していなかった。
競争が厳しくなるに連れて、最近の案件はより（デフォルト部分からの）回収に依
存したキャッシュ・フローを見込むようになってきているが、これは正しく分析し
ないと危険である。これらの種類の案件は、NPL（non performing loan、不良債
権）グループによって取り扱われるべき案件のように見え始めている。このような
案件を組成したいと思うのであれば、NPL（不良債権）グループによる回収に関
する分析を理解する必要がある。というのは、これらの分析は非常に複雑で詳細に
わたるものだからである。ほとんどの例において、この分析は、個別のローン債権
レベルでの回収と特定の担保分析を必要とする。しかしながら、全般的なモデルの
作成や初めてモデルを作成するには、より基本的で保守的なアプローチを取るべき
である。

152

第6章　ライアビリティとキャッシュ・フロー・ウォーターフォール

Liabilities and the Cash Felow Waterfall

第6章　ライアビリティとキャッシュ・フロー・ウォーターフォール

アセット（資産）側が終了したので、モデルのライアビリティ（負債）側に移ることにしよう。アセット側が元利金均等返済をベースにかなり標準化されているのに対して、ライアビリティ側は案件の個別のストラクチャーによって大きく変化し得る。この案件による個別性に対応するため、ライアビリティ側は出来るだけ柔軟性を持つように設計する必要がある。ライアビリティを個別の部分に分けて、モデルが早く動くようにすることで、柔軟性を確保することが出来る。

ライアビリティがどのように支払われているかのメカニズムに触れる前に、先ずライアビリティの構成要素を理解する必要がある。ストラクチャード・ファイナンス案件においては、アセットから創出されるキャッシュを原資に支払われるコストが、ライアビリティである。その最たるものは案件を維持するために必要な費用で、例えばトラスト（信託会社）やサービサー（債権回収会社）、格付会社への手数料がこれに該当する。次がアセット購入のための資金供給者向けの金利および元本の支払いである。この部分は、異なるリスクを負う負債（トランシェと呼ぶ）によっては、非常に複雑なものとなり得る。これらの各トランシェから元本が返済される手法は案件によって異なるが、これは次の章で触れる。

支払いの優先順位とキャッシュ・フロー・ウォーターフォール

実際の案件においては、ライアビリティの構成がどのように機能するかは、タームシートに定められた支払いの優先順位によって決まる。この部分はしばしば「ウォーターフォール」と呼ばれるが、これは各種ライアビリティの支払いに充当可能なキャッシュが、あたかも水がしたたり落ちるかのように、定められた優先順位に従って支払いに充当されていくからである。ウォーターフォールの各部分では、キャッシュが、次のウォーターフォールに移動する前に、どのようにライアビリティの支払いに充当されるかが正確に記載される。

概念的には、ウォーターフォールを通じたキャッシュの動きは、スプレッド・シートを利用した二次元のモデルで記述しやすい。というのは、スプレッド・シートの行と列を利用することによって、支払いの時系列と優先順位を構成出来るからである。アセット側では列のみを時系列を表すのに使用していた。これが何を意味するかというと、1列目には期初残高を入力し、2列目にはアモチゼーション調整後

の残高が入力されるということである。金利、期限前返済、デフォルト、および通常の返済が、論理的な順番を持つとしても、垂直の列の構成は、支払いの時系列および優先順位に基づいた構成を示しているとは必ずしも言えない。これに対して、モデルのライアビリティ側およびスプレッド・シートに作成されたキャッシュ・フロー・ウォーターフォールでは、列によって期が進んでいくのは同じであるが、行の中の各アイテムは、支払いのタイミング順に並んでいる。例えば（モデル・ビルダーの）"Cash Flow"シートでは、アセットのアモチゼーションの左側から、支払いの優先順位に従ってライアビリティが右の列に向けて並べられている。各期におけるキャッシュは、ウォーターフォールの左側から右側に順番に充当されていき、その後、下の行に記載された翌期に移動する。詳細は図 6.1 を参照されたい。

	AM	AN	AO	AP	A(	AR	AS	AT
Fees						*Senior Debt Interest*		
	Fees Due	**Fees Paid**	**Unpaid**	**Cash Remaining**		**Note Interest Rate**	**Note Interest Due**	**Note Interest Paid**
	206,250	206,250	-	615,023		3.60%	285,000	285,000
	206,097	206,097	-	631,698		3.81%	301,552	301,552
	205,909	205,909	-	648,271		3.87%	306,217	306,217
	205,686	205,686	-	664,733		3.94%	310,819	310,819
	205,428	205,428	-	681,076		4.00%	315,357	315,357
	205,134	205,134	-	698,402		4.06%	319,827	319,827
	204,806	204,806	-	714,481		4.12%	324,228	324,228
	204,442	204,442	-	730,415		4.19%	328,558	328,558
	204,044	204,044	-	746,195		4.25%	332,812	332,812
	203,611	203,611	-	761,814		4.31%	336,991	336,991
	203,143	203,143	-	777,262		4.37%	341,090	341,090
	202,641	202,641	-	792,532		4.44%	345,109	345,109
	202,105	202,105	-	807,616		4.56%	353,893	353,893
	201,535	201,535	-	822,505		4.69%	362,564	362,564

図 6.1　キャッシュはまず各期において左から右の順番で充当され、
その後すぐ下の列にある翌期に移動する

第 6 章　　ライアビリティとキャッシュ・フロー・ウォーターフォール

各ライアビリティにおけるキャッシュの動き

　標準的なライアビリティは、"Inputs"シートまたは"Vectors"シートにおける金利や固定額、あるいは金利ベクトルのような前提条件を備えている。これらの前提条件は、"Cash Flow"シートに統合されるという点ではアセット側と同様である。しかしながら、各ライアビリティには支払いの優先順位があり、充当可能なキャッシュの額によっては支払いが可能であったり、不可能であったりする点が、アセット側との違いとなる。このようなシステムにおいては、「支払可能額と支払必要額」の概念が必要不可欠である。

　極端にデフォルトの可能性が高いシナリオを除けば、各期においてライアビリティの支払いのために、一定額のキャッシュが必要となる。最も支払いの優先順位が高いライアビリティの支払いには、アセットから創出される全てのキャッシュが充当される。支払った分だけキャッシュの残高は減り、残ったキャッシュは、その次に支払いの優先順位が高いライアビリティの支払いに充当される。このプロセスはウォーターフォールが終わるまで続く。各期のキャッシュは、全て支払いに充当されることもあるし、全てのライアビリティの支払いを終えた後も余った場合には、残余分のキャッシュは分配されるか、留保されることになる。

　各ライアビリティは、返済必要額、返済可能額、未払額、（もしあれば）返済後の余剰キャッシュが正確に表示されるように設定される必要がある。これらの計算は一つのセル内で行うことも可能であるが、これらのコンセプトを、それぞれ異なるセルで行うことによって、モデルを操作する人はキャッシュの「動き」を容易に把握することが出来るようになる。

　本章では、各ライアビリティの解説とモデル・ビルダーによる演習を通じて、「支払可能額と支払必要額」の概念を学ぶ。各種のライアビリティを学ぶことにより、ライアビリティの傾向と微妙な差異が明らかになるであろう。

ライアビリティの種類

　ライアビリティとは、モデルの中でキャッシュの支払いが必要なもの全てを指す。ライアビリティには多くの種類があり得るが、ここで考察する基本的なライアビリティは、手数料、金利そして元本の支払いである。

手数料

　全てのストラクチャード・ファイナンス案件には、何らかの手数料が含まれている。サービサー（債権回収会社）はローン債権回収のための手数料を徴求する。トラスト（信託会社）はキャッシュを回収し正確に分配するための手数料を、また格付会社は案件の分析と格付付与のための手数料をそれぞれ徴求する。案件をアレンジする投資銀行は、投資銀行が果たすほとんど全ての役割に対して手数料を課す。またこの後の章で明らかになる通り、リザーブ・アカウント（準備金口座）やヘッジングのような、手数料がかかる項目もある。

　各期の手数料をどのように計算するかは、案件毎に異なることがあるため、これを理解するにはしばしばコツがいる。各期に定額を課する定額手数料は単純でわかりやすいが、アセットとライアビリティが時間の経過に連れて漸減していく案件においては、定額手数料は珍しい。典型的には、手数料はアセットまたはデットの残高に、一定のパーセンテージをかけた金額が課される。アセット残高とデット残高のどちらを手数料計算のベースにするかによって、計算される手数料の金額が異なるため、手数料の計算にあたっては正しいベースを選択することが重要である。既に述べた通り、デットは異なるトランシェに分割されるのが通常で、各トランシェは、アセットのパーセンテージで求められる。アセットの 90%を占めるシニア・デットをベースに課される手数料の金額は、アセットの全額ベースに課される手数料よりも安いはずである。

157

第6章　ライアビリティとキャッシュ・フロー・ウォーターフォール

モデル・ビルダー 6.1：ウォーターフォールにおける手数料計算

1. 手数料に関する作業を開始する前に、"Inputs"シート上にライアビリティ
に関する項目を作成する必要がある。"Inputs"シートでセル B22：O22 を
結合し、Liability Inputs と入力する。23 行には、ライアビリティに関する
前提条件の項目を入力する。

2. 今回のモデル・ビルダー演習では、ライアビリティに関する二つのインプッ
トの項目を作成する必要がある。最初の項目では、異なるタイプのデットの
種類を記述する。プロジェクト・モデル・ビルダーでは優先劣後構造を採用
しており（これについては本章で後に詳しく説明する）、デットには二つの
トランシェが必要になる。セル B23 に Debt Description と入力する。セル
B24 には Senior Debt 1 と入力し、これを LiabDes1 と名前を付ける。同じ
くセル B25 には Sub Loan と入力し、これを LiabDes2 と名前を付ける。
24 行と 25 行は、それぞれのトランシェに対応するライアビリティに関する
前提条件を入力する。

3. プロジェクト・モデル・ビルダーには計三つの手数料に関するインプットが
ある。すなわち、それぞれのトランシェの手数料と、アセット全体にかかる
手数料である。これは、アセットの残高にかかる手数料とデットの残高にか
かる手数料の計算の違いを明らかにする。"Inputs"シートのセル H23 に
Fee と入力する。セル H24 には 0.5%と入力し、LiabFees1 と名前を付け
る。セル H25 には 0.0%と入力し、LiabFees2 と名前を付ける。ライアビ
リティに関する最初の手数料は、シニア・ローンに関わるもので、二つ目の
手数料は（この例ではゼロとなっているが）劣後ローンに適用されるもので
ある。

4. 引き続き"Inputs シート"でセル B28 に移る。この項目は案件の全体的な
ストラクチャーに関わる前提条件を入力する部分で、デットのトランシェの
関数ではない。（セル B28：E28 を結合してから）Structural Inputs と入
力する。すぐ下のセル B29 には Asset Based Fees と入力し、次いで右横の
セル C29 には 2.00%と入力する。セル C29 は AssetFee と名前を付ける。
この時点で、"Inputs"シートは図 6.2 のようになるはずである。

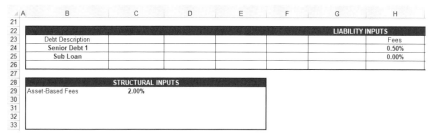

図 6.2 "Inputs" シートの手数料関連部分

5. ここで "Cash Flow" シートに移る。前回のモデル・ビルダー演習(演習 5.2)では、X 列において、ライアビリティに充当可能なキャッシュを計算した。当面 Y 列から AL 列は使用せずに空けておく。というのは、これらの列は、次章でより複雑なライアビリティ構造を導入する際に利用するからである。手数料に関する部分は AM 列から始まる。それぞれのセルに下記のように入力する。

セル AM4: Fees Due(支払期限が到来している手数料)
セル AN4: Fees Paid(支払済手数料)
セル AO4: Unpaid(未払手数料)
セル AP4: Cash Remaining (キャッシュ残高)

6. 第 1 期の Fees Due(支払期限が到来している手数料)の計算はセル A7 から始まる。支払いが必要なのは(1)シニア・ローンの手数料、(2)劣後ローンの手数料、(3)アセット全体にかかる手数料の 3 種類である。アセット全体にかかる手数料は、アセットの現在残高に、入力した手数料の料率を掛けることによって計算される。通常手数料の料率は年利ベースで表示されることが多いので、対応する期間に変換する必要がある。アセット全体にかかる手数料は、セル AM7 に以下の数式を入力することによって計算される。

$$= (C7*AssetFee*L7)$$

第6章　ライアビリティとキャッシュ・フロー・ウォーターフォール

この数式は、アセット全体にかかる手数料の水準に、アセットの現在残高と期間調整ファクター[44]を掛けることによって求められる。

7. 支払期限が到来している他の二つの手数料も、この数式に追加する必要がある。計算方法は同様だが、明らかな違いもある。セル AM7 の数式を以下のように修正する。

=(C7*AssetFee*L7)+(C7*LiabFees1*CB6)+(C7*LiabFees2*CF6)

手数料計算の数式が二つ追加されたことに留意されたい。（追加された二つのうち）最初の部分は、シニア・ローンの手数料の料率（LiabFees1）に、シニア・ローンの現在残高[45]を掛けたものになる。二つ目の部分は、劣後ローンの手数料の料率（LiabFees2）に、劣後ローンの現在残高[46]を掛けたものになる。両方ともセル C7 の期間調整ファクターをかけている。全体の数式をコピーして、AM7：AM366 の範囲に貼り付ける。

ここで計算されるのは、支払期限が到来した手数料の金額であり、実際に支払われた金額ではない。この値と、ライアビリティに充当可能なキャッシュの金額を比較するのが、「いくら支払いが可能で、いくら支払いが必要か」という概念になる。このケースでは、X 列が「いくら支払いが可能か」で、AM 列が「いくら支払いが必要か」ということになる。

8. AN 列で実際に支払われた手数料金額を計算する。モデルの初心者は、支払可能金額から支払必要金額を差し引く際に、しばしば困難に直面する。これは論理的には正しいものの、多くの問題は、支払いに充当可能なキャッシュが十分になく、支払金額がマイナスの値になってしまう時に発生する。そこで IF 関数を利用することになるのだが、そうすると全体の数式は複雑になってしまう。

---

44 訳者注：C 列の Day Factor のこと。

45 訳者注：セル CB6、この後のモデル・ビルダー演習 6.3 で入力する。

46 訳者注：セル CF6、この後のモデル・ビルダー演習 6.3 で入力する。

簡単な方法は、「支払可能額と支払必要額」のうち、常に小さい方を利用することである。これはつまり、支払可能なキャッシュの金額と、支払必要額に MIN 関数を適用することである。セル A7 に以下の通り入力する。

$$=MIN(X7,AM7)$$

この手法を利用することによって、支払可能額を超える金額が支払われることはなくなる。この数式をコピーし、AN7：AN366 の範囲に貼り付ける。

9. 前に作成した数式では、支払可能額からのみ支払が行われる。しかしながら、ストレスのかかった状況では、キャッシュ不足が発生し得る。この問題は、支払期限が到来した金額から、実際に支払われた金額を差し引くことによって解決する。セル AO7 に、以下のように入力する。

$$=AM7-AN7$$

この数式をコピーし、AO7：AO366 の範囲に貼り付ける。

10. 最後に、キャッシュが「動く」ようにするために、残ったキャッシュを入力する列が必要になる。この計算は、ライアビリティ支払い前のキャッシュの残高から、実際に支払われた金額を差し引く。セル AP7 に以下のように入力する。

$$=X7-AN7$$

この数式をコピーし、AO7：AO366 の範囲に貼り付ける。

この段階で手数料に関する項目は完了し、図 6.3 のような表示になっているはずである。この項目で作成した手法は、モデルにライアビリティを追加する際に利用するので、覚えておいて欲しい。これらの入力完成例として、ダウンロードした Zip ファイルの MSFC_Ch6 フォルダにある MB6.1.xls ファイルを参照されたい。

第 6 章　ライアビリティとキャッシュ・フロー・ウォーターフォール

	AL	AM	AN	AO	AP	AQ
1						
2						
3		*Fees*				
4		Fees Due	Fees Paid	Unpaid	Cash Remaining	
5						
6						
7		166,667	166,667	-	654,606	
8		166,543	166,543	-	671,252	
9		166,391	166,391	-	687,789	
10		166,211	166,211	-	704,208	
11		166,002	166,002	-	720,502	
12		165,765	165,765	-	737,772	
13		165,500	165,500	-	753,787	
14		165,206	165,206	-	769,651	

図 6.3　"Cash Flow" シートにおける手数料関連部分では、
キャッシュの移動および「支払可能額と支払必要額」の概念を導入する

金利

案件で貸出を行う主体にとって最大の目的は、拠出した資本に対するリターンを得ることであり、これは貸した金に金利を課すことによってなされる。公募されない私募の案件では通常、貸出金利は銀行の資金調達コスト（ファンディング・レート）またはスワップ・レートにマージンを加えたものになる。もし案件が投資家向けに販売されるのであれば、金利は投資家が元本から得る利回りと一致する。

銀行は、LIBORやプライム・レートのような指標をベース金利とし、それにマージンを上乗せする変動金利ベースの貸出をしばしば行う。これは、金利が金融市場の変動にさらされており、毎期変動し得ることを意味する。もしアセットが固定金利ベースでキャッシュを創出しているのであれば、アセットとライアビリティの金利にミスマッチが生じる可能性がある。例えばアセットが加重平均で7%のキャッシュを創出している案件で、LIBORが10%に急騰したら、LIBORベースでファンディングを行っている銀行は損失を被る。このため、キャップやスワップといったヘッジ手法が利用される。この例では、ライアビリティ側でスワップ・レートを利用する。ストラクチャード・ファイナンス案件におけるヘッジ手法については、本書の後半でより詳細な解説を行う。

銀行からの資金調達にかわるオプションとしては、投資銀行経由で売り出される債券を購入することで資金供給を行っている投資家があげられる。これらの債券の金利は公表されており、通常は固定金利ベースであるが、変更金利ベースも可能である。債券を資金調達に利用する案件では、スワップの必要性は小さい。というのは、（支払）金利は、固定または変動金利のインデックスに連動するからである。

（銀行からの借入による資金調達と、投資家向け債券発行による資金調達の）いずれのケースにおいても、デットの金利は、銀行または投資家が取るリスクに対応した水準になる。個別案件のリスク水準は、案件の期待損失によって決定される。デットに対して支払われる金利は、案件のリスクに対応する。しかしながら、ストラクチャード・ファイナンス案件では、リスクの軽減および分解を行うことにより、同一案件内でも異なる金利が適用されることがあり得る。

リスクをマネージすることは、「信用補完（クレジット・エンハンスメント）」という概念に繋がる。信用補完とは、投資家を損失から守るものであり、アセット

第6章　ライアビリティとキャッシュ・フロー・ウォーターフォール

からの超過金利やリザーブ・アカウント（準備金口座）、劣後ローンやエクイティのような、様々な形態をとり得る。信用補完の程度により、案件は一定の損失に耐えることが出来る。格付機関は、案件のリスクを格付するために、各アセット・クラスに対して一定の基準を設定しており、格付は案件が、一定のストレスにどのように耐えることが出来るかで決定される。これは詳細には本書の後で触れる。ここでは、デットの金利は、案件から発生する損失によって決定されるということを理解するのが重要である。

モデル・ビルダー 6.2：ウォーターフォールにおける金利の計算

1. 金利金額を正確に計算するには、デットの各トランシェについて四つのインプットが必要になる。すなわち金利が固定金利ベースか変動金利ベースなのか、変動金利ベースの場合は指標金利が、固定金利ベースの場合は固定金利の水準が、そして変動金利ベース・固定金利ベースのいずれであっても、上乗せするマージンの水準が必要になる。固定金利にマージンを加えるというのはわかりにくいかもしれないが、銀行は、しばしば固定金利をベースに、マージンの上乗せを要求することがある。Inputs シートに、これら四つの前提条件に関わるラベルを以下のように入力する。

   セル D23: Liability Interest Type（ライアビリティの金利タイプ）
   セル E23: Floating Rate Curve（変動金利のカーブ）
   セル F23: Fixed Rate（固定金利）
   セル G23: Loan Margin（ローンのマージン）

2. あるデットのトランシェにおける、ライアビリティの金利タイプは以下の三つのうちのいずれかになる。

   - 変動金利
     指標使用時

   - 固定金利
     固定金利の債券またはスワップ・レート

   - カスタム・メイドの金利
     ユーザーや第三者の属性によって、期間の経過とともに異なる金利を適用

   カスタム・メイドの金利が利用されるのは、格付機関が、独自のストレスをかけた金利カーブを作成するのも原因である。

第 6 章　ライアビリティとキャッシュ・フロー・ウォーターフォール

アセットのアモチゼーションに関する章（第 2 章）で、これら三つの種類の金利を指定する lstIntType という名前の範囲を作成済である[47]。"Inputs" シートのセル D24 で、lstIntType を利用して、ドロップダウン・リストから選択出来るようにする。このセル D24 を LiabIntType1 と名前を付ける。同じことをセル D25 でも繰り返す。但しセルの名前は LiabIntType2 と名前を付ける。

3. "Inputs" シートのセル E24 と E25 は、デットの金利が変動金利ベースの場合に、金利カーブを名付けるのに利用する。これは、アセット側の金利と全く同じように行う。セル E24 には、lstInterestRates を範囲として利用し、ドロップダウン・リストを作成する。セル E24 を LiabLoanIndex1 と名前を付ける。同じことをセル E25 でも繰り返すが、セルの名前は LiabLoanIndex2 とする。

4. 固定金利の場合、それぞれのトランシェに適用される金利水準をセル F24 および F25 に入力する。セル F24 を LiabFxdRate1、セル F25 を LiabFxdRate2 と名前を付ける。当面この二つのセルは空白にしておく。

5. この項で最後に入力が必要なのは、ローンのマージンである。セル G24 を LiabMarg1、セル G25 を LiabMarg2 と名前を付ける。セル G24 には 1.00%、セル G25 には 0.00%を入力する。"Inputs" シートは図 6.4 のようになる。

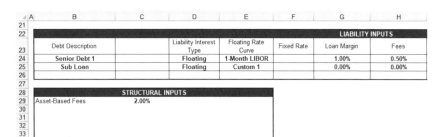

図 6.4　"Inputs" シートにおけるライアビリティの金利関連部分

47　訳者注："Hidden" シートのセル A17：A19 の範囲を参照。

6. 次に、"Cash Flow" シートにおいてデットの金利計算を行う。標準的なストラクチャード・ファイナンス案件では、最もシニアな、つまり返済の優先順位の高いローンの金利支払いを最初に行う。プロジェクト・モデル・ビルダーでは、列 AR から AX をシニア・デットの金利計算に利用する。列 AQ はセクションの区切りにするため、空欄にしておく。

最初に必要な情報は、各期の正確な年利である。セル AR4 に Note Interest Rate と入力する。ステップ 2 で 3 種類の金利の可能性を想定したが、金利に関する情報を入力するのは、"Inputs" シートにするか、"Vectors" シートにするかの二つの選択肢しかない。これは数式が、どのタイミングでどこにあるデータを参照するかという点で、重要である。最も単純な例は、"Inputs シート" に入力されている固定金利がそのまま利用されるようなケースである。この可能性に備えるために、セル AR7 の数式は、以下のように入力を開始する。

=IF (LiabIntType1="Fixed",LiabFxdRate1,

数式のこの部分は、固定金利が選択されているかどうかを確認する。もし固定金利が選択されているのであれば、金利は "Inputs シート" における固定金利となる。しかしながら、もし金利が変動金利ベースまたはカスタム・ベースであれば、金利は "Vectors" シートにあるカーブを参照する。これは以前やったように、OFFSET 関数と MATCH 関数の組み合わせを必要とする。

=IF (LiabIntType1="Fixed",LiabFxdRate1,OFFSET (Vectors!$D$6,
Vectors!A7,MATCH (LiabLoanIndex1,lstInterestRates,0))

数式に追加した部分により、"Vectors" シートに格納されているデータの中から、"Inputs" シート上の LiabLoanIndex1（セル E24）で選択された金利カーブの名前と、期数に対応した金利水準が選択される。最後にマージンを加算することにより（マージンがある場合）、数式は以下の通り完成する。

=IF (LiabIntType1="Fixed",LiabFxdRate1,OFFSET (Vectors!$D$6,
Vectors!A7,MATCH (LiabLoanIndex1,lstInterestRates,0))+LiabMarg1)

第 6 章　　ライアビリティとキャッシュ・フロー・ウォーターフォール

この数式をコピーし、AR7：AR366 の範囲に貼り付ける。

7. 当該期の年利がわかれば、金利の額は簡単に計算することが出来る。しかしながらモデル・ビルダー演習 6.3 までは、元本残高に関する情報が不明なため、実際の金利額が表示されない。そこで元本残高に関する部分が終了するまでは、近似値を利用することにする。"Cash Flow" シートにおいて、セル CB6 に 95,000,000 と入力する。これは、現時点におけるシニア・デットの当初元本残高の想定値である。

　"Cash Flow" シートのセル AS4 に戻り、ラベルとして Note Interest Rate と入力する。セル AS7 には以下の数式を入力する。

$$=C7*AR7*CB6$$

この数式は、（セル C7 の Day Factor を掛けることによって）当該期の年利（セル AR7）を期間に対応した金利に変換した上で、前期末の元本残高（セル CB6）をかけている。期末と期初の違いを理解するのは重要である。このモデルでは、常に一つ上の行の残高を参照するが、これはその値が前期末の残高だからである。金利の計算を行う際には、金利に掛ける残高が、前期末の残高または今期初の残高であることを常に確認することが肝要である。この数式をコピーし、AS7：AS366 の範囲に貼り付ける。現時点ではまだ残高に関する情報がないため、このセクションのほとんどの列において、7 行目より下のセルの値がゼロになる。この点はモデル・ビルダー演習 6.3 で変更される。

8. セル AT4 には Note Interest Paid というラベルを入力する。この "支払い" に関する数式は、手数料に関する部分で使用したものと同様なものになる。「支払可能金額と支払必要金額のうち、小さい方を取る」というルールを思い出して欲しい。セル AT7 には以下のように入力する。

$$=MIN(AP7,AS7)$$

この数式は、手数料支払い後のキャッシュの残高と、当該期に支払期限が到来している金利額のうち、小さい方の値を求める。この数式をコピーし、AT7：AT366 の範囲に貼り付ける。

168

9. AU 列には（支払期限が到来しているにも関わらず）未払いの金額が記録される。セル AU4 に Unpaid とラベルを入力し、セル AU7 には以下のように入力する。

$$=AS7-AT7$$

手数料の部分で行ったのと同様に、支払期限到来済の金額から、支払済の金額を差し引くことによって、未払い金額が求められる。この数式をコピーし、AU7：AU366 の範囲に貼り付ける。

10. 列 AV と列 AW は、現時点では空欄にしておく。これらの列は、次の章で、より複雑なライアビリティのストラクチャーについて解説を行う際に利用する。セル AX4 には Cash Remaining とラベルを入力し、セル AX7 には以下のように入力する。

$$AU=AP7-AT7$$

この数式は、手数料支払い後のキャッシュの残高から、支払った金利の金額を差し引いたものである。この数式をコピーし、AX7：AX366 の範囲に貼り付ける。シニア・デットの金利に関する部分は、図 6.5 のようになる。

	A	AR	AS	AT	AU	AV	AW	AX	A
1									
2									
3		*Senior Debt Interest*							
4		Note Interest Rate	Note Interest Due	Note Interest Paid	Unpaid			Cash Remaining	
5									
6									
7		3.60%	285,000	285,000	-			330,023	
8		3.81%	-	-	-			671,252	
9		3.87%	-	-	-			687,789	
10		3.94%	-	-	-			704,208	
11		4.00%	-	-	-			720,502	
12		4.06%	-	-	-			737,772	
13		4.12%	-	-	-			753,787	
14		4.19%	-	-	-			769,651	

図 6.5 ほぼ完成済の"Cash Flow"シートにおける金利関連部分

第 6 章　ライアビリティとキャッシュ・フロー・ウォーターフォール

11. これでシニア・ローンの金利計算は終了であるが、劣後ローンの金利計算は
まだ未了のままである。劣後ローンは通常、他の多くのアイテムよりも支払
順位が後になるので、"Cash Flow" シートにおいてはより右側に記載され
る。プロジェクト・モデル・ビルダーの支払順位（ウォーターフォール）は
事前に準備されたものであるため、劣後ローンをどの列に記載するか、正確
に知ることが出来る。しかしながら、モデルを一から作成する際には、ライ
アビリティの最後の列がどこに来るかは事前にはわからず、列を挿入したり
削除したりする必要があることもある点に留意されたい。

劣後ローンの部分を完成するために、"Cash Flow" で列 BN に移動する。
全ての数式は、シニア・ローンの金利計算で利用した数式と同様のため、こ
の部分は素早く終わるはずである。それぞれのセルに以下のようにラベルを
入力する。

セル BN4: Sub Loan Rate　（劣後ローンの金利）
セル BO4: Loan Interest Due（支払期限到来済の金利金額）
セル BP4: Loan Interest Paid（金利支払金額）
セル BQ4: Unpaid Interest（未払金利）
セル BR4: Cash Remaining（（金利支払後の）キャッシュ残高）

12. シニア・ローンの残高と同様に、劣後ローンについても暫定値を入力する必
要がある。セル CF6 に 5,000,000 と入力する。次に以下のように各セルに
数式を入力する。

> BN7: =IF (LiabIntType2="Fixed",LiabFxdRate2,
> 　　　　OFFSET (Vectors!$D$6,Vectors!A7,
> 　　　　MATCH (LiabLoanIndex2,lstInterestRates,0))+LiabMarg2)
> BO7: =C7*BN7*CF6
> BP7: =MIN (BL7,BO7)
> BQ7: =BO7-BP7
> BR7: =BE7-BP7

範囲 BN7 : BR7 をコピーし、BN7 : BR366 の範囲に貼り付ける。多くのセ
ルの値がゼロだからといって、心配する必要はない。キャッシュ・フロー・
ウォーターフォールは、序数ではなく、概念的な手法によって構築されてい

る。このため、全体のウォーターフォールが完成するまでは、多くのセルが空白またはゼロとなる。

金利に関する最後の注釈は、未払金利の金額である。モデルの例では、未払金利の金額の元加や、翌期の支払期限到来金額への加算は行っていないが、多くの案件がこのようなストラクチャー[48]を採用しており、モデルもそういった詳細を反映すべきである。他のモデル・ビルダー演習に関する部分と同様、ダウンロードした Zip ファイルの MSFC_Ch6 フォルダ内に、対応する完成例のファイルが収録されている。

元本

　銀行および投資家は、金利に加えて、提供した資金の元本部分の返済・償還を期待する。元本部分の返済は通常、リスクに応じて優先順位が異なる。前述した通り、デットはリスクに応じて異なるトランシェに分けられる。デットのストラクチャーを考えるにあたっては、アセットの総額は常にデットの総額と合致する点に留意する必要がある。アセットは無料で入手出来ないので、最初から 100%、ファンディングされている必要がある。しかしながら投資家は、元本の全てが返済されないというリスクを 100%はとりたくないかもしれない。その場合銀行は、最初の 90%分をシニア・デット、残りの 10%分を劣後デットとする債券を販売することが出来る。なぜ最初の 90%部分がシニア部分とみなされるかというと、当該部分はキャッシュ・フロー・ウォーターフォール上、劣後テッドよりも元本の返済（償還）の優先順位が高いからである。このような仕組みは優先劣後構造としても知られている。

　元本部分の返済において、シニア・デットは常に劣後デットよりも優先順位が高いが、トランシェの元本返済には、連続形式とプロラタ形式の異なる二つのアモチゼーションの方法がある。連続形式とは、劣後デットの元本の返済を行う前にシニ

---

48 訳者注：未払い金額の元加や、翌期の支払期限到来金額への加算。

第6章　ライアビリティとキャッシュ・フロー・ウォーターフォール

ア・デットの返済を行う方法である。これが意味するのは、案件において劣後デットの元本返済が開始するのに、数ヵ月または数年かかることがあり得るということである。またこれにより、シニア・デットの保全はより確かなものになる。というのは、劣後デットの元本残高が減少しないので、後で述べる通り、シニア・デットの信用補完の源泉になるからである。

　もうひとつの元本返済の方法はプロラタ方式で、名前が示す通り、元本を（シニア・デットと劣後デットを）一定の比率で返済していくものである。簡単な例として、100ドルのアセットが、90ドルのシニア・ローンと10ドルの劣後ローンでファンディングされているケースを考えてみる。これはシニア・ローンの割合が90%、劣後ローンの割合が10%ということになる。もし元本の返済総額が5ドルだったら、シニア・ローンの返済額は4.50ドル（5ドル*90%）、劣後ローンの返済額は0.50ドル（5ドル*10%）となる。この（シニア・ローンと劣後ローンの）返済の割合は、通常時は固定されているが、デフォルトの発生が予期しないレベルにまで高まった場合には、見直しされることもあり得る。

　しかしながら、元本返済方法の変更はより上級の概念であり、本書の後半でより詳細に扱う予定である。現段階では、キャッシュ・フロー・ウォーターフォールを通じた元本返済の基礎的な流れを理解することに集中する。プロジェクト・モデル・ビルダーは、デットの優先・劣後構造を採用しており、元本返済は連続形式とプロラタ形式が選択出来るようになっている。またモデルは、元本部分がデットに"パス・スルー"するように構成されている。これはつまり、案件が予定通りにいけば、アセットのアモチゼーションが直接、デットのアモチゼーションに反映するということである。

モデル・ビルダー 6.3：ウォーターフォールにおける元本の計算

1. "Inputs" シートのセル C23 に Advance Rate（アドバンス・レート）と入力する。アドバンス・レートとは、アセットに占めるデットの元本の割合のことである。もしデットの総額が 100 ドルで、Day One（初日）におけるシニア・デットが 95 ドルなら、シニア・デットのアドバンス・レートは 95% となる。セル C24 に 95.00%と入力し、LiabAdvRate1 と名前を付ける。デットのトランシェはもう一つしかないので、劣後部分のアドバンス・レートは、常に 100%からシニア部分のアドバンス・レートをひいたものになる。セル C25 に次の数式を入力する。

$$=1\text{-LiabAdvRate1}$$

   セル C25 を LiabAdvRate2 と名前を付ける。

2. 次に入力が必要なのは、元本の返済方法である。前述した通り、元本の返済方法には（連続形式とプロラタ形式の）2 種類しかないので、ドロップダウン・リストが有効である。"Hidden" シートのセル A21 に PrinType と入力する。セル A22 には Sequential（連続方式）、セル A23 には Pro rata（プロラタ方式）と入力する。A22：A23 の範囲を lstPrinType と名前を付ける。次に "Inputs" シートに戻り、セル J23 に Prin Allocation Type（元本返済方法）と入力する。セル J24 および J25 には lstPrinType を選択の範囲とするドロップダウン・リストを作成する。セル J24 を LiabPrinType1、セル J25 を LiabPrinType2 と名前を付ける。ここまでの作業で "Inputs" シートは図 6.6 のようになる。

Debt Description	Advance Rate	Liability Interest Type	Floating Rate Curve	Fixed Rate	Loan Margin	Fees		Prin Allocation Type
				LIABILITY INPUTS				
Senior Debt 1	95.00%	Floating	1-Month LIBOR		1.00%	0.50%		Pro Rata
Sub Loan	5.00%	Floating	Custom 1		0.00%	0.00%		Pro Rata

	STRUCTURAL INPUTS	
Asset-Based Fees	2.00%	

図 6.6　"Inputs" シートにおけるライアビリティの元本関連部分

第 6 章　ライアビリティとキャッシュ・フロー・ウォーターフォール

3. ここでようやく、モデル・ビルダー演習 6.2 で作成した元本残高の暫定値を
変更する。"Cash Flow" シートの各セルに、下記の通り入力する。

CB4: Senior Loan EOP Balance（シニア・ローンの期末元本残高）
CC4: Senior Loan Interest（シニア・ローンの支払利息金額）
CD4: Senior Principal（シニア・ローンの元本返済額）

シニア・ローンの元本金額の初期値は、アセット残高の初期値にアドバン
ス・レートを乗じたものになる。第 1 期の後の、（シニア・ローンの元本）
残高は、アセットに対応して減少していく。第 1 期には、期の前と後の二つ
があり得るため、IF 関数を利用した数式が必要になる。セル CB6 には、以
下の通り入力する。

=IF (A6=0,V6*LiabAdvRate1,CB5-CD6)

この数式の意味するところは、以下の通りである。もし案件開始時点（0 期）
なら、アセットの残高にアドバンス・レートを掛ける。もし 0 期以外なら、
前期末の残高から、当該期の元本返済額を差し引く。この数式をコピーし、
CB6：CB366 の範囲に貼り付ける。

4. 劣後ローンについても同じ作業を行う必要がある。セルに下記のようなラベ
ルを入力する。

CF4: Sub Loan EOP Balance（劣後ローンの期末元本残高）
CG4: Sub Interest（劣後ローンの支払利息金額）
CH4: Sub Principal（劣後ローンの元本返済額）

数式中で（シニア・ローンの数式と）唯一異なるのは、LiabAdvRate1 のか
わりに、LiabAdvRate2 を参照する点である。セル CF6 には下記の数式を
入力する。

=IF (A6=0,V6*LiabAdvRate2,CF5-CH6)

この数式をコピーし、CF6：CF366 の範囲に貼り付ける。列 CC、CD、CG、
CH の 7 行から 366 行は、現時点では空欄のままにしておく。

174

5. 次にシニア・ローンの元本返済額を、ウォーターフォールの正しい場所で計算する。シニア・ローンの元本は、通常はシニア・ローンの金利の後に支払われる。"Cash Flow" シートの各セルに以下のようなラベルを入力する。

AZ4: Principal Due（当該期に返済期限が到来する元本額）
BA4: Principal Paid（当該期に実際に返済された元本額）
BB4: Unpaid（当該期に未払いとなった元本額）
BE4: Cash Remaining（キャッシュ残高）

列 BC と BD はこの段階では空欄にしておく。

6. この段階においては、シニア・ローンのトランシェの元本返済方法は、連続方式とプロラタ方式のいずれもあり得る。連続方式とは、アセットのアモチゼーションの全額が先ずシニア部分の返済に充当される方式であり、一方プロラタ方式とはアセットのアモチゼーションした金額の一定割合がシニア・ローンの返済に充当される方式である。セル AZ7 に以下の数式を入力する。

=IF (LiabPrinType1="Sequential",MIN ((N7+Q7+R7),CB6)

この数式にはいろいろな計算が含まれている。先ず、シニア・デットの元本返済方法を確認するため、IF 関数が使用されていることに留意されたい。もし連続方式が用いられるのであれば、シニア・デットの必要元本返済額は、当該期におけるアセットのアモチゼーションの金額となる。すなわち当初予定されていたアモチゼーションの金額（列 R）に加えて、自発的に期限前返済された金額（列 Q）と、新たに発生したデフォルト金額（列 N）から構成される。

これには、ストラクチャード・ファイナンスのプロフェッショナルにとってすら、わかりにくいポイントがある。それは何故新規に発生したデフォルト金額が、デットの元本支払金額の計算に含まれるのか、という点である。これはリスクを限定するための手法の中心であり、損失をカバーするために余剰キャッシュまたはスプレッドを利用する。アセットはデフォルトによって残高が減るため、デットも同じ金額だけ減少する必要がある。アセットの期限前返済と約定返済は、ウォーターフォールにキャッシュを供給し、デット

第6章　ライアビリティとキャッシュ・フロー・ウォーターフォール

の返済に充当が可能だが、デフォルトはキャッシュの創出を伴わない。もし
期限前返済と約定返済以外にキャッシュ項目がなければ、デットの元本返済
必要額の全額が返済されるのは不可能である。というのは、デフォルトした
金額の分だけ、デットの元本返済必要額の計算が超過してしまうからである。

しかしながら、ほとんどの案件において、アセットは支払いが必要な手数料
およびデットの金利よりも多くの金額の金利収入を創出する。この概念は公
式には「超過スプレッド」という。この超過金額は、ウォーターフォールを
流れ、最終的には元本の返済に充当される。デフォルト金額が、デットの元
本返済必要額の計算に組み込まれているので、案件に超過スプレッドがある
場合には、超過金額の支払いが可能になる。これが、超過スプレッドが損失
の補てんに利用される典型例と言える。もし超過スプレッドが存在しない場
合には、デフォルト金額をカバーするために別の信用補完が必要になるが、
これは次の章で取り扱う。数式に戻ると、アセットのアモチゼーションの金
額と、デットの前期末の残高（列 CB）に対して MIN 関数が使用されてい
る。この MIN 関数により、デットの元本返済必要額が、元本残高を上回る
ことがないようにしている。このような事態は、典型的には最終期で起こる。
というのはデットの残高が小額になっており、アセットのアモチゼーション
の金額よりも小さいことがあり得るからである。

7.　下記の**太字**部分を追加して、セル AZ7 の数式を完成させる。

$$\text{=IF (LiabPrinType1="Sequential",MIN ((N7+Q7+R7),CB6),}$$
$$\textbf{MIN((N7+Q7+R7)*LiabAdvRate1,CB6))}$$

数式に追加した部分は、元本の返済にプロラタ方式を利用する場合に利用さ
れる。当該期におけるアセットのアモチゼーション全額のかわりに、アセッ
トのアモチゼーションに一定の割合をかけたものが使用される。ここでも、
元本の返済必要額が、前期末の残高を上限とするよう、MIN 関数が利用さ
れている。この数式をコピーし、AZ7：AZ366 の範囲に貼り付ける。

8.　残りの計算は「返済必要額と返済可能額」の概念に戻る。セル BA7 には
MIN 関数を利用して以下のように入力する。

$$\text{=MIN (AX7,AZ7)}$$

176

この数式は、（シニア・デットの）金利支払い後のキャッシュ残高と、元本返済必要額のうち、小さい方を選択するというものである。この数式をコピーし、BA7：BA366 の範囲に貼り付ける。

9. セル BB7 には以下のように入力する。

=AZ7-BA7

この数式は、元本返済必要額から実際に返済された元本金額をひいたものであり、未払金額を意味する。この数式をコピーし、BB7：BB366 の範囲に貼り付ける。

10. セル BE7 には、キャッシュ残高を計算するために、以下の数式を入力する。

=AX7-BA7

この数式はコピーし、BE7：BE366 の範囲に貼り付ける。スクリーンは図6.7 のようになる。

第 6 章　ライアビリティとキャッシュ・フロー・ウォーターフォール

	AZ	BA	BB	BC	BD	BE	BI
1							
2							
3	*Senior Debt Principal*						
4	**Principal Due**	**Principal Paid**	**Unpaid**			**Cash Remaining**	
5							
6							
7	70,368	70,368	-			259,655	
8	86,592	86,592	-			243,554	
9	102,807	102,807	-			239,247	
10	119,005	119,005	-			234,909	
11	135,178	135,178	-			230,541	
12	151,317	151,317	-			227,257	
13	167,415	167,415	-			222,838	
14	183,462	183,462	-			218,395	
15	199,451	199,451	-			213,931	
16	215,373	215,373	-			209,449	
17	231,220	231,220	-			204,951	
18	246,984	246,984	-			200,439	
19	262,657	262,657	-			191,066	
20	278,230	278,230	-			181,712	

図 6.7　"Cash Flow" シートにおけるシニア・ローンの元本部分

11.　"Cash Flow" シートの列 BT に移動する。以下のラベルを追加する。

BT4: Loan Principal Due（当該期に返済期限が到来する元本額）
BU4: Loan Principal Paid（当該期に実際に返済された元本額）
BV4: Unpaid（当該期に未払いとなった元本額）
BE4: Cash Remaining（キャッシュ残高）

劣後ローンの元本を計算するには、シニア・ローンと同様の計算が必要になるが、一つ大きな違いがある。連続方式の場合、シニア・ローンのトランシェが全額返済されるまでは、劣後ローンは元本部分の返済を受け取ることが出来ない。このロジックをモデル化するには、IF-AND 関数を組み合わせることで達成される。セル BT7 に以下のように入力する。

=IF (AND (LiabPrinType2="Sequential",CB6>0),0

元本の返済方法が連続方式で、シニア・ローンの元本残高がある場合、セル BT7 に入力した数式の最初の部分は 0 を出力する。シニア・ローンの返済が終了している場合、別の IF 関数が必要になる。というのは、連続方式以外の返済方法が選択されるか、またはシニア・ローンのトランシェが全額返済されている場合、最初の IF 関数は FALSE 値を出力してしまうからである。セル BT7 に、下記の**太字**部分を追加する。

=IF (AND (LiabPrinType2="Sequential",CB6>0),0,
IF(LiabPrinType2="Sequential",MIN ((N7+Q7+R7),CF6),

元本の返済方法が連続方式で、シニア・ローンのトランシェが完済されている場合、アセットのアモチゼーションの 100%が、劣後ローンのトランシェに充当されることになる。最後に、元本の返済方法が「プロラタ方式」の場合、下記の数式の最後の部分（**太字**部分）を加える必要がある。

=IF (AND (LiabPrinType2="Sequential",CB6>0),0,
IF(LiabPrinType2="Sequential",MIN ((N7+Q7+R7),CF6),
MIN((N7+Q7+R7)*LiabAdvRate2,CF6)))

シニア・ローンのトランシェと同様、元本返済方法がプロラタ方式の場合、劣後ローンのトランシェは、アセットのアモチゼーションの一定割合のみ返済される。この数式をコピーし、BT7 : BT366 の範囲に貼り付ける。

12. 残りの数式は、いまや馴染みのあるものに見えるだろう。次のセルには、以下のように入力する。

BU7: =**MIN (BR7,BT7)**
BV7: =**BT7-BU7**
BW7：=**BR7-BU7**

BU7 : BW7 の範囲をコピーして、BU7 : BW366 の範囲に貼り付ける。

第 6 章　　ライアビリティとキャッシュ・フロー・ウォーターフォール

13. 金利および元本の計算式の入力が完成したので、デットの残高も完成することが出来る。この段階でようやく、値がゼロになっていた多くの列に、実際の数字が入力されることになる。というのはデットの残高は、期間の経過とともに変化するからである。

　　セル CC7 に**=AT7** と入力し、当該期に支払われたシニア・ローンの金利を参照する。セル CD7 には**=BA7** と入力し、当該期に支払われたシニア・ローンの元本を参照する。CC7 : CD7 の数式をコピーし、CC7 : CD366 の範囲に貼り付ける。同じことを劣後ローンについても行う必要がある。セル CG7 には**=BP7**、セル CH7 には**=BU7** と入力する。CG7 : CH7 のセルをコピーし、CG7 : CH366 の範囲に貼り付ける。

　　これによりデットの元本部分の計算が完了する。この時点で、デットの元本残高は、元本部分の返済が進むに連れて逓減していくはずである。実際、ライアビリティの基礎的なウォーターフォールはこれで完成したと言える。しかしながら、この段階では、いくつかの上級ストラクチャーが抜けているため、ウォーターフォールは機能しない。また、ここで取り上げた例は、多くのライアビリティのストラクチャーの一例にすぎないという点にも留意して欲しい。案件を正確にモデル化するには、支払いの優先順位を完全に理解する必要がある。本章のモデルの完成例は、ダウンロードした Zip ファイルの MSFC_Ch6 フォルダにある MB6.3.xls というファイルを参照されたい。

アセットとライアビリティの相互作用に関する理解

　基礎的なライアビリティのストラクチャーを構築することにより、案件をモデル化する価値が明らかになり始める。前提条件を置くことによって、キャッシュを創出するアセットのストラクチャーや特徴を複製することが出来る。キャッシュの金額やタイミングは、アセットのアモチゼーション、期限前返済、デフォルトおよび回収に関する前提条件によって変動する。キャッシュの金額やタイミングがどのようになるかは、無数の可能性がある。ライアビリティ・サイドのキャッシュ・フロー・ウォーターフォールも、同様に変動する。

　どのようなアセットのプールに対しても、異なるライアビリティのストラクチャーを当てはめることが出来る。ライアビリティのストラクチャーがデフォルトしたアセットをどのように取り扱うかをみるために、極端な（ストレス）シナリオを試すことになる。ここまででは、損失や信用補完に対する唯一のプロテクションは、超過スプレッドである。もし超過スプレッドの水準が、案件の最終期までライアビリティの返済を行うのに十分でない場合、デットの保有者(債権者)は損失を被る。金利が完全には支払われず、デットの保有者が当初期待していたよりも低いリターンしか受け取れないというような状況もあり得るだろう。

　案件における超過スプレッドは、非常に有力なプロテクションの一つであるが、ストラクチャード・ファイナンス案件は、極端なストレスのかかった状況に対するプロテクションの手法を数多く生み出してきた。これらの手法はモデルを更に複雑にするが、案件を正確にモデル化するには組み入れる必要がある。次章では、これらのより複雑なキャッシュ・フローのストラクチャーを、モデルにどのように組み込むかの説明を行う。

182

第7章　より複雑なライアリビリティの
　　　　ストラクチャー：トリガー、
　　　　金利スワップおよび
　　　　リザーブ・アカウント（準備金口座）

Advanced Liability Structures
Triggers, Interest Rate Swaps, and
Reserve Accounts

第7章　より複雑なライアリビリティのストラクチャー：トリガー、
　　　　金利スワップおよびリザーブ・アカウント（準備金口座）

　より複雑なライアビリティのストラクチャーを導入する最大の理由は、損失の発
生を防ぐことである。案件に資金を拠出する全ての主体は、損失を予想し、様々な
方法で損失に備えようとする。第4章で考察した通り、キャッシュを生み出さなく
なった不良債権は、延滞またはデフォルト債権と見なされるが、例えば金利のミス
マッチのように、対応策が必要になるような案件の仕組み上の問題も存在する。こ
うした懸念材料が顕在化するのを予防し、また軽減するために、トリガーや金利ス
ワップ、リザーブ・アカウント（準備金口座）のような、より複雑なライアビリティ
ィのストラクチャーが導入される。

ライアビリティのストラクチャーにおけるトリガーとその影響

　損失を軽減する最も簡単でコストのかからない方法は、問題が発生した時に、案
件のストラクチャーを変更することである。もし案件のパフォーマンスが当初の期
待通りであれば、ライアビリティのストラクチャーは、全ての関係者が支払いを受
けるのに、おそらく十分（な構造となっている）であろう。しかしながらアセット
にデフォルトが発生し始めると、投資家は心配し、支払いの優先順位について非常
に気にするようになる。多くのストラクチャード・ファイナンス案件では、シニア
部分への投資家は、案件のパフォーマンスが悪化し始めると支払いの優先順位が変
更になるよう交渉している。この支払いの優先順位の変更は通常、トリガーと呼ば
れる事前に取り決めたテストに抵触すると行われる。この変更は、シニア部分への
元本返済が早めに行われるよう、シニア部分への投資家へより多くのキャッシュを
充当するものである。

　投資家が元本を回収するスピードは、しばしば困惑の原因となる。というのは、
元本が早めに回収されるのは、投資家にとってはより保守的ではあるものの、必ず
しもより望ましいとは言い切れないからである。早めに元本が回収されれば、デッ
トもそれだけ早めに返済されることになる。当初意図していた通りに、アセットが
キャッシュを生み、デットの元利金返済が行われているのであれば、早めにデット
の返済を行うことは、そうでない場合に比べ、全体の利回りを低下させてしまう。
また、デットの返済を早めると、案件の加重平均期間が短くなってしまうため、投
資家の投資期間との間にミスマッチが生じてしまう。ストラクチャード・ファイナ

ンス案件への投資家は、多くの場合、案件の満期と加重平均期間を念頭において投資をしているため、このミスマッチは問題となる。

　元本回収のスピードに関する、リスクとリターンの相反する性質は、トリガーを定義し設定するのを非常に難しいものにする。もしトリガーの条件を厳しすぎる水準に設定した場合には、すぐにトリガーに抵触してしまい、ライアビリティのストラクチャーが変更され、投資家は、必要以上に早期に投資元本の返済を受けることになる。しかしながら一方で、トリガーの条件設定が緩すぎる場合は、案件に問題が発生した場合でもトリガーに抵触せず、投資家は投資元本の多くを、より長い期間リスクにさらすことになる。

　トリガーの典型的な例は、累積デフォルト率に基づいてトリガーを設定することである。過去のデフォルト率が3%であるアセットの集合を例に考えてみよう。案件を組成する際に、グロスの累積デフォルト率が5%に到達したらトリガーに抵触し、シニア部分の元本が早めに償還されるというトリガーを設定したと仮定する。もしアセットのパフォーマンスが当初期待通りであれば、累積デフォルト率の履歴も3%のままで、シニア部分への投資家も当初期待通りのリターンを受け取ることが出来るはずである。しかしながら仮にもし累積デフォルト率が5%に上昇したら、案件の余剰キャッシュは、シニア部分の弁済を最初に行うために利用される。

　他にも以下のようなタイプのトリガーが一般的である。

- マイナスの超過スプレッド
  アセットのイールドと、ライアビリティの手数料および金利の差として定義される超過スプレッドがマイナスの値になった場合に、トリガーに抵触する。

- 延滞アセットの延滞率が、事前に設定した水準を超えた場合に、トリガーに抵触する

- ローリング平均（移動平均）に基づくトリガー
  トリガーの対象とするのはデフォルト等、通常のトリガーと同じであるが、一定時点におけるテストを行うかわりに、時間の経過に従って計算期間を「ローリング」することによって、特定の期間における平均値をトリガーの条件とする。この手法が有益なのは、アセットに発生した問題が一時的な異常値である場合に、一時的な値の上昇を防ぐことが出来るからである。

第7章　より複雑なライアリビリティのストラクチャー：トリガー、
　　　　金利スワップおよびリザーブ・アカウント（準備金口座）

- 定性的なトリガー
  多くの定性的なトリガーの設定が可能である。例えば信託会社への支払い漏れや、レポート提出の遅延、その他、事前に定めた基準を満たさなかった場合に、トリガーに抵触したとみなされる。

　最後に、トリガーに抵触した場合には、多くの異なる結果があり得ることに触れておく。抵触したトリガーが深刻なものでない場合には、余剰キャッシュの確保を、ある期に行うだけで済むかもしれない。しかしながら、仮にもし深刻な問題が発生しており、主要なトリガーに抵触してしまった場合には、案件は全額早期償還となり、全てのキャッシュがシニア部分への投資家に充当されるかもしれない。一方でトリガーは問題解決のために設定されることもある。これは、例えばある期においてトリガーに抵触しても、翌期ではトリガー基準に抵触しない場合に、案件はトリガー抵触前の状態に戻るということを意味する。トリガーは案件のパフォーマンスに大きな影響を及ぼし得るため、これらのニュアンスを把握するには、トリガーの十分な理解が必要である。

モデル・ビルダー 7.1：トリガーの導入

1. 案件におけるトリガーのモデル化は、必ずしも、契約書の規定の通りに正確にトリガーを設定することを意味しない。特に定量的なトリガーの場合には、契約書通りにモデル化するには時間がかかり、またトリガーの抵触は完全に推測に基づくものとなるため、モデル化にかけた時間に見合わない可能性が非常に高い。唯一モデル化されるべきなのは、キャッシュ・フローにストレスがかかった場合に抵触する可能性のあるトリガーである。プロジェクト・モデル・ビルダーでは、一般的なトリガー分析を示すために、四つのトリガーについて解説を行う。これらのトリガーのパラメーターは "Inputs" シートに設定する。

   トリガーに関連する前提条件を入力する前に、"Hidden" シートに名前を付けたリストを作成する必要がある。"Hidden" シートのセル A25 に YesNo と入力し、続けて A26 に Yes、セル A27 に No と入力する。範囲 A26：A27 を lstYesNo と名前を付ける。

2. 次に"Inputs"シートに移動し、セル B31 に Capture All XS Spd と入力する。セル C31 で lstYesNo を元の値とするドロップダウン・リストを作成し、セル C31 を GlobalTrigger と名前を付ける。このトリガーを使用するかどうかは、モデルを操作する人が決定する。もしセル C31 で Yes が選択されたら、案件における全ての超過スプレッドが、シニア・デット返済のために充当されることになる。このようなトリガーを設ける理由は、最悪のケースのシナリオもしばしばモデル化されるからである。この場合、アセットのパフォーマンスが非常に悪く、元本の早期償還のトリガーに既に抵触したことになる。Inputs シートは図 7.1 のようになる。

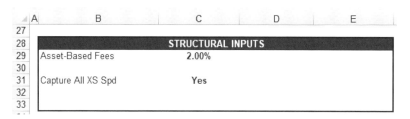

図 7.1 トリガーの入力は"Inputs"シートの Structural Inputs 部分で行う

3. あるトリガーに抵触した場合には、ウォーターフォールにおけるキャッシュ・フローに変更が生じるため、各トリガーは"Cash Flow"シートで捕捉する必要がある。各期においてトリガーに抵触したかどうかを捕捉するには、TURE or FALSE 値を返すブール型変数を作成する。

"Cash Flow"シートのセル AA4 に Capture Trigger と入力する。セル AA7 には次の式を入力する。

=IF (GlobalTrigger="Yes",TRUE,FALSE)

これは、範囲 GlobalTrigger が Yes と設定された場合には TRUE を、そうでない場合には FALSE 値を返す、単純な IF 関数である。

この時点で、次の作業は、トリガーに抵触した時のキャッシュ・フローにおけるスイッチを設定することと思うかもしれない。しかしながら、これから他に計三つのトリガーを作成するので、キャッシュ・フローの数式を調整す

第 7 章　より複雑なライアリビリティのストラクチャー：トリガー、
　　　　　金利スワップおよびリザーブ・アカウント（準備金口座）

る前に、これらの三つのトリガーに関する前提条件を先に設定してしまう方
が効率的である。

4.　次のトリガーは、既に作成したトリガーに比べてより柔軟な運用が可能であ
　　る。モデルを操作する人は、早期返済が開始する時期を決定することが出来
　　る。この機能が便利なのは、案件が問題なく進行している場合には、キャッ
　　シュがリリースされるのが通常だからである。リリースされたキャッシュは、
　　デットの返済に充当することは出来ない。

　　詳細は本書で後ほど触れるが、モデルで検証すべきシナリオの一つが、早期
　　返済が開始する前に何ヵ月間キャッシュをリリースするかである。デフォル
　　トに抵触するには、数期かかる場合がしばしばある。例えばデフォルト発生
　　の定義が延滞 3 ヵ月の場合、デフォルト・トリガーには、最初の 3 ヵ月間は
　　抵触しない。

　　"Input" シートに戻り、セル B32 に Post-Default Trigger Month と入力
　　する。セル C32 には数字の 3 を入力し、セル C32 を PostDefTriggerMo と
　　名前を付ける。

5.　"Cash Flow" シートのセル AB4 に Post Default Mo Trigger と入力する。
　　セル AB7 には次の式を入力する。

　　=IF (AND (A7>=PostDefTriggerMo,PostDefTriggerMo<>0),TRUE,FALSE)

　　この数式を解読すると、AND 関数で、PostDefTiggerMo がゼロでない場合
　　に、今期の数字と PostDefTiggerMo として入力された値を比較している。
　　この関数が意味するところは、もし今期が、"Inputs" シートで設定したト
　　リガーに関する前提条件と等しいか大きい場合、トリガーに抵触し、TRUE
　　値が返されるべきで、そうでなければ値は FALSE となる。

　　もし（"Input" シートにおける）前提条件（セル C32）でゼロが入力され
　　ている場合には、数式は FALSE の値を返す点に留意されたい。これはトリ
　　ガーを常にオフにしておくオプションがあることを意味する。式をコピーし、
　　範囲 AB7：AB366 に貼り付ける。

6. 最も複雑なトリガーは、デフォルトを捕捉するトリガーである。もし案件の デフォルト率が、"Inputs"シートで事前に設定した水準に達した場合には、 トリガーに抵触する。"Inputs"シートのセル B33 に Default Trigger %と 入力する。セル C33 に 5.00%と入力し、Trigger_Def と名前を付ける。

7. "Cash Flow"シートに戻り、右端の列 CP に移動する。実際のトリガー条 件に抵触したかどうかのテストを設定する前に、各期の累積デフォルト率を 捕捉する項目を作成する必要がある。かかる捕捉は、通常ウォーターフォー ルの右端から開始する。

セル CP4 に Cumulative Default Percentage と入力する。ほとんどの案件 では、デフォルト率は今期のデフォルト金額を当初元本残高で割るという数 式になる。デフォルト率の累積を求めるには、前期のデフォルト率を加算す るので、セル CP7 の数式は以下の通りになる。

$$=N7/\$L\$7+CP6$$

この式をコピーし、範囲 CP7：CP366 に貼り付ける。デフォルト発生を、 SDA（Standard Default Assumption、標準デフォルト想定）カーブに基づ いて行う場合には、現在残高をベースに計算を行うように注意する。それぞ れのトリガーがどのように設定されているか、十分に確認されたい。この時 点での "Cash Flow"シートにおける Trigger 関連部分は図 7.2 のようにな る。

第 7 章　　より複雑なライアビリティのストラクチャー：トリガー、
　　　　　金利スワップおよびリザーブ・アカウント（準備金口座）

	W	X	Y	Z	AA	AB	AC
1							
2							
3							
4		Total Cash Available for Liabilities			Capture Trigger	Post Default Mo Trigger	
5							
6							
7		821,273			TRUE	FALSE	
8		837,795			TRUE	FALSE	
9		854,180			TRUE	TRUE	
10		870,419			TRUE	TRUE	

図 7.2　"Cash Flow" シートにおけるトリガー関連部分

8. 引き続き "Cash Flow" シートでの作業を継続する。左側の列 AC に移動する。セル AC4 に Default Trigger と入力する。数式は、トリガーが設計されたのと同様に設定する。累積デフォルト率が "Inputs" シートで設定した水準を超えた場合には、トリガーに抵触する。セル AC7 における数式は以下の通りに入力する。

=IF (CP7>Trigger_Def,TRUE,FALSE)

この式をコピーし、範囲 AC7：AC366 に貼り付ける。

9. 最後のトリガーは非常に簡単で、"Inputs" シートの修正は不要である。これはデフォルトに関するトリガーで、トリガーに抵触しているかどうかは、モデルの操作者によって決定される。案件の途中のある時点で、一定期間、特定のトリガーに抵触したという前提が必要になることが時折ある。"Cash Flow" シートの Z 列をこのために使用する。

セル Z4 に Event of Default と入力する。この時点ではセル Z7 に FALSE と入力し、コピーして範囲 Z7：Z366 に貼り付ける。モデルの操作者が、案

件のどの期においてもトリガーに抵触したと変更出来るよう、Z列は入力用
のフォーマットにしておく。この時点において"Cash Flow"シートは図
7.3のようになる。

	Total Cash Available for Liabilities		Event of Default	Capture Trigger	Post Default Mo Trigger	Default Trigger
7	821,273		FALSE	TRUE	FALSE	FALSE
8	837,795		FALSE	TRUE	FALSE	FALSE
9	854,180		FALSE	TRUE	TRUE	FALSE
10	870,419		FALSE	TRUE	TRUE	FALSE

図 7.3 "Cash Flow"シートにおけるトリガー関連部分の完成版

10. 最後にブール型変数を、キャッシュ・フローのストラクチャーとリンクさせ
る。プロジェクト・モデル・ビルダーにおける三つのトリガーは、全額繰上
返済が必要な状態であることを示すために利用される。これはつまり、これ
らのトリガーのうちどれか一つにでも抵触したら、全てのキャッシュは直ち
にシニア・ローンの元本返済に充当されることを意味する。この場合、劣後
ローン部分のトランシェは弁済を受けられない。

"Cash Flow"シートの列AZにあるシニア・デットの元本部分に移動する。
セル AZ7 は、トリガーに抵触した場合にキャッシュの動きに違いが発生す
るよう、数式を調整する必要がある。これを行うには IF 関数と OR 関数の
組み合わせが必要になる。もし OR 関数の使用方法が不明である場合には、
章末のツールボックスの項を参照されたい。セル AZ7 の数式のうち、下記
の**太字**部分を修正する。**太字**で表記されているカッコで閉じるのを忘れない
よう留意されたい。

191

第 7 章　　より複雑なライアリビリティのストラクチャー：トリガー、
　　　　　金利スワップおよびリザーブ・アカウント（準備金口座）

$$=IF (OR (Z7,AB7,AC7),MIN (AX7,CB6),IF(LiabPrinType1=$$
$$"Sequential",MIN((N7+Q7+R7),CB6),MIN((N7+Q7+R7)*LiabAdvRate1,$$
$$CB6)))$$

数式の修正された部分には、IF 関数および OR 関数が含まれているが、こ
れは三つのトリガー、つまり Event of Dault（列 Z）、Post Default Mo
Trigger（列 AB）、Defalut Trigger（列 AC）のいずれかに抵触したかどう
かを確認するためのものである。もしいずれかのトリガーに抵触した場合、
数式は、その時点におけるキャッシュ・ウォーターフォールで充当可能な金
額を、シニア・デットの元本返済に充当するよう計算する。この計算は、シ
ニア・デットの元本が完済されるまで継続する。

11. 前項で扱ったトリガーは、劣後部分のトランシェが一切キャッシュを受け取
れないという厳しいものであった。しかしながら実際には、キャッシュ・ウ
ォーターフォールの最後にキャッシュが残っている場合にのみ、シニア部分
の元本の早期返済が行われるようなトリガーも存在する。プロジェクト・モ
デル・ビルダーでは、この種の早期返済を行うトリガーは Global Trigger
で行う。

早期返済を行うトリガーを設定するには、キャッシュ・ウォーターフォール
の最後に列を追加する必要がある。"Cash Flow" シートのセル BY4 に
Excess Applied to Sr Prin と入力する。セル BY7 には、トリガーに抵触し
た際の残余キャッシュを返す数式を入力するが、金額はシニア・デットの残
高によって制限される必要がある。よってセル BY7 には以下の数式を入力
する。

$$=IF (AA7,MIN (BW7,CB6-BA7),0)$$

この計算式では、Global Trigger に抵触しているかどうかを確認し、キャッ
シュ・ウォーターフォールの最後の残余キャッシュを求める。MIN 関数が、
残余キャッシュ（列 BW）と、キャッシュ・フロー・ウォーターフォールに
基づく元本返済反映済のシニア・デットの元本残高の小さい方を求める。こ
の数式をコピーし、範囲 BY7：BY366 に貼り付ける。この項は図 7.4 のよ
うになる。

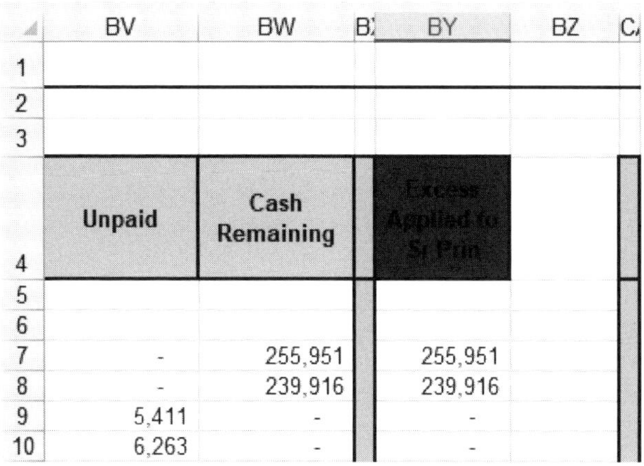

	BV	BW	BΣ	BY	BZ	C/
1						
2						
3						
4	**Unpaid**	**Cash Remaining**		**Excess Applied to Sr Prin**		
5						
6						
7	-	255,951		255,951		
8	-	239,916		239,916		
9	5,411	-		-		
10	6,263	-		-		

図 7.4 元本早期返済に充当する超過金額は、
キャッシュ・ウォーターフォールの最後で計算する

12. 最後に、今計算したばかりの超過キャッシュを、シニア・デットの元本返済に充当する。セル CD7 の数式を、列 BY の金額の分だけシニア・デットの残高も減るよう、以下の通り修正する。

$$=BA7 + BY7$$

もしシニア・デットの元本返済に充当されるキャッシュがあれば、その分残高が減少する。この数式をコピーし、範囲 CD7：CD366 に貼り付ける。

193

第7章　　より複雑なライアリビリティのストラクチャー：トリガー、
　　　　金利スワップおよびリザーブ・アカウント（準備金口座）

スワップ

　スワップは交換の概念を含むため、多くの人にとってわかりにくいかもしれない。スワップがどんなもので、どのように機能するかを描写するために、何冊もの本が出版されている。本項ではスワップについてごく簡潔に紹介した後で、基礎的なスワップが、ストラクチャード・ファイナンス案件でどのようにモデル化することが出来るかについて触れる。

　スワップとは、スワップを行う者同士が、それぞれのエクスポージャーを交換することによってリスクをヘッジするための金融取引上のツールである。ストラクチャード・ファイナンス案件では、金利スワップが最もよく利用されるスワップである。基礎的なストラクチャード・ファイナンス案件では、銀行は案件の資金調達を変動金利ベースで行っている一方で、アセットは固定金利ベースとなっていることがあるかもしれない。もしライアビリティの変動金利が、アセットの加重平均した固定金利を上回っている場合には、銀行は損失を被ってしまう。

　このようなリスクを取るかわりに、銀行は固定金利と変動金利を交換する金利スワップを締結する。この場合、スワップの取引相手に対して固定金利を払う一方で、スワップの取引相手は変動金利を支払う。全ての金額はスワップの想定元本のアモチゼーションのスケジュールに従って計算される。尚、スワップのアモチゼーションのベース・ケースのスケジュールは、スワップの取引明細確認書に記載されている。

　プロジェクト・モデル・ビルダーでは単純な固定金利と変動金利を交換する金利スワップを導入する。この例では、スワップディーラーの手数料や、スワップを途中で終了させる場合の手数料等、スワップの多くの複雑な特徴は含まれていないことに留意されたい。本項の目的は、金利スワップが案件のキャッシュ・インフローおよびアウトフローにどのような影響を及ぼすのか、理解することにある。

194

モデル・ビルダー 7.2：基本的な金利スワップの導入

1.　金利スワップをモデルに導入するには、"Inputs" シート上で、三つの前提
条件を操作出来るようにすれば良い。つまり（1）案件に金利スワップが利
用されているかどうか、（2）金利スワップによって受け取るキャッシュの
ベース、（3）金利スワップによって支払うキャッシュのベースの三つであ
る。"Inputs" シートにおいて以下のように入力する。

セル D29：Swap Active
セル D30：Swap Rate In
セル D31：Swap Rate Out

セル E29 は lstYesNo の中から値を選択するドロップダウン・リストにし、
Swap_Active と名前を付ける。同様にセル E30 と E31 もドロップダウン・
リストにする必要があるが、ここでは選択するリストの範囲として
lstInterestRates を使用する。これらのセルをそれぞれ Swap_In と
Swap_Out と名前を付ける。Swap Rate In で 1-Month LIBOR を、Swap
Rate Out で Custom 1 をそれぞれ選択する。"Inputs" シートは図 7.5 のよ
うになるはずである。

⊿ A	B	C	D	E
27				
28		STRUCTURAL INPUTS		
29	Asset-Based Fees	2.00%	Swap Active	Yes
30			Swap Rate In	1-Month LIBOR
31	Capture All XS Spd	Yes	Swap Rate Out	Custom 1
32	Post-Default Trigger Month		3	
33	Default Trigger %	5.00%		

図 7.5 スワップに関するインプットは Structural Inputs に含まれる

195

第 7 章　　より複雑なライアリビリティのストラクチャー：トリガー、
　　　　　金利スワップおよびリザーブ・アカウント（準備金口座）

2.　次に"Cash Flow"シートに移る。列 AE から AK を金利スワップの計算の
　　ために使用する。以下のように入力する。

　　　セル AE4：Notional Swap Schedule
　　　セル AF4：Swap Rate In
　　　セル AG4：Swap Flow In
　　　セル AH4：Swap Rate Out
　　　セル AI4：Swap Flow Out
　　　セル AJ4：Swap Ean/Pay
　　　セル AK4：Cash Available

3.　列 AE にスワップの元本のアモチゼーションのスケジュールを入力する。こ
　　のモデルの例では、ダウンロードした Zip ファイルの MSFC_Ch7 フォルダ
　　に保存されている MB7.2.xls という Excel ファイルに収録されているスワ
　　ップの想定元本のスケジュールを利用する。MB7.2.xls ファイルの範囲
　　AE7：AE366 の値をコピーし、作成中のモデルの同じ範囲に貼り付ける。
　　このアモチゼーションのスケジュールに基づき、スワップのキャッシュ・フ
　　ローが計算される。

4.　列 AF の数値がスワップの取引相手が支払う金利である。この例では、案件
　　は変動金利の支払いを求めているので、"Inputs"シートにおいて設定した
　　通り、変動金利となる。受け取る変動金利として、手順 1 において 1-Month
　　LIBOR を指定していた。"Cash Flow"シートにおけるほかの金利に関する
　　数式と同様に、セル AF7 には以下のような数式を入力する。

　　　　=IF (Swap_Active="No",0,OFFSET (Vectors!$D$6,Vectors!A7,
　　　　　　　MATCH (Swap_In,lstInterestRates,0)))

　　この数式の大半は、以前みた OFFSET 関数と MATCH 関数の組み合わせで
　　あるが、式の冒頭で IF 関数を利用し、案件に金利スワップが利用されてい
　　るかどうかを確認している。もし金利スワップが利用されていないのであれ
　　ば、値はゼロとなり、全ての計算結果もゼロとなる。この数式をコピーし範
　　囲 AF7：AF366 に貼り付ける。

5. スワップの受取金利が決まったので、スワップによる受取金額を計算出来る。セル AG7 に以下の数式を入力する。

$$=AE7*AF7*C7$$

この数式は、スワップの想定元本にスワップで受け取る金利を乗じ、更にデー・ファクターを乗じている。スワップの日時カウントシステムは、しばしば案件のそれとは異なる場合があることに留意されたい。この例では、スワップの日時カウントシステムは、案件のそれと同じであると仮定している。数式をコピーし、範囲 AG7：AG766 に貼り付ける。

6. "Cash Flow"シートの列 AH を入力する前に、"Vectors"シートに移動し、セル I7 に 4.00%と入力する。この値をコピーし、範囲 I7：I366 に貼り付けることにより、どの期においても値は4.00%となる。図7.6を参照されたい。

7. "Cash Flow"シートに戻り、セル AH7 の入力を行う。ここでの数式は、スワップの取引相手に対して支払う金利の値を求めるものでなければならない。この例では固定金利が支払われる。というのは"Inputs"シート（のセル E31）において Custom 1 を選択し、"Vectors"シートでは手順6で入力した通り、全ての期において 4.00%と仮定したからである。"Cash Flow"シートのセル AH7 に以下の数式を入力する。

$$=IF (Swap\_Active="No",0,OFFSET (Vectors!\$D\$6,Vectors!A7,$$
$$MATCH (Swap\_Out,lstInterestRates,0)))$$

この式をコピーし、範囲 AH7：AH366 に貼り付ける。

第 7 章　　より複雑なライアビリティのストラクチャー：トリガー、
　　　　　金利スワップおよびリザーブ・アカウント（準備金口座）

	1-Month LIBOR	3-Month LIBOR	6-Month LIBOR	Prime	Custom 1	Custom 2	Custom 3
Interest Rates							
5							
6							
7	2.60%				4.00%		
8	2.81%				4.00%		
9	2.87%				4.00%		
10	2.94%				4.00%		
11	3.00%				4.00%		
12	3.06%				4.00%		

図 7.6　"Cash Flow" シートの計算が機能するように
"Vectors" シートのアップデートを忘れずに行うこと

8.　スワップによる支払金額の計算は、参照する金利を除いて受取金額の計算と
　　同一である。"Cash Flow" シートのセル AI7 に以下の数式を入力する。

$$=AE7*AH7*C7$$

　　この数式をコピーし、範囲 AI7：AI366 に貼り付ける。

9.　スワップによるネットの受取または支払額を決定するためには、スワップに
　　よる受取額から支払額を差し引く。セル AJ7 に以下の数式を入力する。

$$=AG7-AI7$$

　　金利の前提条件によっては、値がマイナスになることもあり得るため、MIN
　　関数が使用されていないことに留意されたい。この数式をコピーし、範囲
　　AJ7：AJ366 に貼り付ける。

198

10. スワップによるネットの受払額を、ライアビリティに充当可能なキャッシュ
の金額に反映させれば、モデルのスワップ部分は完成する。セル AK7 に以
下の数式を入力する。

=X7+AJ7

この数式をコピーし、範囲 AK7：AK366 に貼り付ける。モデルのスワップ
関連部分は図 7.7 のようになる。

⊿	A	AE	AF	AG	AH	AI	AJ	AK	AI
1									
2									
3		*Swap*							
4		Notional Swap Schedule	Swap Rate In	Swap Flow In	Swap Rate Out	Swap Flow Out	Swap Earn/Pay	Cash Available	
5									
6									
7		94,171,439	2.60%	204,038	4.00%	313,905	(109,867)	711,406	
8		93,117,363	2.81%	218,197	4.00%	310,391	(92,194)	745,601	
9		92,073,966	2.87%	220,548	4.00%	306,913	(86,365)	767,815	
10		91,041,143	2.94%	222,816	4.00%	303,470	(80,655)	789,764	
11		90,018,786	3.00%	225,002	4.00%	300,063	(75,061)	811,443	
12		89,006,791	3.06%	227,108	4.00%	296,689	(69,581)	833,955	

図 7.7　"Cash Flow" シートのスワップ関連部分

11. このより複雑なストラクチャーの導入に伴い、キャッシュが引き続きウォー
ターフォールに従って流れるように、既存の数式を若干修正する必要がある。
セル AP7 の数式を以下のように修正する。

=AK7-AN7

この修正を行わないと、スワップの計算はウォーターフォールの残りに影響
を与えないままになってしまう。この数式の変更をセル AP366 まで行うこ
とを忘れないこと。

199

第7章　より複雑なライアリビリティのストラクチャー：トリガー、
　　　　金利スワップおよびリザーブ・アカウント（準備金口座）

スワップに関する補足説明

　金利に関する前提条件によっては、スワップはキャッシュ・フローに複雑な変化を与え得る。もし金利の変動が非常に激しいと想定する場合には、スワップによるネットの受払額は巨額になり得る。またこの例ではスワップにかかるコストは想定しなかったことに留意されたい。案件にとってスワップが有益であればあるほど、スワップのコストも高くなる可能性が高い。スワップにかかる費用については、スワップの取引相手から、最新の市場価格を入手出来るはずである。

リザーブ・アカウント（準備金口座）

　リザーブ・アカウント（準備金口座）は、信用補完の形態として最も理解しやすいもので、特定のライアビリティの返済に問題が発生した時のために、確保しておく専用の口座のことである。もしライアビリティの返済が通常のキャッシュ・フローでは賄えない場合、契約書に規定があれば、リザーブ・アカウントを返済の不足分を埋めるために使用することが出来る。リザーブ・アカウントには、案件の最初からキャッシュを積んでおくこともあれば、案件の余剰キャッシュを徐々に積み上げていくことも可能である。また逆に、案件のアモチゼーションが進むに従ってリザーブ・アカウントの残高を減少させたり、残高を定額のまま維持したりすることも可能である。

　発行体は通常リザーブ・アカウントにキャッシュを積んでおくのを好まない傾向がある。というのは、リザーブ・アカウントに留め置かれるキャッシュには触ることが出来ず、また収益性も高くないからである。リザーブ・アカウントに確保されるキャッシュは、特定の支払義務に対してのみ利用が可能であるよう設定することが重要である。でなければ、リザーブ・アカウントを想定する意味がほとんどなくなってしまう。

　リザーブ・アカウントのもう一つ重要な特徴として、もし案件に十分なキャッシュがある場合には、リザーブ・アカウントへの払い戻しが行われる点がある。リザーブ・アカウントには、しばしば最低残高が設定される。実際の残高がこの最低水準を下回った場合には、リザーブ・アカウントへの払い戻しが必要になる。この仕

組みはプロジェクト・モデル・ビルダーにおいて重要である。というのは、リザーブ・アカウントの計算は、支払いの優先順位の中で払い戻しをどのように設定するかに依存するからである。

モデル・ビルダー 7.3：キャッシュ・リザーブ・アカウントの導入

1. モデル・ビルダーにキャッシュを積み立てたリザーブ・アカウントを設定する。このリザーブ・アカウントは、発行体により積み立てられたキャッシュに基づくもので、一般的には資産の一定割合・パーセンテージをもって設定する。また、案件の契約書では、どのライアビリティをリザーブ・アカウントで賄うのかを指定する。モデル・ビルダーでは、シニア・デットのみがこのリザーブ・アカウントからの充当を受けるものとする。一般的に、各種手数料やキャッシュ・ウォーターフォールの上位項目のみがリザーブ・アカウントから充当されるが、実際のモデル上では必ずしもそのように設定しない。というのは、キャッシュ・ウォーターフォールの上位項目の支払いに充当するために、リザーブ・アカウントからキャッシュを引き出すような事態になり得るようなリスクの高い案件に対して、投資する投資家はほとんどいないからである。

   リザーブ・アカウントをモデルに組み込むべく"Inputs"シートに移る。ここで、セル I23 に Reserve Active と入力する。セル I24 および I25 にはデータの入力規則を設定し、lstYesNo を選択リストに指定し、セル I24 に LiabReserveOnOff1、セル I25 に LiabReserveOnOff2 とそれぞれ名前を付ける。セル B30 には Reserve Account %とラベルを付け、C30 には 1.00%と入力する。セル C30 には RsrvPercent と名前を付ける。ここまでで"Input"シートは図 7.8 のようになる。

第 7 章　より複雑なライアビリティのストラクチャー：トリガー、
金利スワップおよびリザーブ・アカウント（準備金口座）

LIABILITY INPUTS

Debt Description	Advance Rate	Liability Interest Type	Floating Rate Curve	Fixed Rate	Loan Margin	Fees	Reserve Active	Prin Allocation Type
Senior Debt 1	**95.00%**	**Floating**	**1-Month LIBOR**		**1.00%**	**0.50%**	**Yes**	**Pro Rata**
Sub Loan	5.00%	**Floating**	**Custom 1**		**0.00%**	**0.00%**	**No**	**Pro Rata**

STRUCTURAL INPUTS

Asset-Based Fees	**2.00%**	Swap Active	**Yes**
Reserve Account %	**1.00%**	Swap Rate In	**1-Month LIBOR**
Capture All XS Spd	**Yes**	Swap Rate Out	**Custom 1**
Post-Default Trigger Month	**3**		
Default Trigger %	**5.00%**		

図 7.8　"Input" シート上のリザーブ・アカウントに関する設定

2.　"Cash Flow" シートに移り、次の各セルに以下の通り入力する。

　　BG4: Reserve Account Minimum
　　BH4: Reserve Account Beginning Balance
　　BI: Withdrawls
　　BJ: Reimbursements
　　BK: Reserve Account Ending Balance
　　BL4: Cash Remaining

3.　本セクションでの最初の論点は、リザーブ・アカウントの下限額の設定である。この下限額は、各期間でリザーブ・アカウントにおいて最低限維持すべき額を指す。もしストラクチャード・ファイナンス案件におけるリザーブ・アカウントがアモチゼーションしていくのであれば、このリザーブ・アカウントの下限額も、プール中のアセットの残高が減少するのに連れて減少していく。しかしながら、モデル・ビルダーでは固定額を想定し、セル BG7 には次の式を入力する。

$$=AssetCurBal1*RsrvPercent$$

この式は、"Input" シートで設定した RsrvPercent に、資産プールの期初残高を掛けたものである。これをコピーして、BG7：BG366 の範囲に貼り付ける。

4.　リザーブ・アカウントに関する計算を行う際には、各期間の期初と期末の残高をそれぞれ別の列で計算する必要がある。例えば、期初残高が常に前期の期末残高になるものとし、セル BH7 には次の通り入力する。

$$=BK6$$

これをコピーし、BH7：BH366 の範囲に貼り付ける。

5.　リザーブ・アカウントに関する各セルと連結させながら期末残高を設定するために、セル BK6 には次の式を入力する。

$$=IF (A6=0,AssetCurBal1*RsrvPercent,BH6-BI6+BJ6)$$

203

第7章 より複雑なライアリビリティのストラクチャー：トリガー、金利スワップおよびリザーブ・アカウント（準備金口座）

この式では、先ず当該期間がストラクチャード・ファイナンス案件の開始期間かどうかを確認している。もしそうであれば、リザーブ・アカウントの残高は RsrvPercent に、資産プールの期初残高を掛けたものとなる。それ以外の場合には、期末残高は、期初残高にリザーブ・アカウントにおける払戻し額および引き出し額を加味して計算する。

6. 次に、リザーブ・アカウントからのキャッシュの引き出しについて見ていく。リザーブ・アカウントからの引き出しは、案件の契約書で許可されているものに限られる。モデル・ビルダーにおいては、シニア・デットの元利返済のみに充当されるものとする。セル AV4 に移り、ここに Unpaid Covered by Reserve と入力する。またセル AW4 には Unpaid と入力する。セル AV7 には次の式を入力する。

$$=IF\ (LiabReserveOnOff1="No",0,MIN\ (AU7,BH7))$$

この式では、先ずリザーブ・アカウントの設定が有効になっているかを確認する。もし有効になっていなければ、返済が行われなかった際にもリザーブ・アカウントからの充当は無い。有効になっていればリザーブ・アカウントからの充当が行われるので、リザーブ・アカウントの期初残高と未払い金利を比較し、その小さい方が充当額として計算される。ここで、未払い金利はセル AU7 で計算され、またリザーブ・アカウントの期初残高はセル BH7 に計算される。この式の設定により、リザーブ・アカウントから充当される金額は、同アカウントの残額以上になることはない。この式をコピーし、AV7：AV366 の範囲に貼り付ける。

7. もしリザーブ・アカウントに十分なキャッシュが無い場合には、未払い額は繰越しされる。セル AW4 に Unpaid と入力し、セル AW7 には次の式を入力する。

$$=AU7-AV7$$

この式では、未払いの金利（セル AU7）からリザーブ・アカウントから充当された金額（セル AV7）を差し引いている。この式をコピーして、AW7：AW366 に貼り付ける。

8. 同様に、シニア・デットの元本返済に関するリザーブ・アカウントからの充当について設定する。セル BC4 に Unpaid Covered By Reserve と入力する。セル BC7 には次の式を入力する。

$$=IF\ (LiabReserveOnOff1="No",0,MIN\ (BB7,BH7-AV7))$$

先ほどに設定した未払い金利に関する式との違いは、リザーブ・アカウントの期初残高（セル BH7）から、未払い金利に充当された額（セル AV7）を最初に引いている点である。これは、キャッシュ・フロー・ウォーターフォールが右から左へと移行していると考えると分かり易い。つまり、最初に未払い金利がリザーブ・アカウントからの充当を受け、その後に左に移りリザーブ・アカウントに余剰のキャッシュが残っていれば元本返済にも充当される。この式をコピーし、BC7:BC366 へ貼り付ける。

9. 未払いの繰越額を確認するセルも設定する必要がある。セル BD4 に Unpaid と入力し、セル BD7 に次の式を入力する。

$$=BB7-BC7$$

この式をコピーし、BD7：BD366 に貼り付ける。

10. リザーブ・アカウントの列に戻り、セル BI7 について設定する。リザーブ・アカウントから引き出された合計額は、未払いの元利返済に充当された金額の合計である。セル BI7 には次の式を入力する。

$$=AV7+BC7$$

この式をコピーし、BI7：BI366 の範囲に貼り付ける。

11. 次にリザーブ・アカウントへの払戻しについて計算するが、これがリザーブ・アカウントのモデルへの組み込みにおいて最も複雑な部分であろう。払戻し額は、常にリザーブ・アカウント下限額から同アカウントの期初残高を差し引いた額であるべきである。しかし、リザーブ・アカウントから充当を受けて返済していたデットが完済した場合や、リザーブ・アカウントそのものを清算した場合、あるいはリザーブ・アカウントの残高が規定の下限額や

205

第7章　より複雑なライアビリティのストラクチャー：トリガー、
　　　　金利スワップおよびリザーブ・アカウント（準備金口座）

それ以上に達している場合には、リザーブ・アカウントへの払戻しは不要となる。これらを念頭にして、セル BJ7 に次の通り入力する。

$$=IF (CB6<1,0,MAX (MIN (BG7-BH7,BE7),0))$$

この式では、先ずリザーブ・アカウントにより充当されるデットの期初残高（ここではシニア・デットの期初残高、セル CB6）を確認し、デットを完済している場合には払戻し額を 0 とする。デットに残債がある場合には、払戻し可能額と必要額を比較して、いずれか小さい額を払戻し額とする。つまり、この式においては、リザーブ・アカウント下限額（セル BG7）から現在の残高（セル BH7）を差し引いた額が払戻し必要額であり、セル BE7 で計算した額が払戻し可能額である。

しかしながら、時折リザーブ・アカウントの残高が、下限額を上回ることがある。もしそのような計算結果が見られる場合は、計算過程で負の値を含んでいるためだと考えられる。従って、ここでは MAX 関数を用いて負の値を排除する。このセル BJ7 の式をコピーし、BJ7：BJ366 の範囲に貼り付ける。

12. 余剰キャッシュの計算を組み込んでリザーブ・アカウントの設定が完了するが、ここでセル BL7 に次の通り入力する。

$$=BE7-BJ7$$

この式では、リザーブ・アカウントへの払戻し額（セル BJ7）を、キャッシュ・フロー・ウォーターフォールの観点で、この時点の余剰キャッシュ（セル BE7）から差し引いていることに留意したい。ストラクチャード・ファイナンス案件の契約書にリザーブ・アカウントへの払戻しに関する規定があれば、これに従ってキャッシュ・フロー・ウォーターフォールを設定する必要がある。この式をコピーし、BL7：BL366 の範囲に貼り付ける。ここまでで、リザーブ・アカウントに関する設定は図 7.9 のようになる。

206

	BG	BH	BI	BJ	BK	BL	B
1							
2							
3	*Reserve Account*						
4	Reserve Account Minimum	Reserve Account Beginning Balance	Withdrawls	Reimbursements	Reserve Account Ending Balance	Cash Remaining	
5							
6					1,000,000		
7	1,000,000	1,000,000	-	-	1,000,000	149,788	
8	1,000,000	1,000,000	-	-	1,000,000	151,825	
9	1,000,000	1,000,000	-	-	1,000,000	-	
10	1,000,000	1,000,000	-	-	1,000,000	-	
11	1,000,000	1,000,000	-	-	1,000,000	-	

図 7.9 "Cash Flow" シート上のリザーブ・アカウントに関する設定

13. リザーブ・アカウントに関する計算を適切に行うために、ここで何点かの式を修正する。始めに、セル BR7 を次の通り修正する。

$$=BL7-BP7$$

この式により、リザーブ・アカウントを飛ばして計算するのではなく、リザーブ・アカウントによる充当を考慮した後の余剰キャッシュを計算する。この式をコピーして、セル BR366 まで貼り付ける。

14. 各期間のシニア・デットの残高を確認する列において元利返済額も確認しているが、ここではリザーブ・アカウントによる充当額も考慮した利払いおよび元本返済を考慮する必要がある。セル CC7 を次の通り修正する。

$$=AT7+AV7$$

同様に、セル CD7 を次の通り修正する。

$$=BA7+BC7+BY7$$

これらをコピーし、それぞれの列において 366 行目まで貼り付ける。

207

第7章　　より複雑なライアリビリティのストラクチャー：トリガー、
　　　　金利スワップおよびリザーブ・アカウント（準備金口座）

15. キャッシュ・フロー・ウォーターフォールにおける最後の設定は、最終余剰
キャッシュの計算である。セル BZ4 に Excess Released と入力し、次の式
を入力する。

$$=BW7\text{-}BY7$$

この式では、劣後ローンの元本返済を行った後の余剰キャッシュ（つまり、
キャッシュ・フロー・ウォーターフォールの最後段、セル BW7）から、シ
ニア・デットの元本返済に充てられたキャッシュを差し引く。この列で計算
された余剰キャッシュは、ストラクチャード・ファイナンス案件の発行体か
ら余剰キャッシュに関する権益保有者に対して支払われる。この式をコピー
し、BZ7：BZ366 に貼り付ける。

16. 返済期限が到来した元本を計算する列 AZ において最後の修正を行う。セル
AZ7 の式の一部（**太字**部分）を次の通り修正する。

$$=IF\ (OR\ (Z7,\ AB7,AC7),MIN\ (AX7,\textbf{AX7+BH7-AV7},CB6),$$
$$IF\ (LiabPrinType1="Sequential",MIN\ ((N7+Q7+R7),CB6),$$
$$MIN\ ((N7+Q7+R7)*LiabAdvRate1,CB6)))$$

この修正は、トリガーに抵触した場合にキャッシュの積立が実行されること
を反映するものである。ほとんどのストラクチャード・ファイナンス案件で
は、このようなキャッシュの積立を利用するが、その詳細設定についてはそ
れぞれの契約書で確認する必要がある。修正した式を AZ7：AZ366 に貼り
付ける。

キャッシュ・フロー・ウォーターフォールの完結

これでキャッシュ・フロー・ウォーターフォールに関する設定が完了し、分析可能な状態となった。しかし、今一度内容を確認して、初期化する必要がある。モデル上で設定されたキャッシュ・フロー・ウォーターフォールは、左側から右側へ、そして上から下へと流れなければいけない。ここで、作成途中のモデルを完成版モデルと比較しながら、各計算結果が等しくなっているか確認してもらいたい。この作業は、各列の合計を5行目のセルに計算し、その値が完成版モデルのものと等しくなっているかを確認することで実行出来る。

また、完成版モデルの3行目には、各列の項目に関する名前を入力したが、これらは数値を含まない。CTRL キーと矢印キーを使うと次の項目にジャンプすることが出来る。

最後に、既に述べた通り、同じ種類やコンセプトを持つセルのグループ分けにカラー設定を使い分けると非常に便利になる。同じ種類のセル・列には同じカラーを設定することで、モデルの使用者は速やかにその内容を把握することが出来る。また、グレー色の区切り線を用いることで、各項目をモジュール化するのに役に立つ。これらの区切りは、キャッシュ・フロー・ウォーターフォールを追加したり削除したりする際には特に便利である。

この後の章では、モデルへの各機能の追加について焦点を当てる。これは、モデルが適切に機能しているか、各種データを効率的に抽出し処理出来ているか、あるいは作成したモデル全体を把握出来ているか、を確実にするものである。

209

第 7 章　　より複雑なライアリビリティのストラクチャー：トリガー、
　　　　　金利スワップおよびリザーブ・アカウント（準備金口座）

ツールボックス

AND 関数と OR 関数

　本章で使用した AND 関数と OR 関数は、非常に重要な機能を有する関数である。
この二つの関数の違いを理解することは容易であるが、その重要性についてここで
改めて確認しておきたい。AND 関数では、全ての条件を満たした場合には TRUE
が返され、一つの条件でも満たさなければ FALSE が返される。一方、OR 関数で
は、一つの条件でも満たされたら TRUE が返され、いくつもの満たされない条件
があったとしてもその結果に影響は無い。

　これらの二つの関数は、文章化された条件をコンピューター上のデータに置換す
るのに非常に効果的である。これらは、契約上の事項が発効するために満たされる
べき条件等を規定した約款を、ファイナンシャル・モデルに落とし込む際に非常に
役に立つ。

第 8 章　分析およびアウトプット・レポート

Analytics and Output Reporting

第8章　分析およびアウトプット・レポート

　たとえ洗練されたファイナンシャル・モデルであったとしても、その計算結果が不正確、あるいはモデルが難解で理解出来なければ、そのモデルは実質的に有用とは言えない。最良のファイナンシャル・モデルは、計算過程やその概念に関する正確さを、経緯を辿って確認する内部テスト（チェック機能）を有する。この内部テストの目的は、モデルによる計算が有効かどうかを確認することである。また、計算過程を理解して、それらの全体をより分かりやすいフォーマットによって示すことも必要となる。ファイナンシャル・モデルの最終的な目的は、計算結果や運用実績などのデータを一つのアウトプット用のシート上に纏めることである。

内部テスト

　内部テストによる確認は、結果レポートにおける最初の手順である。この手順により、モデルを修正あるいは変更する際に、主要ロジックが当初の意図通りに機能し計算されているかを確認する。また、この内部テストを通じて、モデル・ユーザーは必要に応じてモデル中の問題解決をより迅速に行うことが出来る。内部テストではキャッシュ・フローに焦点を当てているが、モデル・ユーザーはこの内部テストの結果に基づいて計算概念の有効性を把握することが出来る。この点については、プロジェクト・モデル・ビルダー中で実際に内部テストを実行する際により明らかになろう。

　モデル・ビルダーでは、モデルが適切に機能しているかを確認するためにいくつかの内部テストを設定しており、次にそれぞれについて見ていく。

キャッシュ・インおよびキャッシュ・アウト

　最も重要な内部テストの一つは、案件に関わる全てのキャッシュについて明らかに出来ているかを確認することである。言い換えると、案件に流入したキャッシュに基づき、案件中の全てのキャッシュの使途、つまり支払いを説明出来るかどうか確認する必要がある。特にキャッシュ・フロー・モデルは、ローン資産からの限りある（有限の）資金を扱っている。投資家への支払いはこの資金の中で賄われるものである。

時折起こってしまう重大なエラーとして、モデルに手を加えたためにセルが適切なリンクを保てていない場合、モデル上では、実際には存在しないソースからキャッシュが発生したり、使用されたりしてしまうことがある。こうした問題が発生していないかを確認するには、案件に流入するキャッシュを捕捉し、案件からの支払いに使用されるキャッシュと比較する必要がある。特殊で稀な場合を除き、これらの資金流入（キャッシュ・イン）と支払い（キャッシュ・アウト）の合計は一致する筈である。

モデル・ビルダー 8.1：キャッシュ・インおよびキャッシュ・アウト

1. ほとんどの内部テストは"Cash Flow"シートでも確認することが出来るが、その出力自体は"Inputs"シートや、出力を終えた際には"Output"シートで確認することが出来る。キャッシュ・インとキャッシュ・アウトの比較には、"Cash Flow"シートに新たな列の設定が必要となる。ここで、"Cash Flow"シートの列 CJ を参照し、次の各セルにそれぞれラベルを付ける。

   CJ4: Cash In
   CK4: Cash Out
   CL4: Difference

2. キャッシュ・イン、つまり案件に流入するキャッシュは、投資家への支払いの原資となるが、これはローン資産が生む全キャッシュである。また、このキャッシュは各期間のキャッシュ・インの大部分を占めるが、これ以外でも二つの先進的なストラクチャーがキャッシュをもたらす。それらはスワップ取引とリザーブ・アカウント（準備金口座）である。セル CJ7 に次の式を入力する。

   =Q7+R7+T7+U7+AG7+BI7

   これらの一つ一つの項を見ると、ストラクチャード・ファイナンス案件に流入するキャッシュは、期限前返済（セル Q7）、約定返済（セル R7）、利払い（セル T7）、デフォルトしたローン資産からの回収（セル U7）、金利スワップ取引での受取（セル AG7）、リザーブ・アカウント（準備金口座）か

213

第 8 章　　分析およびアウトプット・レポート

らの充当額（セル BI7）で構成されている。この式をセル CJ7 から CJ366
までの範囲にコピーする。

3. キャッシュ・アウト、つまり案件からの支払いについては、多くのキャッシ
ュを介した取引があるので、より多くの参照を必要とする。セル CK7 に次
の式を入力する。

$$=AI7+AN7+AT7+AV7+BA7+BC7+BJ7+BP7+BU7+BY7+BZ7$$

この式そのものについては、手数料などの支払いなどで占めており明白であ
るが、いくつかのやや複雑な項目も含まれることに注意したい。それは、セ
ル AV7、BC7、BJ7、BY7、BZ7 である。スワップ取引における支払い（セ
ル AI7 ）も、時にはこの支払いに含める必要があるので、これらを差し引
かなければいけない。また、リザーブ・アカウント（準備金口座）からの充
当はキャッシュ・インとみなすので、実際に負債の支払いを行うためにこの
準備金口座からの引き出しを使用する際には、キャッシュ・アウトとして取
り扱う。準備金口座に払い戻された際には、キャッシュはストラクチャー
ド・ファイナンス案件の中にあるものとして取り扱う。最後に、キャッシュ・
ウォーターフォール上で余剰となったキャッシュについては、シニア・デッ
トへの返済に充当するか、あるいは投資家への支払いに当てられる。このセ
ル CK7 の式をコピーし、セル CK7：CK366 の範囲に貼り付ける。

4. 最終的に重要になるのは、キャッシュ・インからキャッシュ・アウトを差し
引いて 0 となるかどうかである。セル CL7 に次の式を入力する。

$$=CJ7\text{-}CK7$$

この式をコピーして、セル CL7：CL366 の範囲に貼り付ける。図 8.1 に "Cash
Flow" シートに新たに設定した列について示す。

5. Difference の列を全て確認するのは冗長であるので、直ぐに確認が可能なセ
ルを設定する。ここでは、セル CL7：CL366 の範囲の総和をセル CL5 に表
示させるために次の式を入力する。

$$=SUM (CL7:CL366)$$

214

▲	CI	CJ	CK	CL
1				
2				
3		*Cash Check*		
4		**Cash In**	**Cash Out**	**Difference**
5				-
6				
7		1,025,311	1,025,311	-
8		1,055,992	1,055,992	-
9		1,074,728	1,074,728	-
10		1,093,235	1,093,235	-
11		1,111,506	1,111,506	-
12		1,130,645	1,130,645	-

図 8.1 キャッシュ・インとキャッシュ・アウトの比較
（双方がバランスしているかを確認）

6. 次に、"Inputs" シートに移る。ほとんどのファイナンシャル・モデルでは、この "Inputs" シートによってモデルをコントロールするので、前提条件を変更した際にもモデルが適切に機能しているかを確認することは有用である。セル I3 に TESTS、I4 に Cash In = Cash Out とそれぞれラベルを付ける。セル L4 に移り、ここに次の式を入力する。

=IF ('Cash Flow'!CL5=0,"OK","ERROR")

この式は、キャッシュ・インとアウトの差の総和が 0 となっているかを確認するものである。0 となっていればモデルが適切に機能していると確認出来るが、そうでなければ誤りがあると判断される。多くの内部テストでは、この IF 関数を用いて OK もしくは ERROR を返す式を利用する。モデル中に誤りがあり、それを明らかにする際には、条件式は特に有用である。もし条件式についての理解が不足している場合には、本章のツールボックスを参照して欲しい。このセルに、適切に実行されている場合にはセルの背景を緑色に文字を白色で OK と表示させ、そうでなければセルの背景を赤色に文字を白色で ERROR と表示させる。

第 8 章　分析およびアウトプット・レポート

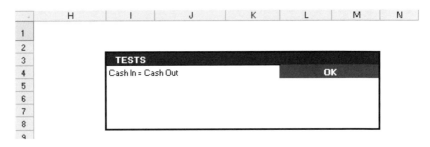

図 8.2 "Inputs" シート上の内部テスト結果の表示

満期時の残高

　満期時におけるローン資産と、投資家への支払いのバランスを確認する二つの重要な内部テストがある。この二つのうち、より重要なのは満期時のローン資産の残高である。満期となっても返済されていないローン元本があれば、おそらくその元本は損失に繋がるであろう。これらのテストを速やかに行う。

モデル・ビルダー 8.2：

1. "Inputs" シートに移り、次の各セルにそれぞれラベルを付ける。

    I5: Asset Balance @ Maturity
    I6: Senior Debt @ Maturity

2. セル L5 に次の式を入力する。

    =IF ('Cash Flow'!V366<1,"OK","ERROR")

　これは返済期間の最終期間の残高を確認するもので、この残高が 1 未満になっていなければ問題があると判断出来る。本章で最初に見た IF 関数による条件式をここでも同様に使用する。

3. ここで、シニア・デットの残高についてより精査する。これは、この後の分析にも影響が大きいためである。10 章でモデルをより簡単に自動化するために、"Cash Flow" シートに移りセル CB366 に FinalLoanBal と名前を付ける。

4. セル L6 に次の式を入力する。

=IF (FinalLoanBal<1,"OK","ERROR")

シニア・デットが返済期間の最終期間にも返済された場合、ここで ERROR を表示させる。ここでも同様に IF 関数による条件式を使用する。また、この式は必要に応じて劣後ローンにも適用出来るが、プロジェクト・モデル・ビルダーではシニア・デットのみに適用する。図 8.3 にその詳細を示す。

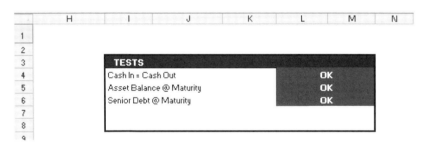

図 8.3 "Inputs" シート上の残高確認テストの設定

第 8 章　　分析およびアウトプット・レポート

ローン資産元本の確認

　ローン資産から生み出されるキャッシュは有限であるとの前提の下では、キャッシュ・インの設定や算出過程が適切に行われていることが肝要である。ローン資産のアモチゼーションが、通常のアモチゼーション以上のものである場合や、あるいは極めて稀な損失カーブや支払条件の伴うエキゾティック派生商品が組み込まれている場合には、個々のアモチゼーションが、当初の設定と等しくなっているか確認する必要がある。言い換えると、期限前返済、約定返済、およびデフォルト額の総和が、当初オリジネートしたローン資産の元本に等しくなっているかどうかが重要である。

　既に見た通り、期限前返済、約定返済、およびデフォルトは各月々でローン資産の元本を減少させるが、これらの減少額と残高の総和は、当初オリジネートしたローン資産の元本に等しくなるはずである。しばしば誤りが発生してしまうケースとしては、代表事例法や個別のローン毎のローン・レベル法において、データに誤りがある場合が挙げられる。また損失あるいは期限前返済カーブの適用を外していたり、支払いに関する計算が誤っていたりすることも考えられる。

モデル・ビルダー 8.3：ローン資産元本の内部テスト

1. "Cash Flow"シートに移り、期限前返済、実際のアモチゼーションおよびデフォルトに関する列について設定する。次の各セルにそれぞれ次の式を入力する。

   N5: =SUM (N7:N366)
   Q5: =SUM (Q7:Q366)
   R5: =SUM (R7:R366)

2. "Inputs"シートに戻り、セル I7 に Asset Principal Check とラベルを付ける。またセル L7 に次の式を入力する。

   =IF (ROUND (('Cash Flow'!N5+'Cash Flow'!Q5+'Cash Flow'!R5),0)
   =ROUND ('Cash Flow'!V6,0),"OK","ERROR")

   これはローン資産の減少額の総和を算出し、当初設定時のローン資産額と比較するものである。ここで ROUND 関数を使用しているのは、計算時に瑣末な残差が発生し、これが内部テストの支障になることを考慮したものである。また、同様に IF 関数による条件式も使用する。

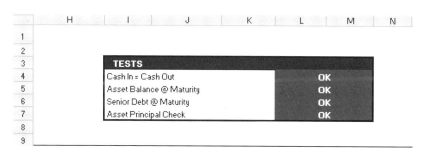

図 8.4 "Inputs"シート上に完成した内部テストの表示

第 8 章　　分析およびアウトプット・レポート

運用実績の分析

　"Cash Flow" シートは、追加の計算を設定しない限り、必要な情報を迅速に集めるという点では余り実用的ではない。また、各計算によって、財務分析上の関連の特性を説明出来なければいけない。案件の関係者は、主に利回り、損失およびキャッシュ・フローのタイミングについて注目する。これらについては、月次利回り、債券換算利回り、デュレーションおよび加重平均償還期間を計算することによって確認することが出来る。

月次利回り

　月次利回りは、それ自体を指標にするというよりも、むしろ債券換算利回りを計算するのに重要となる。ローン資産やデットの月次利回りは割引率で表わされるが、これはローン資産からの全てのキャッシュ・フローもしくはデットの返済に関するキャッシュ・フローの現在価値を、当初残高と合致させるような割引率である。ローン資産の場合、キャッシュ・フローで考慮するのは利回り、約定返済、期限前返済額、デフォルトからの回収額である。デットの場合、キャッシュ・フローで考慮するのは利息と元本である。

220

モデル・ビルダー 8.4：月次利回りの計算

1. 多くの運用実績の分析では、割引率で割り引いたローン資産あるいはデットのキャッシュ・フローが必要となる。これらを"Cash Flow"シートで行うのではなく、新たなシートを設定して、これにAnalyticsと名前を付ける。

2. モデルのほとんどは完成しているので、新たな式を入力するのではなく、既に入力済みの式やシートを参照する。"Analytics"シートのセルA13に次の通り入力する。

   ='Cash Flow'!A4

   このセルA13をドラッグし、A13：C375の範囲に貼り付ける。これは、"Cash Flow"シートの期間およびタイミングに関するデータを参照するものである。"Analytics"シートのセルA14：C15の範囲には0が参照され、これらのセルは空白となる。

3. 期間とタイミングの列の右側に、ローン資産およびデットの割引後キャッシュ・フローを計算する。次の各セルに以下の通り名前を付ける。

   E13: =AssetDes1
   F13: =LiabDes1
   G13: =LiabDes2

   D列は、期間とタイミングと、割引後キャッシュ・フローの間の区切りとして空白にしておく。

4. 割引後キャッシュ・フローを計算する前に、いくつかの設定を行う。次の各セルに以下の参照の設定を行う。

   E3: =AssetDes1
   F3: =LiabDes1
   G3: =LiabDes2

5. セルB4およびB5には、それぞれInitial PrincipalとMonthly Yieldとラベルを付ける。

221

第8章　分析およびアウトプット・レポート

6. ここでの計算には当初の元本額が必要となるので、以下の参照を設定する。

　E4: =AssetCurBal1
　F4: ='Cash Flow'!CB6
　G4: ='Cash Flow'!CF6

7. ここで月次利回りの初期設定としてセル E5、F5、G5 にそれぞれ 1.0%を入力する。後に設定する自動化計算のために E5:G5 の範囲に rngYieldChange と名前を付ける。

8. 次に、割引後キャッシュ・フローを計算するが、先ずローン資産に関する計算として、次の式をセル E16 に入力する。

$$=('Cash\ Flow'!Q7+'Cash\ Flow'!R7+'Cash\ Flow'!T7$$
$$+'Cash\ Flow'!U7)/(1+\$E\$5)\wedge\$A16$$

この式では、期限前返済、アモチゼーション、利払い、デフォルトからの回収額を、ローン資産に伴うキャッシュ・フローとして考慮する。これらの総和を想定した月次利回りで割り引く。この式をコピーし、E16：E375 の範囲に貼り付ける。

9. デットに関するキャッシュ・フローについても同様の設定を行うが、デットについて考慮するのは元本返済と利払いのみである。次の式をセル F16 および G16 にそれぞれ入力する。

　F16: =('Cash Flow'!CC7+'Cash Flow'!CD7)/(1+$F$5)^$A16
　G16: =('Cash Flow'!CG7+'Cash Flow'!CH7)/(1+$G$5)^$A16

上記の式をコピーして、F16：F375 および G16：G375 の範囲にそれぞれ貼り付ける。

222

10. セル B6 に戻り、これに PV Difference と名前を付ける。キャッシュ・フローの現在価値の総和から、当初の元本を差し引いて現在価値との差を求めるが、ここで各セルに以下の通り式を入力する。

E6: =SUM (E16:E375)-E4
F6: =SUM (F16:F375)-F4
G6: =SUM (G16:G375)-G4

また、E6：G6 の範囲に rngYieldTarget と名前を付ける。

月次利回りの計算

　ここまでで利回り計算の設定を終えたが、より理解を深めるために、上記で述べた「現在価値との差」について考察する。上記の計算においては、ローン資産およびデットのキャッシュ・フローの現在価値と、当初元本の差は、負の値であった。これは、月次利回りとして設定した割引率が過大であることを意味する。ここで、それぞれの月次利回りを 0.5%に下げると現在価値との差は正の値となり、今度は割引率が過少であることを意味する。

　このような適正な割引率を求めるために試行錯誤を繰り返す（学術的には「分割統治法アルゴリズム」として知られる）のは余りに非効率的である。Excel には、ゴールシークと呼ばれるツールが組み込まれており、これによって適正な利回りを求めるために、上記の試行錯誤を実行することが出来る。もし、ゴールシークについての理解が不足している場合には、本章のツールボックスを参照して欲しい。問題が無ければ、実際に月次利回りを、ゴールシークを用いて計算してみよう。

　"Analytics" シート上でデータタブの What-If 分析をクリックし、ゴールシークを選択して、コマンドボックスを立ち上げ、「数式入力セル」にセル E6 の現在価値との差を入力する。「目標値」には 0 を入力し、求めるべき月次利回りによってキャッシュ・フローの現在価値の総和が、当初の元本と等しくなるようにする。等しい二つの数値の一方から他方を引けば 0 となることを念頭に、最後に「変化させるセル」に月次利回りのセルを入力して、現在価値との差が 0 となる月次利回りを繰り返し計算によって求める。図 8.5 に示す通りに各変数を入力し、ゴールシークを実行する。これは、現在価値との差が 0 になるまで繰り返し計算が続けられる。尚、このローン資産あるいはデットの利回りを求める際に、損失が発生しているこ

223

第8章　　分析およびアウトプット・レポート

とが原因でエラーが生じる場合があるが、この場合は利回りを 0 と想定すべきであることに留意する。

　このゴールシークを用いた手順は二つのデット・トランシェに適用する必要があるが、キャッシュ・フローを変更する度に適用するのは少々面倒である。本書では、後ほど VBA による自動計算を適用して、これらの繰り返しの手順をボタン一つのクリックでローン資産と全てのデットの利回り計算を実行出来るようにする。

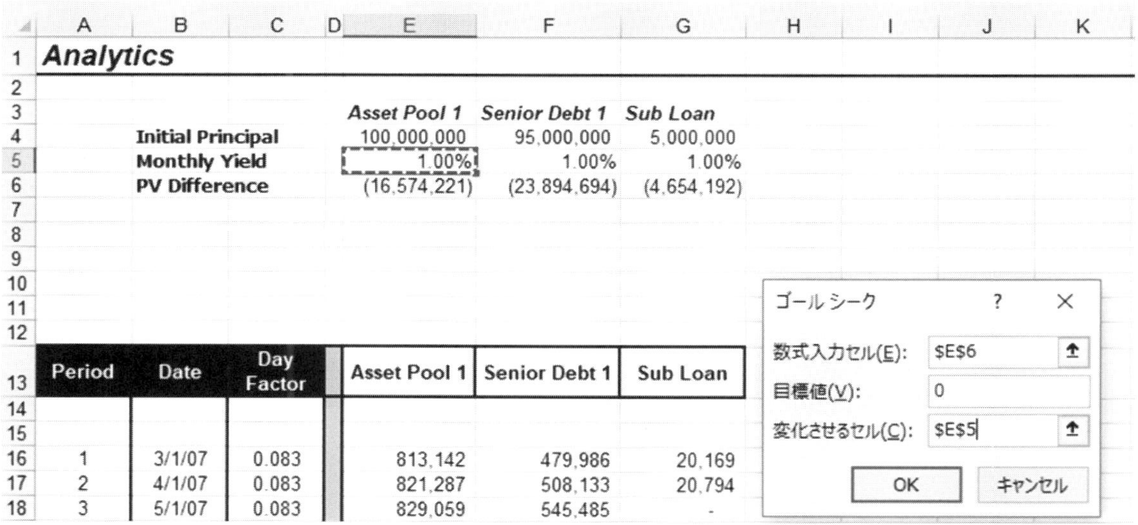

Analytics

	Asset Pool 1	Senior Debt 1	Sub Loan
Initial Principal	100,000,000	95,000,000	5,000,000
Monthly Yield	1.00%	1.00%	1.00%
PV Difference	(16,574,221)	(23,894,694)	(4,654,192)

Period	Date	Day Factor	Asset Pool 1	Senior Debt 1	Sub Loan
1	3/1/07	0.083	813,142	479,986	20,169
2	4/1/07	0.083	821,287	508,133	20,794
3	5/1/07	0.083	829,059	545,485	-

ゴールシーク ? ×

数式入力セル(E): $E$6
目標値(V): 0
変化させるセル(C): $E$5

OK キャンセル

図 8.5 利回り計算のためにゴールシークを使用

第8章　分析およびアウトプット・レポート

債券換算利回り

　債券市場の慣例では、債券換算利回り（bond-equivalent yield; BEY）をその年次利回りとしてレポートする。この年次利回りは、半期利回りに2を掛けることで求める。年次利回りの最も適切な指標については多くの議論があるが、通常はこの債券換算利回りが用いられるので、モデル・ビルダーではこの指標を組み込む。

モデル・ビルダー 8.5：債券換算利回りの計算

1.　"Analytics" シート上のセル B7 に BEY とラベルを付ける。債券換算利回りを求めるには、先ずは半期利回りを月次利回りから計算する必要がある。セル E7 に次の式を入力する。

$$=((1+E5)\hat{\ }6-1)$$

2.　上記で述べた通り、債券換算利回りは半期利回りに2を掛けることから、式を次の通り修正する。

$$=2*((1+E5)\hat{\ }6-1)$$

3.　この式をコピーし、E7：G7 の範囲に貼り付ける。ローン資産とデットの債券換算利回りは、それらの年利とほぼ同様の水準となるはずである。

226

修正デュレーション

デュレーションは、金利がある一定の割合で変動した際に、債券価格がどの程度変化するかを示す感応度の指標となる。Fabozzi は、「100 ベーシスポイントの金利変動に対する債券価格の変化割合」[49]と公式に定めた。修正デュレーションは次の公式によって求めることが出来る。

$$\frac{1}{(1 + {}^{yield}\!/_k)}\left[\frac{1 * PVCF_1 + 2 * PVCF_2 + \cdots + n * PVCF_n}{k * Price}\right]$$

ここで、各項は以下の通りである。

k:	支払周期
n:	全期間数
$PVCF_t$:	期間 t の割引後キャッシュ・フローの現在価値

モデル・ビルダー 8.6：修正デュレーションの計算

1. "Analytics"シート上のセル B8 に Modified Duration とラベルを付ける。修正デュレーションの公式を Excel に入力するための式に変換し、セル E8 に次の通り入力する。

   =1/((1+E5/12))*(SUMPRODUCT (E16:E375,$A$16:$A$375)/(12*E4))

2. 上記の式が意味するところは記載の通りで自明であるが、一つ注意すべきなのは、キャッシュ・フローの現在価値を効率的に計算するために用いたSUMPRODUCT 関数である。この式をコピーし、E7 : G7 の範囲に貼り付ける。ここまでの設定で図 8.6 の通りとなる。

---

49 原著者注：Frank J.Fabozzi, *Fixed Income Analysis*. (New Hope, PA: Frank J. Fabozzi Associates, 2000), 255.に基づく。

第8章 分析およびアウトプット・レポート

	A	B	C	D	E	F	G
1	**_Analytics_**						
2							
3					_Asset Pool 1_	_Senior Debt 1_	_Sub Loan_
4		**Initial Principal**			100,000,000	95,000,000	5,000,000
5		**Monthly Yield**			1.00%	1.00%	1.00%
6		**PV Difference**			(16,574,221)	(24,029,244)	(4,661,957)
7		**BEY**			12.304%	12.304%	12.304%
8		**Modified Duration**			4.69273	3.83196	1.22557
9							
10							
11							
12							
13	Period	Date	Day Factor		Asset Pool 1	Senior Debt 1	Sub Loan
14							
15							
16	1	3/1/07	0.083		813,142	351,850	20,169
17	2	4/1/07	0.083		821,287	380,496	20,794
18	3	5/1/07	0.083		829,059	545,380	-
19	4	6/1/07	0.083		836,456	561,349	-

図 8.6 完成した "Analytics" シート

228

アウトプット・レポート

　ほとんどの人は、複雑なファイナンシャル・モデルの詳細まで調べる時間を持てないであろう。一般的に、モデル・ユーザーは自らの意思決定に必要となる分析結果の核心について知りたいと考えている。これらの分析結果の核心、つまり主要項目を1ページに纏めることが出来る。

　この纏めのページ、つまり「アウトプット・レポート」は、キャッシュ・フロー・モデルを三つの主要項目、即ち、シナリオ前提条件、キャッシュ・フロー概略、およびチャート図に分けて纏めると、非常に効率的に結果を表すことが出来る。図8.7にアウトプット・シートの全体図を示す。このように三つの主要項目に分けることで、ファイナンシャル・モデルの前提条件、対象期間のキャッシュ・フローの分析結果、そして、これらの前提条件と分析結果を集約して判りやすく纏めたグラフ・チャート図を、読み手に素早く伝えることが出来る。

　アウトプット・レポートで重要なのは、レポートをモデルの中のワークシートとして作成し、レポート用のシート内で入力する数値は、出来るだけ少なくすることである。これはつまり、アウトプット・シート内のほとんどの項目は、モデル中の他の項目を参照すべきという意味である。これは、シナリオ分析により前提条件や結果が変われば、結果レポートも自動的に変更されるべきとの考えが背景にある。通常、モデル中のエラーはシナリオ分析を行う際に発生するが、アウトプット・シートがモデル中の各項目の参照に基づくものになっていなければ、シナリオ分析を実行してもアウトプット・シートが更新されないという状況になってしまう。よって、アウトプット・シートでは可能な限りモデル中の参照を利用し、モデル中のエラーの発生を出来るだけ抑え、モデルによる計算実行の効率性を高めるべきである。

第 8 章　分析およびアウトプット・レポート

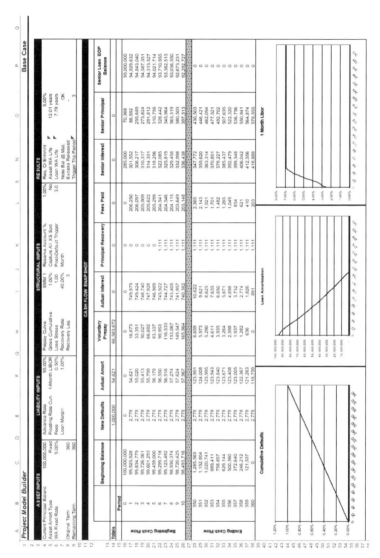

図 8.7 前提条件、キャッシュ・フロー概略、チャート図により
構成されるアウトプット・シート（全体図イメージ）

モデル・ビルダー 8.7：アウトプット・レポートの作成

1. 最初に、アウトプット・レポート中に記載すべきパラメーターを"Inputs"
   シートに設定する。"Inputs"シートの各セルに次の通り入力する。

   G28: =REPORTING PARAMETERS
   G29: =Scenario Name
   G30: =Beginning Snapshot Start
   G31: =Ending Snapshot Start

2. 次に、セル I29 に Base Case と入力し、これに ScenName と名前を付ける。
   セル I30 に 0 を入力し、これには SnapshotStart と名前を付ける。更に、
   セル I31 には 350 を入力し、これには SnapshotEnd と名前を付ける。これ
   らのセルはアウトプット・レポート上の一部をコントロールするために使用
   する。

3. 新たなシートを作成し、これに Output と名前を付ける。このシートは、基
   本的には他のシートで計算された数値を参照するものであるので、他のシー
   トでの準備や設定とは異なる。よって、ここでは各セルの説明を行うのでは
   なく、ダウンロードした Zip ファイルの MSFC_Ch8 のフォルダにある Excel
   ファイル MB8.7.xls を参照し、シートの内容を確認してもらいたい。

4. 完成済のモデル・ビルダー8.7 の"Output"シートでは、最初の 9 行の太宗
   は前提条件で構成されている。アウトプット・レポートの読み手は、シート
   の一番左上に太文字で記載されたタイトルにより、どの案件の分析なのかに
   ついて直ぐに確認出来る。また、シナリオについても右上に記載されている
   ので速やかに確認出来る。これらのすぐ下には、アセット、ライアビリティ、
   およびストラクチャーに関するインプットを確認することが出来る。これら
   の多くは、現在作成中のモデル中のシートを参照し表示する。最初の 9 行に
   設定する参照は、MB8.7.xls と同様に作成して欲しい。いくつかのセルに入
   力すべき式については以下で説明する。

5. "Output"シートで注意すべきセルの一つは、グロス累積損失を計算する
   セル I5 である。ここでは、デフォルト率を計算したセルを参照する代わり
   に、デフォルトとなった額の、当初オリジネートしたローン資産額に対する

第 8 章　分析およびアウトプット・レポート

割合を計算している。グロス累積損失割合は 0.97%であるのに対し、デフォルト率は 1.0%となる。この差は、シーズニング（経年効果）、アモチゼーションのタイミング、損失タイミングにより生じている。これらの理解については 9 章で議論するが、ここではグロス累積損失を直接参照すべきでないことに留意する。

6. もう一つの注意すべきセルは O4 であるが、セル N4 に Req.CrEnhmnt.とラベルを付ける。デットにおいてシニアと劣後を設ける際に、想定損失を吸収するための信用補完（クレジット・エンハンスメント）を設定する。ここでは、次の式を入力する。

=1-F4

ここでは単純に、全体からシニア・デットの貸付割合を差し引き、その差し引き後の割合を想定損失補てんのための原資に充てることを想定する。これが、如何にしてシニア・デットの借入枠が設定されるのかの背景である。次の章ではシニア・デットの借入枠についての詳細を議論する。

7. セル O5 と O6 には、加重平均残存期間（WAL）に関する式を入力するが、これは財務分析においてしばしば使用される指標である。この計算は、割引後キャッシュ・フローに関連しないことから "Analytics" シートでは触れなかったが、ローン資産とデットのアモチゼーションに関連してくる。これは、ローン資産およびデットの起算日から各支払日の元本返済までの期間を、それぞれの支払日に発生する元本返済額で加重平均することを表わしている。

ここで、毎期 150 が 10 期間に亘って元本返済されることを想定しよう。この場合、1,500 の元本が 10 期間に等しく返済されるので、加重平均残存期間は 5.5 となる。これは上記の説明の通り、それぞれの期間を返済額で加重平均して得られる。しかし、もし最初の期間に 600 が返済されて、次に 300、200、100、と返済が続き、残りの 6 期間で 50 が返済されるのであれば、加重平均残存期間は 2.97 となる。このような場合には、残債は比較的早い期間に大きく減少し、ローン資産としては早期に完済に近づくことになる。図8.8 にこの加重平均残存期間の比較を示す。また Excel のファイルWALifeComparison.xls を Zip ファイルの MSFC_Ch8 のサブフォルダに格納しているので、こちらも参照されたい。

232

セル O5 と O6 を入力する前に、ローン資産における各期間の元本減少額の推移を見る列を "Cash Flow" シートに設定する。これを "Cash Flow" シートの CN 列に設定するので、セル CN4 に Asset Amort Total と入力し、セル CN7 に次の式を入力する。

$$=N7+Q7+R7$$

この式は、ローン資産元本の減少に繋がる項目、即ち、デフォルト額、約定返済、期限前返済、を足し合わせている。この式をコピーし、CN7：CN366 の範囲に貼り付ける。

	Periods	Principal Pmt	Principal Pmt
Weighted Average Life Comparison			
	1	150	600
	2	150	300
	3	150	200
	4	150	100
	5	150	50
	6	150	50
	7	150	50
	8	150	50
	9	150	50
	10	150	50
	WA Life	5.50	2.97
	Arithmetic Life	5.50	5.50

図 8.8 ローン資産の未払い期間の指標となる加重平均残存期間

8. 加重平均残存期間の計算は、文字通り加重平均を計算するものであり、既に前章でも使用した SUMPRODUCT 関数と SUM 関数を組み合わせて計算する。"Output" シートに戻り、セル O5 に次の通り入力する。

第 8 章　　分析およびアウトプット・レポート

$$\text{=SUMPRODUCT ('Cash Flow'!CN7:CN366,}$$
$$\text{'Cash Flow'!A7:A366)/SUM ('Cash Flow'!CN7:CN366)/12}$$

この式では、ローン資産がオリジネートされて以降、期間が経過する毎に加重して、それらの加重平均を計算する。また、上記の式の分母に 12 が入力されているが、これは加重平均残存期間が通常年単位で表示されるのに対して、モデル・ビルダーの期間の単位は月になっているためである。

9.　デットについても加重平均残存期間を計算するが、この "Output" シートでは、シニア・デットのみの加重平均残存期間を計算する。デットではその残債を減少させるのは元本返済のみであるため、"Cash Flow" シートで新たに列を設定する必要は無い。セル O6 には次の通り入力する。

$$\text{=SUMPRODUCT ('Cash Flow'!CD7:CD366,'Cash Flow'!A7:A366)/}$$
$$\text{SUM ('Cash Flow'!CD7:CD366)/12}$$

10.　"Output" シートで注意すべき最後の式は、モデル中に何らかのトリガーが生じる期間を検知する式である。この機能をモデルに組み込むために、"Cash Flow" シートでトリガーの発生を検出する新たに列を設定する。"Cash Flow" シートの CO 列に進み、セル CO4 に Combined Trigger Tracking と入力し、CO7 に次の通り入力する。

$$\text{=OR (Z7:AB7)}$$

この式では、Z 列、AA 列、もしくは AB 列にトリガー発生の有無を検知し、TRUE もしくは FALSE を返す。この式をコピーし、CO7 : CO366 の範囲に貼り付ける。

11. トリガー発生を検知する式を組み込めたら、次にトリガーが発生する最初の期間を検知して TRUE と返す式を設定する。この式では配列数式を利用する。もし、配列数式についての理解が不足している場合には、本章のツールボックスを参照して欲しい。セル O9 には次の通り入力する。

$$\{=MIN\ (IF\ ('Cash\ Flow'!CO7:CO366,'Cash\ Flow'!A7:A366,1000))\}$$

この式の内部では IF 関数を組み込み、CO7 : CO366 の範囲のそれぞれのセルをチェックする。これらのセルに TRUE が含まれている場合には、そのセルに対応する A 列の値を返し、そうで無ければ期間数を超えるように設定された数字（ここでは 1,000 と設定）を返す。そして、トリガーが生じる一連の期間において、最初にトリガーが発生した期間を、MIN 関数を利用して検出する。尚、配列数式を入力する時には、通常の Enter キーではなく Ctrl + Shift + Enter キーを同時に押す。

12. アウトプット・レポートの中段ではキャッシュ・フローの概略を示す。全キャッシュ・フローの大量のデータにくまなく目を通すことはほとんど無いであろうが、ある特定の期間、例えば全期間の始まりや終わりの期間について調べることはしばしばある。これを実行するために、モデル・ユーザーがレビューの対象とするキャッシュ・フローの期間を設定出来るような機能をモデルに組み込む必要がある。既に、"Inputs" シートに前提条件を設定したが、ここではセル I30 と I31 に、アウトプット・レポートに表示させるキャッシュ・フロー期間の始まりと終わりの期間を指定出来るようにする。"Inputs" シートのセル I30 に SnapshotStart と名前を付け、"Output" シートのセル B16 でこのセルを参照する。"Output" シートのセル B17 では、前の期間から一期間進んだ期間を表示するように次の通り入力する。

$$=B16+1$$

ここでは、参照するセルを変更させなければいけないので、セル B17 をコピーして B17 : B26 に貼り付ける際には、名前を付けたセルを使用しないように気を付ける。B17 : B26 の範囲は図 8.9 の通りとなる。

	A	B
13		
14	Totals	
15		Period
16	Beginning Cash Flow	0
17		1
18		2
19		3
20		4
21		5
22		6
23		7
24		8
25		9
26		10

図 8.9 モデル・ユーザー自身が設定する期間に基づいたキャッシュ・フロー概略

13. 引き続き "Ouput" シートで、セル C16 を指定する。モデルの完成版ではオリジネートされた額や各期初の残債をこの列に示す。"Output" シートでは、どのキャッシュ・フローの列でも表示させることが出来るが、モデルの完成版では最も頻繁に使用される設定を行っている。ローン資産の各期初の残高をアウトプット・レポートのキャッシュ・フロー概略に表示させるために OFFSET 関数を利用する。セル C16 に次の式を入力する。

=OFFSET ('Cash Flow'!$V$6,B16,0)

この関数を使って、"Cash Flow" シートで計算したローン資産の残高に関する期間のうち最初の期間を、キャッシュ・フロー概略で指定した開始期間（セル B16）に基づいて指定する。モデル・ユーザーがキャッシュ・フロー概略の開始期間を変更すれば、それに伴って参照される残高も変更される。セル C16 をコピーして、C16 : C26 に貼り付ける。この手順を繰り返すことによって、必要に応じたキャッシュ・フローの参照を付け加えることが出

来る。"Output"シートの完成版には、その他の主要項目に関するキャッシュ・フローも追加している。また、これらの各キャッシュ・フローの総和も、"Cash Flow"シートの計算を直接参照している。これは、結果レポートに表示させたキャッシュ・フロー概略上の総和ではなく、実際のキャッシュ・フローの総和を表示すべきためである。

14. 同様に、キャッシュ・フロー期間の終わりの部分を、"Output シート"の28行目から38行目に設定する。キャッシュ・フロー期間の始まりと終わりの区切りを設けるために、27行目は空白として空けておく。

15. アウトプット・レポートの最後に、一定期間のデータの推移を示すチャート図を設定する。データの例としては、金利、期限前返済率、デフォルト率、残高、超過スプレッド、等である。いくつかのチャート図についてはデータが準備出来ていないかもしれないが、これらは他のシートで追加作業を必要とする。例として、アウトプット・レポートの完成版には累積デフォルト率の推移を示すチャート図を表示しているが、これらのデータは"Cash Flow"シートの CP 列のデータに基づくものとなっている。

内部テストと結果レポートの重要性

　これまでに見てきた内部テストの実行とアウトプット・レポートの出力は、作業としては冗長と思われるかもしれないが、長い目でみればこれらの設定は大幅な時間の節約に繋がる。ファイナンシャル・モデルを構築する際には、常に何通りものシナリオ分析が必要になることを念頭におくべきである。モデル・ユーザーは、モデルの前提条件を変更する度に、分析結果が正確で論理的か、またその結果を関係者と直ぐに共有出来るように設定されているかどうかに注意を向けている。内部テストはこの正確性および論理的であるかを確認し、また容易にレビュー出来るもので無ければならない。同様に、アウトプット・レポートの内容は適切なレベルで包括的に設定すべきで、モデル自体に目を通していない人でも容易にモデル分析の意図、分析内容、および各シナリオ分析の結果を理解出来るもので無ければならない。

第 8 章　　分析およびアウトプット・レポート

ツールボックス

条件付き書式

　条件付き書式は、予め設定された変数・条件に基づいてセルの書式を自動的に変更するものである。この機能は、モデルを実行する際の重要な変更を行う際に、特に有用である。

　条件付き書式を設定するには、先ず設定したいセルを指定した上で、ホームタブから「条件付き書式」をクリックし、「新しいルール」を選択する。すると、図8.10 のダイアログボックス[50]が表示される。

　条件付き書式のダイアログボックス中では、いくつかの変数を設定出来る。先ずセルの書式は、そのセルの値に基づいて設定することが出来る。これは「セルの値」を選択し、その他のボックスで関連の条件を選択することによって設定する。「セルの値」の代わりに数式を選択し、これを設定することも出来る。一つのセルに複数の書式を設定することも出来る。これは IF 関数を用いて、TRUE もしくはFALSE に変更されるセルに注目する際に、とても役に立つ機能である。

---

50 訳者注：原書では Excel 2003 英語版のダイアログボックスが掲載されているが、ここでは
　 Excel 2013 日本語版のダイアログボックスを掲載する。

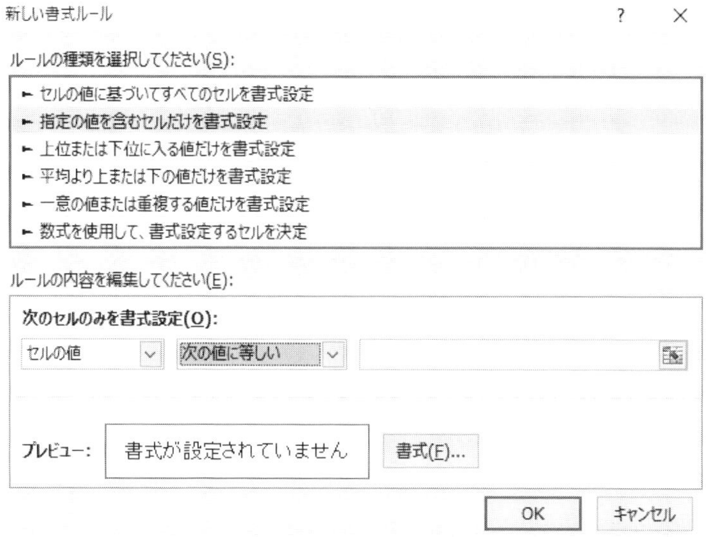

新しい書式ルール　　　　　　　　　　　　　　　　　　　　　　　　？　　×

ルールの種類を選択してください(S):

► セルの値に基づいてすべてのセルを書式設定
► 指定の値を含むセルだけを書式設定
► 上位または下位に入る値だけを書式設定
► 平均より上または下の値だけを書式設定
► 一意の値または重複する値だけを書式設定
► 数式を使用して、書式設定するセルを決定

ルールの内容を編集してください(E):

次のセルのみを書式設定(O):

| セルの値 | ∨ | 次の値に等しい | ∨ | | |

プレビュー:　　書式が設定されていません　　書式(F)...

OK　　　　キャンセル

図 8.10　条件付き書式のダイアログボックス

ゴールシーク

　Excel には一変数の最適化を行うゴールシーク機能が備わっている。このゴール
シークは、三つの前提条件に基づいて計算を実行する。つまり、最適化する対象の
式（数式入力セル）、最適化する数式の計算結果（目標値）、最適化する数式の変
数（変化させるセル）の三つである。

　ゴールシークのダイアログボックスを図 8.11 に示すが、これはデータタブで
What-If 分析をクリックし、ゴールシークを選択することで開く。

239

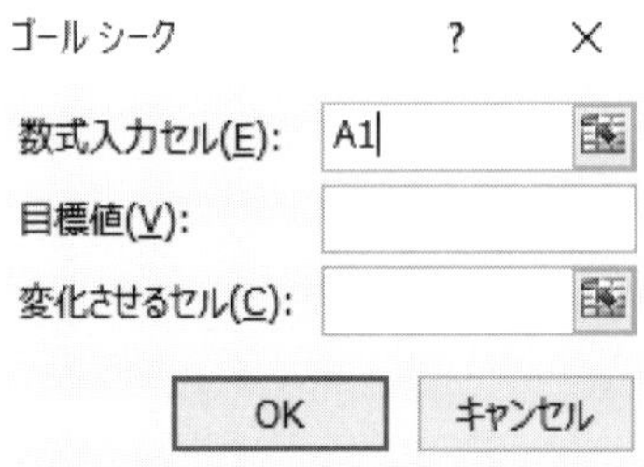

第 8 章　分析およびアウトプット・レポート

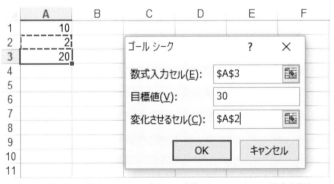

図 8.11　ゴールシークのダイアログボックス

　例えば、シートのセル A1 と A2 にそれぞれ 10 と 2 が入力されており、セル A3 には A1*A2 の数式が入力されている時、ゴールシークによる最適化について見てみる。現時点では、セル A3 には 20 と表示されている。ここで、セル A2 を変化させて、セル A3 を 30 とすることを考えると、ゴールシークによる最適化を用いることが出来る。この場合、各値の設定は図 8.12 に示した通りとなる。またダウンロードした Zip ファイル MSFC_Ch8 の Additional Files サブフォルダに GoalSeekExample.xls を格納しているので、こちらも参照して欲しい。

　本書で後ほど触れる通り、ゴールシークはファイナンシャル・モデルの全体で多くの数式を互いにリンクさせながら使用することが出来る。また、Excel は多変数を扱うことが必要な場合に用いる最適化ツールであるソルバー機能も備えている。

図 8.12　ゴールシークのダイアログボックスで、セルの設定を行う

配列数式

配列数式は、Excel のユーザーにとってその習得が厄介な数式の一つであろう。そうなる主な理由としては、配列数式はセルの範囲を参照するために、若干イメージしづらいためである。配列数式を用いると、同じ長さの配列数式をユーザー自身の設定に基づいて容易に計算することが出来る。

本章で使用した配列数式を分解してみると、配列数式がどのように計算されているかよく分かる。本章では、次の配列数式を使用した。

{=MIN (IF ('Cash Flow'!CO7:CO366,'Cash Flow'!A7:A366,1000))}

この配列数式では、最初に IF 関数を CO：CO366 の範囲に適用している。CO 列の値は TRUE もしくは FALSE が入っている。通常、IF 関数では、一つのセルの値について確認を行い、二つのうちの一つの解を返すが、これを配列数式に適用した場合には、配列中の全てのセルについて対応する別の変数あるいは配列と比較して確認を行い、同じ長さの配列数式を返す。例えば、セル CO7 が FALSE の場合、配列数式の一つ目の値として 1000 と返される。また、セル CO8 が TRUE であれば、セル A8 の値が配列数式の二つ目の値として返される。さらに、セル CO9 が FALSE であれば、配列数式の三つ目の値として 1000 と返される。ここまでで、配列数式の最初の三つの値は 1000、2、1000 となる。次に、MIN 関数が適用されて、これらの三つの値から 2 が選択される。

配列数式を用いる際に、是非とも覚えておきたい二つの重要なルールがある。先ず、数式中で参照される配列数式は必ず同じ長さで無ければならない。そうでなければエラーとなってしまう。もう一つは、配列数式を実行する際には、通常の Enter キーではなく Ctrl + Shift + Enter キーを押す。配列数式が正常に実行されたかどうかは、その数式が{ }で囲まれて表示されることによって確認出来る。

第 9 章　ファイナンシャル・モデルの理解

Understanding the Model

第9章　ファイナンシャル・モデルの理解

　前章まででストラクチャード・ファイナンスのモデルの各概念と、各概念をExcel 上でどのように操作していくかを説明してきた。この時点で既にモデルの仕組みは完成しており、多くの個別論点は既に本書の各章で触れた通りである。しかしながら、ファイナンシャル・モデルの真の価値とは、各種の前提条件を、相互に関連している概念と統合し、解釈可能な結果を生み出すことにある。

　例えば、「アセットの損失が増えた時には何が起こるだろうか？」、「約定返済の利息および元本の全額が、シニア・ボンドに充当されるのだろうか？」、「案件はどんなストレス・シナリオに耐えることが出来るだろう？」、等の質問に答えるには、モデルの各部分がどのように機能し、また各要素が全体としてどのように機能するのかを理解する必要がある。

　モデルを理解する最善の方法は、各前提条件を一つずつ変えてみて、モデルの計算結果がどう変化するかを評価してみることである。これによって、モデルを操作する人は、各前提条件の変化がもたらす影響を目にすることが出来る。モデルによる計算結果の違いがより明確になるよう、前提条件を合理的な範囲で極端な値に設定するのは、特に役に立つ手法と言える。本章では、先ずモデルの全体像について考察し、次いで主要な前提条件をそれぞれ変更した場合に、モデルの計算結果がどう変化するかを考察する。

モデルの全体像に関する考察

　トップ・ダウン・アプローチでは、モデルをアセットとライアビリティの二つのセクションに二分する。アセット・サイドでは、イールド、約定返済（アモチゼーション）、期限前返済、デフォルト債権からの回収を経て、キャッシュが生み出される。キャッシュ・フローを生み出すこれらの各手法の前提条件は大きく変化し得るが、どのようなシナリオにおいても、想定されるキャッシュの金額は有限である。

　キャッシュは、案件を成立させ、アセット購入のために調達されたライアビリティの支払いに充当される。ライアビリティを構成する典型的な要素は、手数料、支払利息、借入の元本返済等で、これらはキャッシュ・フロー・ウォーターフォールに基づいた厳密な順序および金額にて支払いがなされる。各期末および案件の最終期においては、ライアビリティの全額を支払うために十分な額のキャッシュが必要となる。さもなければ、案件の当事者が損失を被ることになる。基本モデルの概略は、図 9.1 の通りである。

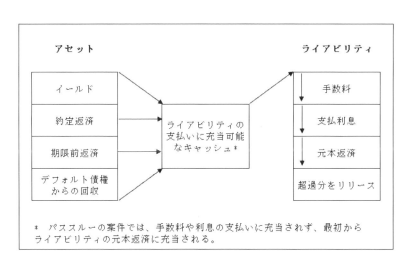

図 9.1 ストラクチャード・ファイナンス案件では、
通常キャッシュは標準的な順番に従って生み出され、支払いに充当される

第 9 章　　ファイナンシャル・モデルの理解

　損失を回避するにはいろいろな手法があるが、なかでも信用補完（クレジット・エンハンスメント）が主要な手法として利用される。よく利用されるクレジット・エンハンスメントには
- ・　超過スプレッド
- ・　リザーブ・アカウント（準備金口座）
- ・　保証
- ・　超過担保

等がある。

　超過スプレッドは、アセットのイールドが、ライアビリティのコストを上回ることにより発生する。この超過分は、損失をカバーするために最初に利用されるクレジット・エンハンスメントの手法としては、典型的なものである。モデルでは、損失の金額だけアセットの残高を減らし、デットも同額を減らす。デフォルト発生によって生み出されるキャッシュはないため、超過分はデットの減額を維持するために利用される。

　もし超過スプレッドがライアビリティをカバーするのに十分でない場合、リザーブ・アカウント（準備金口座）が案件組成時に設定されていれば、リザーブ・アカウントにある資金が充当される。リザーブ・アカウントは、案件組成時に事前に一定金額を確保するケースもあれば、余剰キャッシュを一定水準まで積み上げるケースもある。事前に一定金額を確保しておくやり方の方が、キャッシュが確実に確保されている点では望ましいが、一方で資金の効率性の観点からは非効率であるとも言える。リザーブ・アカウントの資金が必要になったらいつでもアカウントからキャッシュは引き出されるが、状況が好転すればまた（アカウントに残高が）補てんされていくのが一般的である。

　保証はリザーブ・アカウントと同様、ライアビリティの支払いに不足がある場合に機能する。どのライアビリティがどの程度までカバーされ、保証会社への支払いの優先順位がどうなるか等、保証の条件は極めて重要である。多くのモノライン保証会社は、金利の速やかな支払いと最終的な元本の支払いを保証している。これはつまり、もし案件の途中で金利支払いに不足が生じ、あるいは案件の満期で元本の返済に不足が生じた場合には、その差額をモノライン保証会社が補てんするということである。

246

（クレジット・エンハンスメントの）最後のコンセプトは超過担保で、これは特定の投資家にとっては究極のセーフ・ガード（安全措置）となる。通常、アセットは複数の当事者によって資金が供給されるが、資金提供者の中にはより高いリスクを取る者もいる。シニア部分の資金供給者は、劣後部分の資金供給者よりも元本の支払いが優先される構造的な安全装置を有している。シニア部分の資金供給者は、劣後部分の支払いがされるかどうかは気にしない。ストレスのかかった状況では、キャッシュはシニア部分の支払いに充当され、劣後部分の資金供給者には支払われないこともある。これは、シニア部分のみ支払いがなされ、劣後部分には支払われないという状況を作り出し得る。

　シニア部分の資金供給者が、無事返済を受けられるかどうかは、概ねシニア部分と劣後部分の比率によって左右される。シニア部分による資金調達額がアセットの100％を下回る場合、差額は劣後部分によって調達され、シニア部分は"超過担保状態"となる。プロジェクト・モデル・ビルダーでは、シニア部分の初期値がアセットの95％、劣後部分が5％に設定されている。この95％は、シニア部分の資金供給者がアセットの資金調達を融通した割合であり、アドバンス・レートという。シニア部分は劣後部分に比べてコストが低いため、多くの分析においてはアドバンス・レートを最大化することに焦点があてられる。もしシニア部分が95,000,000ドルから開始した場合、少なくとも同額が、元本の約定返済、期限前返済および超過スプレッドを通じて、アセットから生み出されなければならない。仮に超過スプレッドおよびリザーブ・アカウントを全額利用しても、尚、シニア部分の返済が済んでいない場合、アドバンス・レートを引き下げるしかない。このプロセスは、最適なアドバンス・レートが決定されるまで繰り返される。

損失拡大の影響を理解する

　損失の拡大が案件におよぼす影響を観察するには、プロジェクト・モデル・ビルダー内の前提条件を、いくつか変更する必要がある。作業中のモデル、もしくはダウンロードしたZipファイルのMSFC_Ch9という名前のフォルダに保存されているMB9.1.xlsというファイルを利用する。"Inputs"シートでグロスの累積損失率（pdrCumLoss1）を15％に変更（セルE18）、ロス・ストレス（pdrLossStress1）を5に（セルF18）、損失発生のタイミング・シナリオ（pdrLossTime1）をTiming Curve 1に（セルG18）、リカバリー・レート（pdrRecovRate1）を25％（セル

第 9 章　　ファイナンシャル・モデルの理解

J18）にそれぞれ変更する。各前提条件は図 9.2 のようになるはずである。これは
非常にストレスのかかったシナリオで、多額のクレジット・エンハンスメントが必
要になる。

PREPAYMENT/DEFAULT/RECOVERY INPUTS						
Gross Cumulative Loss	Loss Stress	Loss Timing Curve	SDA Curves		Recovery Rate	Recovery Lag
15.00%	5	Timing Curve 1			25.00%	5

図 9.2 強いストレスのかかったシナリオ作成のために前提条件を変更する

　このシナリオにおける主な変更点は、ベース損失率を 15%と（当初の 3%に比し
て）5 倍ものストレスをかけた点である。損失は Timing Curve 1 に基づいて 360
期にわたって均一の割合で発生する。（また、リカバリー・レートが 25%である
ということは）案件の全期間を通じて、債務不履行（デフォルト）に陥った金額の
うち 75%が失われるということを意味する。しかしながら、"Output"シートの
セル I5 では、グロスの累積損失率は 47.42%にとどまる。これはアセットが 229
期までに完全にアモタイズするからであり（"Cash Flow"シートの L 列参照）、
ロス・カーブのかなりの部分を避けることが出来るためである。実際にどれだけ損
失が発生するか、常に注意しなければならない。というのは、期限前返済とデフォ
ルトが、アセットのアモチゼーションのスケジュールを変えてしまうからである。

　この損失に対応する最初のクレジット・エンハンスメントが超過スプレッドであ
る。アセットが（年率）9.00%のイールドを生み出しているのに対して、ライアビ
リティのオールイン・コストは 7.50%にすぎない（スワップ・レート 4.00% + ラ
イアビリティのマージンおよびフィーの合計 1.50% + アセットのサービシングに
要するフィー2.00%）。超過イールドは、案件の元本に発生した損失の一部を補て
んする。"Cash Flow"シートのセル AZ7 を参照されたい。この列では、シニア・
デットの元本予定返済額が計算されている。損失が発生しなければ、この予定返済
額と同額がウォーターフォールを通じて確保されるはずである。しかしながら、も
し損失が発生した場合には、デットの返済時に次の列において不足が発生する。こ
の不足分はウォーターフォールを通じた超過スプレッドにより補てんされる。セル
AX7 のキャッシュ残高がそれである。詳細は図 9.3 を参照されたい。

248

	Senior Debt Principal						
Cash Remaining		Principal Due	Principal Paid	Unpaid	Unpaid Covered by Reserve	Unpaid	Cash Remaining
218,502		265,539	218,502	47,037	47,037	-	-
235,618		281,589	235,618	45,971	45,971	-	-
252,626		252,626	252,626	-	-	-	-
269,251		269,251	269,251	-	-	-	-

図 9.3 損失によって発生した不足額は先ず超過スプレッドにより
補てんされ、次いでリザーブ・アカウント等の別の形態の
クレジット・エンハンスメントにより補てんされる

　シニア・デットの返済に利用出来る次のクレジット・エンハンスメントが、リザーブ・アカウント（準備金口座）である。モデルの"Inputs"シートのセル C30 で、リザーブ・アカウントのパーセンテージ（RsrvPercent）が 1.00%に設定されていることを確認して欲しい。これは案件開始時に既にリザーブ・アカウントに金額が確保されていることを意味する。次に"Cash Flow"シートのセル BC7 を見る。このセルには、損失によって発生した不足額を補てんするためにリザーブ・アカウントから引き出される金額が入力されている。また、"Cash Flow"シートのリザーブ・アカウント関連部分（BG 列から BL 列）で、アカウントの残高がなくなるまで、毎期アカウントからどのように引き出しがあるのか、注意して見て欲しい。

　プロジェクト・モデル・ビルダーでは保証はモデル化していないため、残るクレジット・エンハンスメントの手段は超過担保になる。（"Inputs"シートのセル C24 で）アドバンス・レートを 95%に設定しているが、これはアセットのサイズ（US$100,000,000）に対して、シニア・デットの当初金額が US$95,000,000 であることを意味する。US$100,000,000 のアセットに対して US$5,000,000 の損失が発生しても、シニア・デットは引き続き全額返済を受けることが出来る。US$5,000,000 分は、劣後部分への支払いが行われない。

　しかしながら、超過スプレッド、リザーブ・アカウントおよび超過担保を利用したとしても、案件の満期までにシニア・デットの全額を払うのに十分なキャッシ

第9章　ファイナンシャル・モデルの理解

ュがない。"Cash Flow"シートのセル CB366 を見て欲しい。シニア・デットが弁済を受けられる最後の期であるが、この段階でシニア・デットの残高が約US$34.9 百万もあり、おそらくシニア・デットの供給者に損失が発生するだろう。このようなシナリオを避けるためには、どの前提条件を変化させることが出来るだろうか。

　超過スプレッドを変化させるのは困難である。アセットのイールドは、（アセットの）プールに追加出来る、よりイールドが高いアセットがあれば、引き上げることが出来る。しかしながら、アセットのイールドがより高いということは、通常リスクもより高いということであり、損失予想も増やすべきかどうか、新たな静的損失分析を行う必要がある。ライアビリティのレートは、通常は市場で決定される水準に設定される。その他のフィーは交渉可能かもしれないが、限定的なインパクトしか持たないだろう。

　一方リザーブ・アカウントの金額を増やすことは出来るが、これはキャッシュの使い道としては非効率である。リザーブ・アカウントは、通常、Guaranteed Investment Contracts（GICs）と呼ばれる、金利の低い口座にキャッシュを入れておくことになる。このキャッシュは、より多くのアセットを生み出すために、より効率的に利用することが可能であろう。

　このような損失のケースで、最もよく変更される前提条件は、アドバンス・レートによって決定される超過担保の金額である。最終期におけるシニア・デットの残高に注目する。ここでシニア・デットのアドバンス・レートを 92.5%に変更してみる。シニア（優先）部分への支払金額が減る一方で、アセットから生み出されるキャッシュの金額は変わらないため、最終期におけるシニア・デットの残高は減少する。アドバンス・レートは、最終期におけるシニア・デットの残高がゼロになるまで（このシナリオでは 86.01%まで）継続的に引き下げていくことが出来る。

　最適なアドバンス・レートを効率的に求めるには、ゴールシーク機能が便利である。「数式入力セル」には、最終期におけるシニア（優先）デットの元本残高（セル CB366）を入力する。「目標値」はゼロ（0）とし、最後の「変化させるセル」は"Inputs"シートの LiabAdvRate1 を入力する。このゴールシークを実行することにより、最終期におけるシニア・デットの残高がゼロになるアドバンス・レートが求められる。詳細は図 9.4 を参照されたい。

250

図 9.4 最適なアドバンス・レートを求めるのに
ゴールシーク機能を利用することが出来る

　ゴールシーク機能を利用しても、最適とは思えない解が求まることもある。これは反復計算の回数が低すぎるからかもしれない。ゴールシークの反復計算の回数は、以下の手順により変更することが出来る。「ファイル」－「オプション」をクリック、次に「数式」をクリックする。「計算方法の設定」の「反復計算を行う」チェックボックスをオンにし、「最大反復回数」に 100 と入力する。

元本の配分方法を変化させる

　モデルでは、連続法とプロラタ法の、二つの元本のアモチゼーションの手法があったことを思い出して欲しい。これまで考察してきたシナリオでは、プロラタ法、つまりシニア・デットが、アセットの元本をプロラタで受け取る方法を想定していた。これは連続法と比べると、シニア・デットの供給者にとっては不利な方法である。というのは、連続法においては、シニア・デットが全額返済されるまで、シニア・デットの元本返済が先に行われるからである。"Inputs" シートにおける元本の配分方法（Asset AllocationType）を、プロラタ法から連続法に変更し、どのような違いが生じるかを観察してみよう。その際、アドバンス・レートを 95%に戻すのを忘れないように。（満期における）シニア・デットの残高は、約 US$34.9 百万から US$34.8 百万に変化しているはずである。この差が非常にわずかなものであるのは、モデルに組み込まれた既存のトリガーが、キャッシュをシニア・デットの返済に充当するからである。トリガーをなくした場合に、元本の配分方法の変更が、シニア・デットの返済にどれだけ影響を与えるか、考察してみよう。

251

第9章　ファイナンシャル・モデルの理解

　（連続法とプロラタ法による）違いが生じるのは、プロラタ法では、劣後デット
への返済をプロラタベースで行うように（元利金の返済スケジュールが）計算され、
（そのスケジュールに従って）キャッシュが充当されるからである。プロラタ法で
は、シニア・デットの毎期の元本の予定返済額が、連続法の場合よりも少なくなる。
シニア・デットの返済スピードが遅いために金利コストが大きくなり、満期におけ
る残高も大きくなる。またトリガーに抵触するまでは、キャッシュ・フローは劣後
部分の金利および元本の返済にも充当される。

　これまで考察したいずれのシナリオも、トリガーに抵触している。3期目から抵
触するトリガー[51]は別として、"Cash Flow"シートのAC列の第25期（31列）
を見ると、この期でデフォルト・トリガーに抵触していることがわかる。これは累
積損失額が、"Inputs"シートで設定した額Trigger_Def）を超過したために生じ
たものである。トリガーに抵触すると、すべてのキャッシュはシニア・デットの元
本返済に充当される。"Cash Flow"シートのセルAZ31が、シニア・デットの元
本返済額を、キャッシュ残高（AX31）として計算している点に留意されたい。も
しトリガーの金額が5.00%よりも低い値に設定された場合、より早い期でトリガー
に抵触し、キャッシュがシニア・デットの返済に充当されることになる。

期限前返済の比率を変化させる

　損失が拡大するケースでは、期限前返済の重要性が特に際立つと言える。期限前
返済は、強いストレスがかかったシナリオにおいては、両方向の影響を持ち得る。
一方ではアセットのアモチゼーションを加速することによって、ロス・カーブの一
部を避けることが出来る。他方、期限前返済されるローンは、より低利なローンへ
の切り替えが出来る、クレジットの良好なアセットであることから、（期限前返済
の）結果、超過スプレッドが縮小し、質の悪いローンが集中してしまう恐れがある。

　プロジェクト・モデル・ビルダーの"Vectors"シートのN列で、すべての期に
SMM（Single Monthly Mortality、月次期限前返済／償還率）として1%と入力す
る。ついで"Inputs"シート（のセルC18）で、SMM2を期限前返済カーブとし

---

51 訳者注："Cash Flow"シートのAB列

252

て設定する。各前提条件の入力状況が、図 9.5 のようになっているのを確認された
い。

　ここでシニア・デットの満期における残高を確認してみると、残高は約 US$34.9
百万ではなく、わずか約 US$14.4 百万まで減少している。これは主に、ロス・カ
ーブの後ろの部分を避けることによって起きたと言える。新規に発生したデフォル
ト額の合計が、（期限前返済カーブを SMM1 としていた時は）約 US$47.4 百万
であったのが、期限前返済のスピードが速いシナリオ（SMM2）では約 US$34.6
百万まで減少している点に留意されたい。また、シニア・デットの残高減少のもう
一つの原因として、デットのアモチゼーションが早まったことにより、シニア・デ
ットの金利支払負担が減少したことがあげられる。二つのシナリオにおけるシニ
ア・デットの金利の総支払額を比べてみること[52]。

　精度の低い分析を行った場合、逆の結果になることもあり得る。もしモデルがロ
ーン・レベルでの分析に基づいている場合、特定のオブリガー（原債務者）は、他
のオブリガーよりも先に期限前返済を行うと予想される。クレジットが高いのにも
関わらず高い金利を払っているオブリガーは、低金利のローンを利用しているオブ
リガーよりも、期限前返済への意欲が強いだろう。金利が高いオブリガーによる期
限前返済が起ると、アセットの平均イールドが下がる。これは加重平均クーポンの
悪化（weighted average coupon (WAC) deterioration）と呼ばれる。アセットの
イールド減少が続くと超過スプレッドが減少し、案件を継続するために、より多く
のクレジット・エンハンスメントが必要になることがある。

52　訳者注：SMM1 シナリオでは約 US$67.0 百万、SMM2 シナリオでは約 US$37.3 百万。

253

第 9 章　　ファイナンシャル・モデルの理解

PREPAYMENT/DEFAULT/RECOVERY INPUTS

Description	Prepay Curve	Prepay Stress	Gross Cumulative Loss	Loss Stress	Loss Timing Curve	SDA Curves	Recovery Rate	Recovery Lag
Asset Pool 1	SMM 2	1	15.00%	5	Timing Curve 1		25.00%	5

LIABILITY INPUTS

Debt Description	Advance Rate	Liability Interest Type	Floating Rate Curve	Fixed Rate	Loan Margin	Fees	Reserve Active	Prin Allocation Type
Senior Debt 1	95.00%	Floating	1-Month LIBOR		1.00%	0.50%	Yes	Pro Rata
Sub Loan	5.00%	Floating	Custom 1		0.00%	0.00%	No	Pro Rata

図 9.5 モデル・ビルダーにおける前提条件が
図のようになっているかどうか確認されたい

損失発生のタイミングを変化させる

　プロジェクト・モデル・ビルダーでは、損失が発生するタイミングについて五つのシナリオを用意している。一般論として、案件は三つのパターンについてストレス・テストを行うべきである。すなわちベース・ケース、損失発生のタイミングが前半に偏っているケース、損失発生のタイミングが後半に偏っているケースの三つである。プロジェクト・モデル・ビルダーでは、明らかに Timing Curve 3 が前半に偏っているケースで、Timing Curve 5 が後半に偏っているケースである（"Loss Timing" シート）。Timing Curve 1 をベース・ケースと仮定しよう。

　図 9.5 の前提条件の続きで、損失発生のタイミング・カーブ（pdrLossTime1）を Timing Curve 3 に変更する[53]。ここでシニア・デットの満期における残高をみてみると、約 US$66.9 百万に激増している。これは損失が早い段階で発生し、アセットのアモチゼーションが進まないからである。もし Timing Curve 1 が選択されていれば、デフォルト・カーブのうち、かなりの部分は避けることが出来た。というのは、アセットは第 229 期までに返済されるからである。また案件開始当初からデフォルトが発生すると、アセットの質も悪化し、案件の初期段階から超過スプレッドを生み出すのが困難になる。案件開始から日が浅いアセットの場合、損失発生のタイミングが前半に偏ったカーブは、案件にとって非常に不利である。

　ここで損失発生のタイミングカーブを Timing Curve 5 に変化させてみよう（"Inputs" シートのセル G18）。満期におけるシニア・ローンの残高はゼロになる。この主な理由は、ロス・カーブ上で損失が集中的に発生する前に、アセットが返済されるからである。アセットは 265 期までに返済されるが、Timing Curve 5 で（265 期までに発生する）損失は、（通常で発生する損失の）30%に満たない点に留意すること。ロス・カーブの約 70%を避けることにより、累積損失額も大幅に減少している。

　損失発生のタイミングは、毎期のキャッシュ・フローにとって非常に重要である。シナリオによっては、トリガーに抵触し、デットのアモチゼーションの手法が変更

---

[53] 訳者注：図 9.5 では期限前返済カーブ（pdrPrepay1）は SMM2 になっているが、以下の計算はこれを SMM1 に戻してから行ったもの。

第9章　ファイナンシャル・モデルの理解

されることもある。また、リザーブ・アカウントの残高は、遅かれ早かれゼロにな
ることもあり得るし、金利の総額も増減する。これらの影響の全てが、デットの加
重平均期間の変化や、デットのイールドの変化をもたらし得るし、またデット供給
者は損失を被るかもしれない。

回収率および回収までのラグ（期間）を変化させる

　損失を軽減する手法の中で、最も目につくのが回収である。ストラクチャード・
ファイナンス案件において、回収は、率とタイミングによるが、キャッシュの創出
源である。損失発生のタイミングを Timing Curve 1 に戻し（"Inputs" シートの
セル G18）、回収率を 25%から 75%に変更する（同シートのセル J18）。"Inpts"
シートのテスト結果表示部分から、シニア・デットが満期までに全額返済されるこ
とが明らかである（"Inputs" シートのセル L6 が ERROR 表示から OK 表示に切
り替わっている点に留意のこと）。回収率を引き上げることにより、案件に追加で
キャッシュが生まれる。キャッシュの回収は案件にとっては純粋にプラスであり、
アセットの残高を減らすものではないことから、イールドの追加とも考えることが
出来る。

　回収のもう一つの要素は、キャッシュを受け取るまでの期間の長さである。これ
は非常に重要である。というのは、回収までの期間が長くなれば、回収が案件にも
たらす利益が減少してしまうからである。リカバリーまでの期間を5から40に変
化させてみよう（"Inputs" シートのセル K18）。これにより、テスト結果表示
部分は、シニア・デットの返済が、満期までに終わらないことを示すようになった。
回収までの期間が長くなると、デットの返済スピードは遅くなり、回収までの期間
が短いケースと比べて金利の金額も多くなる。

スワップ利用の価値

プロジェクト・モデル・ビルダーは、（金利）スワップの利用を組み込んでおり、現在金利は4%にて固定されている（"Vectors"シートのI列）。もしこの（スワップによる）金利変動リスクのヘッジがなければ、デットの金利は変動金利のカーブによることになる。モデルに収録した例では、4%よりもずっと高い水準になっている[54]。回収率を75%にしたままで、回収までのラグ（期間）を40から5に戻す（"Inputs"シートのセルK18）。これによりシニア・デットは、満期までに返済されることになる。ここで"Inputs"シートにおけるスワップ・アクティブ・セル（Swap_Active、セルE29）をNoに変更する。この操作により、テスト結果表示部分は再び、シニア・デットの返済が、満期までに終わらないことを示すようになる。これは（金利）スワップを利用しないことにより、金利コストが高くなるためである。

追加テスト

プロジェクト・モデル・ビルダーの全ての前提条件が、モデルの出力結果に影響を及ぼす。各前提条件を変化させて、"Inputs"シートのTEST欄と"Output"シートの結果を確認し、"Cash Flow"シートの各項目がどのように変化しているか、詳細を検証してみること。因果関係を理解することは極めて重要である。というのは、実際の案件をモデル化した場合、しばしば予想外の結果が出力されるからである。これらの予想外の結果に対しては説明が必要であり、どの前提条件がそうした（予想外の）結果をもたらしたのか理解するには、モデルのプロセスを逆からたどるしかない。

54　訳者注："Vectors"シートのE列（1 month LIBOR）を参照。第17期以降は4%よりも高い数値が入力されている。本書68ページ脚注28にも記載の通り、原著が上梓された2006年12月末時点での1 month LIBORは5.32%であり、利上げの最終局面にあった。

257

258

第 10 章　VBA を利用した自動計算

Automation Using Visual Basic Applications

(VBA)

第 10 章　VBA を利用した自動計算

　マイクロソフト・オフィス・アプリケーションの使い勝手の良い機能の一つに、Visual Basic Applications（VBA）プログラム言語を利用したプログラミングがある。マイクロソフト Excel にとって、VBA は、複数の手順や繰り返し計算、スプレッド・シートの処理能力を超える計算のような、頻繁に利用されるコマンドに特に有益である。キャッシュ・フロー・モデリングに関連する例としては、印刷やゴールシーク機能用のボタンの作成、複数のシナリオを素早く計算するためのシステム設計や、何千ものローン債権のキャッシュ・フローを生成・合計するアモチゼーション用のエンジン作成等があげられる。そのような機能を使いこなすには、VBA 言語の理解と、VBA 言語が Excel でどのように使われているのかを理解する必要がある。

　ほとんどのユーザーは、単純な反復タスクを行うためのマクロの記録を通じて、無意識のうちに VBA を利用しているが、自ら VBA コードを書いたり編集したりするために、一歩踏み出そうという人は稀である。VBA の可能性を最大限引き出す際に、多くの人にとって障害になるのが、オブジェクト指向プログラミング言語がどのように機能するのか理解する点である。VBA の使い方については、これまでも何冊もの本が出版されているが、本章は、プロジェクト・モデル・ビルダーへの追加および他の事例を通じて、モデルのオペレーターに VBA の使用方法の基礎を紹介することを意図している。初心者には VBA に関する追加の説明用に、別のテキストブックが必要になるかもしれない。一方で中級から上級のユーザーは、本章はスキップして、特定のコードの事例を見たいと思うかもしれない。

本章の規則

　VBA の説明の中で最も効果的な手段の一つが、本章におけるコードの使用事例である。読者はセルや範囲に名前を付けた事例を覚い出して欲しい。実はこの二つの事例を区別するのは難しくない。というのも、VBA コードはテキストのブロックで書くことが通常であるのに対して、セルや範囲の名前は、普通のテキストとして書くからである。

Visual Basic Editor (ヴィジュアル・ベーシック・エディタ)

VBAにおけるコーディングは、Visual Basie Editor (VBE) と呼ばれるインターフェースによって簡素化されている。VBAコードは、VBEから編集・保存・実行・デバッグすることが出来る。VBEを起動するには、開発タブのVisual Basicをクリックする[55]か、ショートカットキーALT+F11で表示する。VBEは図 10.1 に示される通り、別ウィンドウで開く。

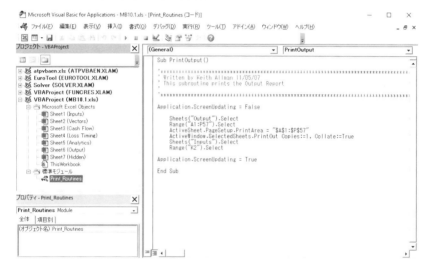

図 10.1 Visual Basic Editor (VBE)

---

55 訳者注：Excel 2007 以降。開発タブは初期設定では非表示になっているため、Excelの「オプション」ダイアログボックスの「リボンのユーザー設定」を開き、「開発」のチェックボックスをオンに設定する。詳細は図 10.2 参照。Excel 2003 では、原書の通りメニューより ツール(T)→マクロ(M)→Visual Basic Editor(V)をクリックする。

261

第 10 章　VBA を利用した自動計算

図 10.2　「開発」タブの表示方法：ファイル→「オプション」→「リボンのユーザー設定」
を開き、「開発」のチェックボックスをオンに設定する。

メニュー・バー

　通常のメニュー・バーは、ファイル（F）や編集（E）等、識別しやすいコマンドになっているが、各コマンド内のオプションは、新しいユーザーにとっては見慣れないであろう。ここでは、デフォルト設定になっている標準ツールバーを見てみよう。
　標準ツールバーは VBE を操作するのに便利な、いくつかのボタンがある。図 10.3 にあるような下記のボタンを覚えておくと良い。

- 表示（V）−
  Microsoft Excel：Excel のワークブックに戻る（ALT + F11 のショートカットキーでも可能）

- 実行（R）－
  Sub／ユーザーフォームの実行：現在選択されているコードを実行する

- 実行（R）－
  中断（K）：現在実行中のコードを中断する

- 実行（R）－
  リセット（R）：中断後のコードをリセットする

- 表示（V）－
  オブジェクト ブラウザー（O）：VBA オブジェクトのライブラリを開く[56]

図 10.3 標準ツールバーは他のマイクロソフト オフィスのツールバーと
同じように見えるが、コードの作成・編集および実行用の独自のボタンがある

プロジェクトエクスプローラーおよびプロパティウィンドウ

VBE の左側に二つの重要なウィンドウがある。それがプロジェクトエクスプローラーと、プロパティウィンドウである。プロジェクトエクスプローラーは、情報の整理の仕方がウィンドウズエクスプローラーと似ているように見える。プロジェクトエクスプローラーはディレクトリツリー形式を採用しており、より詳細な情報は＋および－ボタンをクリックすることにより、表示／非表示を切り替えることが出来る。

VBA の中で最も一般的なカテゴリーがプロジェクトで、これは本質的には Excel のワークブックおよび VBE で作成された関連する追加項目である。プロジェクト内の最初のサブフォルダには Excel のオブジェクトが含まれており、これはワーク

---

56 訳者注：オブジェクトのプロパティやメソッド、イベント、定数など、どのようなライブラリがあるかを確認するツール。

第 10 章　VBA を利用した自動計算

ブックの個別の各シートである。コードは一般的にはシートやワークブックに保存することも出来るが、本書でのコードの事例は、モジュールの中で作成および保存する。

　モジュールとはコードを入力する場所のことである。コードは目的および機能によって、サブルーチンと呼ばれる個別のセクションに分類される。基礎的なマクロは、一つのタスクを完了するのに一つのサブルーチンを使用する一方で、より複雑なマクロは、通常は複数のサブルーチンを使用する。関連するサブルーチンは、同じモジュール内に保存される。例えば、あるモジュールは Print_Routines と名付けられ、Excel ワークブックの、異なるセクションのフォーマットを整え印刷する三つのサブルーチンを含む。モジュールの詳細については図 10.4 を参照のこと。

図 10.4　モジュールはコードをサブルーチンおよび機能によって分類する

VBA コード

　VBA コードを入力するのは、Excel に特有の用語や数値を使って一連の指示を書くようなものである。Excel が理解しないコードを実行しようとしても、エラーが発生し、サブルーチンは実行を停止してしまう。VBA の短期集中コースにおいて、新しいプログラマーが知るべき最も基本的な内容は、オブジェクト、メソッドおよび変数である。VBA には他の構成要素も存在するが、上述の三つの内容を学ぶことにより、本章の事例が理解しやすくなる。

　VBA の最初の基本要素はオブジェクトである。オブジェクト指向のプログラムにおいて、オブジェクトはコードの集合であり、タスクを実行するためのコードや、操作可能なプロパティがある。ワークブック（Workbook）、ワークシート

（Worksheet）、レンジ（Range）セル、これらは全て Excel VBA のオブジェクトである。

　オブジェクトに対する指示は、メソッドを利用して行うことが多い。オブジェクトのプロパティは、異なるメソッドやメソッドの組み合わせによって変更される。例えば、あるセルをオブジェクトとし、セルの背景色を黄色に変更したい場合、Interior.Colorindex メソッドを使用する。何百ものメソッドがあるが、本章の例題を通じて効果的に学ぶことが出来る。

　（オブジェクト、メソッドに続く）VBA の三つ目の基本要素は変数である。本章の事例のほとんどで変数が多用されており、変数は本章の事例を理解するのに特に有益である。変数とは、値を入れた文字または文字列のことであり、VBA の開発者は、メモリーの節約や、ユーザーがより効率的なマクロを作成出来るよう、変数を作成した。例えば、変数は True（＝真）または False（＝偽）という 2 値を取るブーリアン型になり得る。VBA における異なる種類の変数を理解しておくことは重要である。というのは、もしプログラム作成者が、変数に誤った値を入れてしまった場合、エラーが発生し、マクロの実行は中断されてしまうからである。

印刷およびゴールシーク用の単純な自動化

　印刷およびゴールシークは、キャッシュ・フロー・モデルを操作する際に、最も頻繁に使用されるメニューツールである。両方とも時間がかかり、反復する操作を要する。印刷の場合は、印刷範囲の変更や印刷設定が異なる等の懸念が常にあり、ゴールシークの場合は、何回もセルをクリックし、参照や値の入力が必要になる。印刷、ゴールシークの両方のタスクとも、ボタンを一度クリックするだけで実行出来る単一のマクロに変換することが出来る。

265

第 10 章　VBA を利用した自動計算

モデル・ビルダー 10.1：印刷手順の自動化

1. （ショートカットキーの）ALT + F11 を利用するか、「開発」タブの「Visual
   Basic」をクリックし、VBE を起動する。プロジェクトエクスプローラーの
   中から、Excel ワークブックの名前を見つける。各ワークブックの名前は、
   VBA プロジェクトの名前が先に記載されている。VBA プロジェクトの名前
   を右クリックし、「挿入 (N)」→「標準モジュール (M)」を選択する。こ
   の作業により、標準モジュールという名前のフォルダの中に、Module1 と
   いう名前のモジュールが作成される。プロパティウィンドウを利用して、
   Module1 を Print_Routines という名前に変更する[57]。詳細は図 10.5 参照。

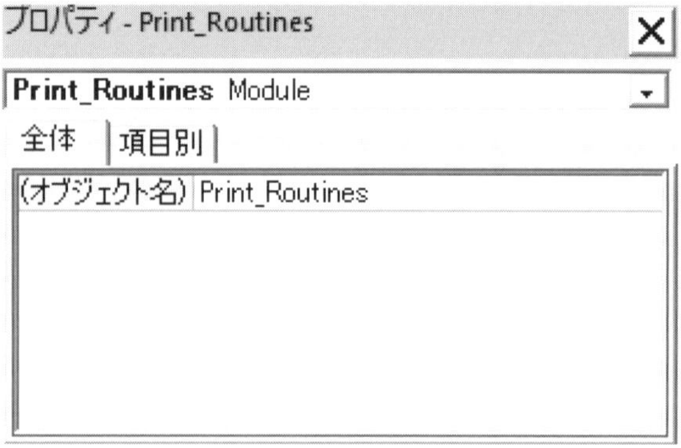

図 10.5 プロパティウィンドウ内で VBE の中のアイテム内容を変更する。

2. プロジェクトエクスプローラーの Print_Routines をダブルクリックし、コ
   ードウィンドウを選択すると、カーソルが点滅するので、次のように入力す
   る。

Sub PrintOutput

---

57 訳者注：付属の Excel ファイル MB10.1.xls には既に Print_Routines という名前のモジュー
　 ルが作成されており、下記の演習内容は入力済となっている。

266

Sub で始まるモジュールは、サブルーチンの始まりを意味し、PrintOutput
という名前は、ユーザーが作成したサブルーチンの内容を示す。コードを入
力後に Enter を押すと、自動的にマクロ名の後に()が入力され、マクロの終
わりを表す「End Sub」が入力される。Sub PrintOutput()の後で何度か、
Return キーを押し、End Sub までの間にメインのコードを入力出来るスペ
ースを確保する。

3. 次のステップは、スクリーンアップデート機能、つまりマクロが実行中であ
ること示す機能をオフにすることである。スクリーンアップデート機能はマ
クロの実行スピードを大幅に遅くするので、ほとんどの場合においてはオフ
にしておくべきである。先ほどのコードに続いて、以下の通り入力する。

Application.ScreenUpdating = False

このコードは、オブジェクトとメソッドの関係[58]を示す完璧な事例であると
言える。アプリケーションがオブジェクトで、これがスクリーンアップデー
トのメソッドによって影響される。最初にオブジェクトを入力し、ピリオド
で区切った後でメソッドを入力する。メソッドは典型的なオブジェクト指向
プログラミング手法である。

4. 印刷用マクロの主要な部分は、印刷範囲の指定と、正しいページ設定、そし
て印刷指示である。先ほどのコードに続けて下記の通り入力する。

```
Sheets("Output").Select
Range("A1:P57").Select
ActiveSheet.PageSetup.PrintArea = "$A$1:$P$57"
ActiveWindow.SelectedSheets.PrintOut Copies:=1, Collate:=True
Sheets("Inputs").Select
Range("K2").Select
```

このコードは、"Output"シートを選択、次いで"Output"シート中の印
刷が必要な範囲を指定し、印刷範囲として設定後に、いくつかの必要なペー
ジ設定を行った上で、印刷の指示を行っている。このマクロは"Inputs"シ

---

58 訳者注：オブジェクトに対して動作を指示する時に使う「命令」のこと。

第 10 章　VBA を利用した自動計算

ートから開始されるため、コードの最後の部分で、マクロの実行後に"Inputs"シート上のセルを選択するように指示している。これにより、マクロを実行する度に"Output"シートにジャンプしてしまうことを防いでいる。

5. 最後に、先ほどのコードに続いて以下の通り入力することにより、マクロ終了前にスクリーンアップデート機能がオンになるようにする。

   Application.ScreenUpdating = True

   2 で記載した通り、自動的に作成された End Sub がコードの最後になるようにする。

6. 最後のステップとして、このマクロを手早く実行するためのボタンを"Inputs"シート上に作成する。マクロ実行用のボタンを作成する最も簡単な方法として、フォームコントロールを利用する。"Inputs"シート上で、「開発」－「挿入」－「フォームコントロール」から「ボタン（フォームコントロール）」をクリックする。（図 10.6 参照）

   上記ボタンをクリックすると、カーソルが十字で表示されるので、ユーザーは右クリックしたままドラッグして、長方形のボタンを好きな大きさにすることが出来る。ボタンを"Inputs"シートのセル G4 のあたりに設置する。クリックすると、すぐに「マクロの登録」のダイアログボックスが表示される。PrintOutput を選択し、OK をクリックする。最後にボタンの名前をダブルクリックして、Print Output Sheet と名前を変更する。

図 10.6　「開発」－「挿入」－「フォームコントロール」
　　　　　－「ボタン（フォームコントロール）」

268

モデル・ビルダー10.1 の最終コードは、以下のようになる[59]。

```
Sub PrintOutput()
Application.ScreenUpdating = False
    Sheets("Output").Select
    Range("A1:P57").Select
    ActiveSheet.PageSetup.PrintArea = "$A$1:$P$57"
    ActiveWindow.SelectedSheets.PrintOutCopies:=1, Collate:=True
    Sheets("Inputs").Select
    Range("K2").Select
Application.ScreenUpdating = True
End Sub
```

59　訳者注：字下げしなくてもマクロで実行される内容は変わらないが、あとからマクロを見た
　　時にわかりやすいようにするため。行の途中で字下げしている。

第 10 章　VBA を利用した自動計算

モデル・ビルダー 10.2：アドバンス・レートを最適化するゴールシークの自動化

1. 印刷と同様に、ゴールシークもボタンを一つ押すだけで行えるような自動化が可能である。とはいえ、ゴールシークを行うにはいくつかの入力が必要なため、マクロによる自動化は、印刷と比べてやや複雑になる。また、ゴールシークを実行する度に適切な解を見つけられるようにするためには、特定の手順を踏む必要がある。VBE のプロジェクトエクスプローラーに、新しいモジュールを挿入し、（プロパティウィンドウで）Solver_Routines と名前を変更する。

2. SolveAdvance という名前のサブルーチンを作成する。このマクロは、シニア・デットのアドバンス・レートを最適化する。これは第 9 章で行ったゴールシークの手順と同じで、シニア・デットの最終期の残高がゼロになるように、アドバンス・レートを変更する反復計算を行う。

3. 実行するのに数秒間かかるマクロの場合は、ステータスバーに実行状況が表示されるようなコードを挿入すると便利である。Excel におけるステータスバーは、左下にあり、通常は図 10.7 の通り「準備完了」と表示されている。

図 10.7　ステータスバーはワークブックの状態を表す。

ステータスバーは、マクロ実行中の際に、モデルを操作しているユーザーに有益な情報を提供するよう、変化させることが出来る。マクロ実行中にステータスバーに「Optimize Advance Rate」（＝アドバンス・レートの最適化）と表示するには、サブルーチンの名前の下に続けて、以下のように入力する。

　　　Application.StatusBar = "Optimize Advance Rate..."

スクリーンアップデートの例と同様に、アプリケーション全体がオブジェクト（＝操作の対象）である一方、ここでのメソッド（＝オブジェクトの動作の指示）は、ステータスバーへの表示となる。この例では、ステータスバー

に表示されるカスタマイズされたメッセージは一定である。このコードの後
で、スクリーンアップデートをオフにするコードを入力する。

4. 次に、Excel シートから範囲の名前を付けられた文字列型の定数を作成する
（定数とは、コードの途中で変化しない値を与えられたオブジェクトのこ
と）。ここでは実際に数値や定数への参照を指定するのではなく、文字テキ
ストを指定する。このような指定を行う目的は、Excel シートにおける範囲
の名前が変化する時に明らかになる。最初に範囲の名前を指定した定数を使
用すれば、Excel シートの範囲の名前が変更になっても、コード内で一度ア
ップデートするだけで済む。もし範囲の名前を指定した定数を使用しない場
合、コード内で Excel の範囲を直接参照する度に変更が必要になるが、これ
は時間がかかるし、間違いが起こりやすい。先ほどのコードに続いて、次の
通り入力する。

```
Const DetBal As String = "FinalLoanBal"
Const AdvRate1 As String = "LiabAdvRate1"
```

最初の行で DebtBal が定数であることを宣言している。変数のタイプが文
字列型であるのは、DebtBal として指定されたどんな値もテキストとして扱
われる、という意味である。このコードで使用される DebtBal は、いつで
も FinalLoanBal という値を持つことになる。

5. 次のコードで全ての変数について宣言をする。

```
Dim UnpaidLoan As Range
Dim AdvanceRate As Range
```

変数や配列の次元の宣言は Dim コマンドを利用して行う。変数の名前を付
けた後に、変数の種類を指定する[60]。このケースでは、二つの範囲の変数が

---

60 訳者注：オブジェクト型変数を利用する時に、この例のようにオブジェクトの種類を指定し
て宣言した変数を「固有オブジェクト型変数」と言う。オブジェクトの種類を限定せずに宣
言した変数を「総称オブジェクト型変数」と言うが、「固有オブジェクト型変数」を利用した
方が、処理速度も速く、プログラムの内容も見やすいため、本書では「固有オブジェクト型
変数」を前提としている。

第 10 章　VBA を利用した自動計算

宣言されている。変数の種類を指定して宣言するのは重要である。というのは、もし変数の種類を指定した宣言をしなければ、変数はどんなデータにもなり得る変量となるため、マクロを実行する際にコンピューターのメモリーを大量に消費するからである。

6. ゴールシークを行う際には、反復計算で変化させるセルに、最初に現実的な値を入力しておくことが肝要である。これは、変化させるセルに不合理な値を入力してゴールシークを実行すると、（期待している解とは別の）解を見つけてしまうことがあるためである。アドバンス・レートの最適化の事例では、アドバンス・レートが「変化させるセル」になる。アドバンス・レートがとり得る最大値は 100% なので、100% から反復計算を開始して、徐々に値を切り下げていくという計算の仕方は理にかなっている。常にアドバンス・レートが 100% から最適化計算を行うようにするため、宣言した変数の後に次のように入力する。

Range(AdvRate1) = 1

Range(AdvRate1) は Excel シートにおけるオブジェクトである。読者にはここで、AdvRate1 が "LiabAdvRate1" と同じ定数であることを思い出して頂きたい。VBE は、Range(AdvRate1) を、VBA で参照された範囲である Range("LiabAdvRate1") と読み替える。LiabAdvRate1 は、プロジェクト・モデル・ビルダーにおけるアドバンス・レートの名付けられた範囲であることを思い出して欲しい。

この例のように、範囲の名前を宣言し、続けて等記号と指定したい数値を入力することにより、Excel の範囲に数値を与えることが出来る。同様に、反対のやり方によって、変数に Excel の値を指定することも出来る。例えば

Range("Example") = 1

と入力すると、Excel シートの "Example" という範囲に、1 という数値を与えることになる。逆に

i = Range("Example")

と入力すると、変数 i に対して、Excel シートの "Example" という範囲から決定される値を指定することになる。

272

このように値の代入は、ファイナンシャル・アプリケーションにおけるコードの重要な部分の一つと言える。

7. 実際にゴールシークの設定をする前に、計算時間の短縮を可能にする最適な手法が既に存在するかどうか、コードによって確認することが出来る。この事例では、アドバンス・レートを 100%としてゴールシークを実行するのが最適な手法である。ステップ 6 で既にアドバンス・レートの値として 100%を入力済なので、あとはシニア・デットの最終残高がすべて返済済かどうかを確認すれば良い。値は Excel シートと同様に、If ステートメントを利用して確認することが出来る。先はどのコードに続いて、以下の通り入力する。

If Range(DebtBal) > 0.01 Then

VBA における If-Then 構造は、Excel における If 関数と非常に似ている。最初に If ステートメントを宣言した後で条件のテストを行い、Then ステートメントを入力する。Excel の If 関数との大きな違いは、ステートメントが True であった時に実行されるコードの最終部分に、End If の入力が必須となる点である。(モデル・ビルダー10.2 のコードの最終部分を参照)

8. 次に、既に宣言しておいた範囲に数値を代入する。これらの範囲は、ゴールシークを実行するのに際して入力が必要になる範囲として利用される。先ほどのコードに続けて、以下の通り入力する。

Set UnpaidLoan = Range(DebtBal)
Set AdvanceRate = Range(AdvRate1)

ステップ 6 で説明したやり方と同様、このコードにより、Excel の範囲から指定した VBA の範囲に数値を指定する。

9. VBA で実際にゴールシークを行うコマンドはコード 1 行で済む。先ほどのコードに続けて以下の通り入力する。

UnpaidLoan.GoalSeek Goal:=0.01, ChangingCell:=AdvanceRate

先ほど（ステップ 4 で）FinalLoanBal という Excel の範囲として指定された UnpaidLoan というオブジェクトが、目標値になる。この演習の目的は、ローンを完済するアドバンス・レートを求めることにあるため、目標値は

273

第 10 章　VBA を利用した自動計算

0.01 に設定する。目標値をゼロに設定しないのは、もし目標値をゼロに設定してゴールシークを行うと、反復計算において、しばしば問題が発生するからである。コードの最後の部分で、変化させるセルを指定するが、この演習ではアドバンス・レートが該当する。

10. Excel が通常通り機能するよう設定を戻すには、コードの最終部分で何行か入力が必要になる。先ほどのコードに続けて、以下の通り入力する。

```
Application.ScreenUpdating = True
Application.StatusBar = False
Calculate
Application.Calculation = xlCalculationAutomatic
End Sub
```

スクリーンアップデートをオンにし、ステータスバーを false に設定する（これによりステータスバーは「準備完了」表示になる）。Calculate コマンドにより、モデル中のすべての計算を実行する。最後に、ゴールシーク実行中にマニュアル計算に戻ってしまった場合に自動計算に戻す。Excel シートのセル D4 の近くに、Optimize Advance Rate という名前のボタンを作成し、マクロを登録する[61]。

モデル・ビルダー10.2 の最終コードは以下の通りとなる。

---

[61] 訳者注：ボタンの作成手順はモデル・ビルダー10.1 のステップ 6 を参照

```
Sub SolveAdvance()
Application.StatusBar = "Optimize Advance Rate..."
Application.ScreenUpdating = False

Const DebtBal As String = "FinalLoanBal"
Const AdvRate1 As String = "LiabAdvRate1"

Dim UnpaidLoan As Range
Dim AdvanceRate As Range

Range(AdvRate1) = 1

If Range(DebtBal) > 0.01 Then

Set UnpaidLoan = Range(DebtBal)
Set AdvanceRate = Range(AdvRate1)
    UnpaidLoan.GoalSeek Goal:=0.01, ChangingCell:=AdvanceRate
End If

Application.ScreenUpdating = True
Application.StatusBar = False
Calculate
Application.Calculation = xlCalculationAutomatic

End Sub
```

分析シート自動化のためのループ（繰り返し処理）機能を理解する

　ループ（繰り返し処理）機能は、VBA の中でも最も強力な処理方法の一つである。ループにより、コードは複数回処理を繰り返し中に、一部の条件を変更しながら処理を繰り返すことが出来る。この機能により、感応度シナリオ分析やローン・レベルのアモチゼーション、さらに究極的には確率的モデルも可能になる。次のモデル・ビルダーの事例では、アセットおよびデットの各トランシェの分析を行うための、単純化したゴールシークのループ（繰り返し処理）を作成する。

第 10 章　　VBA を利用した自動計算

モデル・ビルダー 10.3 案件分析のためのゴールシークの自動化

1.　"Analytics" シートにおいて、イールドは、キャッシュ・フローの現在価値が、異なるアセットとライアビリティの現在価値と等しくなるような従属変数であったことを思い出して欲しい。これは、"Analytics" シートの 6 行目 (PV Difference) においてゴールシークを実行することによって行った。マニュアルでアセットおよびライアビリティ（シニア・デットとサブローン）のそれぞれでゴールシークを行うかわりに、これらの三つの計算を自動で完了するマクロを設定することが出来る。最初のステップとして、SolverRoutines のモジュールの中に、新しいサブルーチンを作成し、SolveYield と名前を付ける。

2.　このサブルーチンは、本質的にはモデル・ビルダー10.2 とほぼ同じゴールシークであるため、短縮して説明する。この演習の主な目的は、基礎的なループ（繰り返し処理）コマンドが非常に使い勝手が良いことを示すことにある。マクロの最初の部分は以下のように開始する[62]。

```
Sub SolveYield()
Application.StatusBar = "Solving Analytics..."
Application.ScreenUpdating = False
Const YieldChange As String = "rngYieldChange"
Const Target As String = "rngYieldTarget"

Dim YieldRange As Range
Dim TargetRange As Range
```

3.　このコードで新しい部分は、ループ（繰り返し処理）を行う際に宣言が必要となる追加の変数である。これは、ループ（繰り返し処理）の回数を数えるための変数の宣言である。先ほどのコードに続けて以下の通り入力する。

---

62 訳者注：以下の例では、モデル・ビルダー10.2 のステップ 3〜5 にあるように、ステータスバーの設定、定数および変数の宣言を行っている。

276

```
Dim i As Integer
i = 1
```

変数 i はループ構文において、繰り返し処理の回数を記録するために利用される。変数が開始時の値になるよう、i の値として 1 を指定する。

4. 次に分析シートを選択する。というのはこのシートはマクロ実行のために必要な情報を含んでいるからである。

```
Worksheets("Analytics").Select
```

5. このマクロの中心は、ループを作成する次の数行のコードである。ループを作成する最も一般的な方法は、For-Next ステートメントを利用することである。この構文は、For ステートメントを利用したループの変数から始まり、Next ステートメントにより各変数を通じて繰り返し処理を実行する。例えば、For i = 1 to 10 というコードを入力することにより、ループの変数は 10 回の繰り返し処理を行うように設定される。For ステートメントの下のコードは、変数 i が 10 に等しくなるまで繰り返し処理を実行する。プログラマーは、For ステートメントの下の特定のコードのみ繰り返し処理を実行したいので、次の繰り返し処理に移行するための方法が必要となる。上の例では、For ステートメントの最初に戻るコードは Next i となる。これはプログラムに変数を除いて、For ステートメントの最初に戻るよう指示している（変数は 2 になる）。

モデル・ビルダーの事例は、上の例よりもやや複雑である。というのは、繰り返し処理の回数は、キャッシュ・フローの現在価値を最適化する回数に依存するからである。現在のモデルではキャッシュ・フローはアセットと二つのデット（シニアおよび劣後）からなるため、3 回のループが必要となる。しかしながら、もしデットのトランシェが一つ増えれば、4 回のループが必要になるし、デットのトランシェが二つ増えれば、5 回のループが必要になるといった具合である。

これは、PV（現在価値）の差を表示するために作成した範囲を利用することによって克服することが出来る。rngYieldTarget という名前の範囲が、"Analytics" シートのセル E6：G6 として定義されていたことを思い出して欲しい。この範囲は、分析すべきキャッシュ・フローの全ての流れを常に

第 10 章　VBA を利用した自動計算

含んでいる。もし列 H にデットのトランシェが追加されたら、この範囲も
列 H を含むように延長する。この範囲に含まれるセルの数は、最適化すべ
きキャッシュ・フローの流れの数と等しいため、For ステートメントに
Count メソッドを統合することが出来る。先ほどのコードに続けて、以下
の通り入力する。

For i = 1 To Range(Target).Cells.Count

コードは通常の For ステートメントと同様に For i = 1 To から始まるが、数
値を入力するかわりに、Range(Target).Cells.Count への参照を使用す
る。"rngYieldTarget"という範囲は、ここでは Target という変数によって
参照されている。Cells は範囲ないの個別のセルを指し、Count メソッドで
それらのセルの数を数える。範囲内には三つのセルがあるので、For ステー
トメントは実質的に For i = 1 to 3 ということになる。

6.　コードの次の数行は、いくつかの新しい概念を除けば、なじみのある内容で
　　ある。先ほどの行に続いて次の通り入力する。

Set TargetRange = Range(Target).Cells(1, i)
Set YieldRange = Range(YieldChange).Cells(1, i)
TargetRange.GoalSeek Goal:=0, ChangingCell:=YieldRange
Next i

Range(Target)と Range(YieldChange)の後ろに Cells プロパティを追加し
ている点に注意して欲しい。ステップ 5 では、Cells プロパティはセルの数
を数えるために（Count メソッドと組み合わせて）利用していたが、範囲
内の個別のセルを参照するのにも利用することが出来る。Cells プロパティ
に続けて0を入力することにより、VBA は範囲内のセルを参照するよう指
示される。VBA は RC（行、列）表示方式に対応しているので、(1,1)は最
初の行と最初の列を意味する。上のコードで参照されているのは(1, i)なの
で、これは行 1 と列 i を意味する。変数 i は、ループの繰り返し処理の回数
の数値になる。この数値は範囲内の列の順番にも対応している。最初のルー
プでは変数 i は 1 となるので、参照するセルは(1,1)となる。それぞれの範囲
内で、最初の行と最初の列が参照される。次の繰り返し処理では、For ステ
ートメントの変数 i は 2 となるため、セルの参照は(1,2)となり、最初の行と
2 番目の列を参照する。変数 i が（ステップ 5 における）For ステートメン

278

トで設定したパラメーター、すなわち 3（範囲内のセルの数）に等しくなる
まで繰り返し処理は継続される。これが範囲で繰り返し処理を行うポイント
である。最後にインプット・シートのセル D7 の近くに Calculate Analytics
という名前のボタンを作成し、マクロを登録する。

モデル・ビルダー10.3 の最終コードは以下の通りとなる[63]。

```
Sub SolveYield()
Application.StatusBar = "Solving Analytics..."
Application.ScreenUpdating = False
    Const YieldChange As String = "rngYieldChange"
    Const Target As String = "rngYieldTarget"
    Dim YieldRange As Range
    Dim TargetRange As Range
    Dim i As Integer
    i = 1
    Worksheets("Analytics").Select

For i = 1 To Range(Target).Cells.Count
    Set TargetRange = Range(Target).Cells(1, i)
    Set YieldRange = Range(YieldChange).Cells(1, i)
    TargetRange.GoalSeek Goal:=0, ChangingCell:=YieldRange
Next i

Application.ScreenUpdating = True
Application.StatusBar = False
Calculate
Application.Calculation = xlCalculationAutomatic

End Sub
```

---

63 訳者注：モデル・ビルダー10.2 のファイルをベースに作業を行う場合、rngYieldChange と
rngYieldTarget の範囲の名付けが終わっていないため、このままコードを張り付けてマクロを
実行してもエラーが発生してしまう。

279

第 10 章　VBA を利用した自動計算

シナリオ設定の自動化

　モデルを操作する際には、モデルを実行する度に多くの変数を変更して、複数の
シナリオ分析が必要になることがしばしばある。マクロを利用しない場合には、
"Inputs"シートにおいて各変数を手入力で変更し、演算を実行する度にファイル
を保存したり、アウトプット・レポートの印刷を行ったりすることになる。この作
業は非常に不便であり、繰り返しの作業が要求される。この問題には VBA が最適
な解決方法となる。

　モデルにおけるシナリオ設定は、VBA における中間メソッドおよびテクニック
であり、他のプロジェクトにも転用が可能である。配列を読み、配列を通じたルー
プ（繰り返し処理）を行い、アプトプットを書き出すことにより、モデル作成者は
モデル作成において大きな柔軟性を持つことになる。また、シナリオ設定の自動化
や新しいワークブックの名付け等の新しいコンセプトによって、モデルを操作する
際に、時間のかかる繰り返し作業から解放される。

モデル・ビルダー 10.4 シナリオ生成機能の作成

1. 最初のステップは Excel ワークブックの"Inputs"シート上で行う。"Inputs"
   シートのセル B35 に Scenario Generator と入力し、セル B36 に Scenario
   と入力する。セル C36 から E36 までは、変更する前提条件のラベルとなる。
   これはユーザー次第ではあるが、モデル・ビルダーの事例では、以下のよう
   に入力する。

   セル C36 : Gross Loss
   セル D36 : Loss Timing
   セル E36 : Recovery

   次にセル B37 : B41 に、シナリオの番号を 1 から入力していく。各シナリ
   オの前提条件は、読者が独自に設定しても良いが、ダウンロードした Zip
   ファイルのモデル・ビルダー10.4 のファイルからコピーするのが良いだろ
   う。というのは、コピーすることにより、読者が作成中のモデルと、本書の

事例が一致するからである。また下記の通り、いくつかの範囲に名前を付ける。

C37：C41：rng_ScenGen1
D37：D41：rng_ScenGen2
E37：E41：rng_ScenGen3

新しいエリアは図 10.8 のように表示される。

A	B	C	D	E	F
34					
35		**SCENARIO GENERATOR**			
36	Scenario	Gross Loss	Loss Timing	Recovery	
37	1	1.00%	Timing Curve 1	50.00%	
38	2	3.00%	Timing Curve 1	50.00%	
39	3	5.00%	Timing Curve 1	50.00%	
40	4	7.00%	Timing Curve 1	30.00%	
41	5	10.00%	Timing Curve 3	30.00%	
42					

図 10.8 シナリオは "Inputs" シート上で作成し、VBA で実行する

2. 次に VBE を起動し、Scenarios という名前の新しいモジュールを作成する。
   このモジュールは、Scenario_Generator() という新しいサブルーチンから開始される。

3. コードの最初の部分で定数と変数を宣言する。サブルーチンの名前に続けて、
   以下の通り入力する。

Const MaxScens = 5
Dim i As Integer, k As Integer
Dim Scen1Array(1 To MaxScens), Scen2Array(1 To
MaxScens),Scen3Array(1 To MaxScens)
Dim Scen1Option As String, Scen2Option As String, Scen3Option As
StringDim VBAwksht As Worksheet

第 10 章　　VBA を利用した自動計算

この例では、定数はシナリオの最大数に設定し、変数 i と k を作成のうえ、配列型と文字列型の変数が宣言される。配列（Array）というのはこのセクションにおける新しい概念である。配列とは、多次元のデータの範囲のことであり、データは行と列の双方または複数の組み合わせになることがある。配列は、ワークシートにおけるセルの範囲として表示することが出来る。この事例では、配列は一つの列からなる一次元のデータである。

VBA において、配列はセルの範囲として表示することが出来るものの、一つの機能として動く訳ではない点を理解するのは重要である。VBA におけるデータを取得するには、ループ(繰り返し処理)を通じて行う必要がある。コピーおよび張り付けでは機能しない。VBA から配列の一部を取り出し、Excel シートにするには、配列の全体がシートに記載されているのでない限りは、同様のループを作成する必要がある。

4. 先ほどのマクロの事例と同様、ある変数には文字列型の値を入れることにより、シートの名前が変わってもコードを大幅に変更しなくて済ませることが出来る。このケースでは、シナリオ毎に三つのシートが参照される。変数の宣言に続けて、以下の通り入力する。（ここでスクリーンアップデートがオフになっている点にも注意すること）

```
Scen1Option = "pdrCumLoss1"
Scen2Option = "pdrLossTime1"
Scen3Option = "pdrRecovRate1"
Application.ScreenUpdating = False
```

5. 最初に設定するループ（繰り返し処理）は、各シナリオの番号に対応し、VBA の配列にこれらの値を保存する。これは、各シナリオ（本件の場合は計五つ）にループを作成し、配列の中の特定の順番の数字として保存することで行う。先ほどのコードに続けて以下の通り入力する。

```
For i = 1 To MaxScens
    Scen1Array(i) = Range("rng_ScenGen1").Cells(i, 1)
    Scen2Array(i) = Range("rng_ScenGen2").Cells(i, 1)
    Scen3Array(i) = Range("rng_ScenGen3").Cells(i, 1)
Next i
```

このコードでは、Scen1Array(i)という配列が、rng_ScenGen1 という範囲[64]の最初のセルの値を保存する。最初のループ（繰り返し処理）で変数 i が 1 に変更になると、Scen1Array(1)は、（Cells メソッドを通じて）rng_ScenGen1 という範囲の一行目・一列目のセルに等しくなる。それぞれの配列は、シナリオの最大数（このモデルの例の場合は五つ）に達するまで入力が行われる。

6. 次のコードで別のループ（繰り返し処理）を作成する。今回は、ループの繰り返しは、シナリオの計算とエクスポートに必要な全ての作業を完了させる。このコードの最初の部分は、配列中の値を、繰り返し処理のシートに移動させることである。先ほどのコードに続けて、以下の通り入力する。

```
For k = 1 To MaxScens
    Range(Scen1Option) = Scen1Array(k)
    Range(Scen2Option) = Scen2Array(k)
    Range(Scen3Option) = Scen3Array(k)
    Calculate
```

変数 k のループ（繰り返し処理）に対応する配列の値が、文字列型の変数によって決定される Excel シート内の範囲に入力される。三つの範囲[65]を変更して計算を行うため、Calculate コマンドにより、Excel シート内の全ての数式が計算されるようにする。

7. ワークブックの計算後に、モデル・ユーザーはアドバンス・レートを最適化したいと思うかもしれない。この場合には以下の通り入力する。

Call SolveAdvance

これにより、Call コマンドが以下のサブルーチンで実行される。

8. 各シナリオが計算され、デットの最適化が行われた後は、結果を記録し保存する必要がある。"Output" シートは、必要な全ての計算結果を定型の書式

---

64 訳者注：ステップ 1 で名前を付けたセル C37：C41 の範囲を指す。
65 訳者注：ステップ 1 で設定した、Gross Loss、Loss Timing、Recovery の三つの範囲のこと。

283

第 10 章　VBA を利用した自動計算

で含んでいる。これにより、コピーおよび貼り付けを容易に行うことが出来る。最初に、k ループの繰り返し処理の後に、"Output" シートをコピーする。

Sheets("Output").Select

Range("A1:P38").Copy

このコードは "Output" シートから必要なデータの範囲を選択し、コピーしている。グラフはコピーされていないことに注意して欲しい。というのは、グラフはオリジナルのデータ系列へのリンクが保持されており、シナリオ毎の結果を示していないからである。

9. コピーされたデータは、別のシートに保存する必要がある。このためには、新しいシートを挿入し、正しい形式でデータを貼り付けしなければならない。先ほどのコードに続けて、以下の通り入力する。

```
Sheets.Add
Range("A1").Select
Selection.PasteSpecial Paste:=xlValues
Selection.PasteSpecial Paste:=xlFormats
```

このコードは、ワークブックにシートを追加し、セル A1 を選択したうえで、コピーされた範囲の値と形式を貼り付けている。

10. 時間の節約のためには、シートは自動的に名付けられ、一定のルールに従ってワークブック内に格納される必要がある。これを実現するために先ほどのコードに続けて、以下の通り入力する。

```
ActiveSheet.Name = Format("Scen Output " & k)
ActiveSheet.Move After:=Sheets(6 + k)
```

Name メソッドと Move メソッドの両方が ActiveSheet に影響する。Name メソッドはワークシートの名前を Scen Output から始まる名前に変更し、ループが繰り返し処理を終えるまでのシナリオの数がつく。Move メソッドは、指定された数のシートの後にシートを移動する。このケースでは、最初

284

の k のループによるシートが 7 番目のシートになる（最初のループにおける 6 + k の値は 7）。

11. モデル・ユーザーが、ループの繰り返し処理に基づくマクロ実行の進行状況を知ることが出来るよう、ステータスバーを変更する。これが繰り返し処理を行うコードの最終行となることから、**For Loop** を **Next** コマンドで終える。先ほどのコードに続けて、以下の通り入力する。

Application.StatusBar = "Running Scenario: " & Str(k) & " of " & Str(MaxScens)
Next k

12. マクロを整えるために、数行のコードが必要になる。先ほどのコードに続けて、以下の通り入力する。

Sheets("Inputs").Select
Application.ScreenUpdating = True
Application.StatusBar = False
End Sub

マクロがシナリオのアウトプットで終了し、ユーザーが "Inputs" シートを選択し直す必要がないよう、上のコードの 1 行目で "Inputs" シートを自動的に選択するようにしている。スクリーンアップデートをオンに戻し、ステータスバーをリセットする。最後に、"Inputs" シートのセル G7 のあたりにボタンを作成し、このマクロを登録する。ボタンには、Generate Scenarios のような適切な名前を付ける。

13. 古いシナリオのシートを削除するサブルーチンがあると、マクロ実行の時間を節約することが出来る。これを行うかどうかはユーザーの自由だが、古いシナリオの削除を繰り返し行わなければならない場合には、非常に便利な機能である。またモデルの作成者は、ワークブック中のシートを自動的に特定し、操作することが出来る。最初に新しいサブルーチンを作成し、ワークシートを変数として宣言する。

Sub DeleteSheets()
Dim VBAwksht As Worksheet

第 10 章　　VBA を利用した自動計算

14. 次にワークブック中に保存されていた古いシナリオを削除するためのループを挿入する。このループはそれぞれのシートが、シナリオのアウトプットかどうかを確認し、もしそうであれば、そのシートを削除する（ステップ10 に記載の通り、これらのシートは、"Scen Output" という同じ名前で始まることを思い出して欲しい）。スクリーンアップデートをオフにするコードの下に、次のように入力する。

```
For Each VBAwksht In ActiveWorkbook.Worksheets
If Left(VBAwksht.Name, 11) = "Scen Output" Then
    VBAwksht.Delete
End If
Next
```

For-Next ステートメントは少し異なる。これは「このオブジェクトにおけるこの種類のオブジェクト」と読む。If ステートメントは Left コマンドを使用している。これは各シートの名前をチェックし、左から始まる最初の11 文字が Scen Output がどうかを調べる。もしステートメントが True であればワークシートは削除される。そうでなければ、そのシートはスキップされ、ワークブック中に他にシートがなくなるまで、ループ（繰り返し処理）は継続する。このマクロを実行する時には、誤って重要なデータを削除してしまわないように、個別のシートを削除するごとに警告が出る。このマクロはダウンロードした Zip ファイルの MSFC_Ch10 フォルダにある MB 10.4.xls というファイルにある Scenarios というモジュールに収録されている。

モデル・ビルダー10.4 の最終コードは以下の通りとなる。

```
Sub Scenario_Generator()
Const MaxScens = 5
Dim i As Integer, k As Integer
Dim Scen1Array(1 To MaxScens), Scen2Array(1 To MaxScens),
Scen3Array(1 To MaxScens)
Dim Scen1Option As String, Scen2Option As String, Scen3Option As
String
Dim VBAwksht As Worksheet
Scen1Option = "pdrCumLoss1"
Scen2Option = "pdrLossTime1"
```

286

```vba
    Scen3Option = "pdrRecovRate1"
    Application.ScreenUpdating = False

    For Each VBAwksht In ActiveWorkbook.Worksheets
        If Left(VBAwksht.Name, 11) = "Scen Output" Then
            VBAwksht.Delete
        End If
    Next

For i = 1 To MaxScens
    Scen1Array(i) = Range("rng_ScenGen1").Cells(i, 1)
    Scen2Array(i) = Range("rng_ScenGen2").Cells(i, 1)
    Scen3Array(i) = Range("rng_ScenGen3").Cells(i, 1)
Next i

For k = 1 To MaxScens
    Range(Scen1Option) = Scen1Array(k)
    Range(Scen2Option) = Scen2Array(k)
    Range(Scen3Option) = Scen3Array(k)
    Calculate

Call SolveAdvance

    Sheets("Output").Select
    Range("A1:P38").Copy
    Sheets.Add
    Range("A1").Select
    Selection.PasteSpecial Paste:=xlValues
    Selection.PasteSpecial Paste:=xlFormats
    ActiveSheet.Name = Format("Scen Output " & k)
    ActiveSheet.Move After:=Sheets(6 + k)
    Application.StatusBar = "Running Scenario: " & Str(k) & " of " &
Str(MaxScens)

Next k

Sheets("Inputs").Select
Application.ScreenUpdating = True
```

第 10 章　　VBA を利用した自動計算

```
Application.StatusBar = False
End Sub
```

Optional Macro（オプション）

```
Sub DeleteSheets()
Dim VBAwksht As Worksheet
    For Each VBAwksht In ActiveWorkbook.Worksheets
        If Left(VBAwksht.Name, 11) = "Scen Output" Then
            VBAwksht.Delete
        End If
    Next
End Sub
```

Excel におけるマクロの利用

　これまでマクロの事例を数多く作成した。率直に言って、マクロは一風変わった操作が出来ると言うべきだろう。著者個人の経験としては、全てが完璧に正しく見えていても、エラーが発生してしまったことが何度もある。コードにスペリングミスや誤植がないかどうか再確認し、マクロは Watch ウィンドウとブレイクコマンドを利用してデバッグを行う等、コードのそれぞれの行を何時間も確認した挙句、モデルを保存し、閉じて再度開いたら、マクロが完璧に作動したこともある。

　この例のようなトラブルは珍しいものの、起り得る。多くの場合エラーは変数や参照のスペリングの誤りに由来する。ほかによくあるエラーの原因としては、データのミスマッチがある。例えば変数が特定のデータ型として宣言されているも関わらず、コードが異なる種類の値を指定していたり、値が配列の次元の制限を超えてしまったり、ループの変数がパラメーターを超えてしまったりといったケースである。コードのブレークと Watch ウィンドウの使い方を学ぶのは、これらおよび全てのほかのエラーをデバッグするのに有益である。エラーにはイライラさせられるし、VBA 習得のためには一定の時間を要するが、VBA を理解することには十分な価値がある。

288

第11章 おわりに

Conclusions

第 11 章　おわりに

　最も優れたファイナンシャル・モデラーは、技術的な方法論と、ビジネスの概念の双方を理解している。いずれかが欠けていれば、単なる Excel の専門家か人並みのファイナンシャル・アナリストになってしまう。経験豊富なファイナンシャル・モデラーは、ビジネスのコンセプトを十分理解した上で、アイデアをアプリケーションやプログラミングのコードに落とし込み、アプリケーションやコードを正確に、効率よく、かつ透明性高く機能させることが出来る。モデラーはまた、前提条件の変更が案件に与える影響や、そうした調整が案件のパフォーマンスに与える結果についても理解している。

　本書はこれまで、ストラクチャード・ファイナンスの技術的および概念的な理解の双方を高めることを企図してきた。モデルの作成を進めながら平行してビジネスの理論についても解説を付した。各セクションは、モデルの仕組みやアウトプットとともに、そのアウトプットをどう解釈するかについても紙幅を割いている。本書で唯一欠けているのは、より高いレベルでの議論、つまり異なる業界に所属するプロフェッショナルが、モデルをどのように利用し、それぞれの立場にとって必要な情報を集めるか、という点である。

インベストメント・バンカーの視点

　一部の読者が気付いている通り、本書は（案件をアレンジする）投資銀行の立場にやや偏って書かれている。ファイナンシャル・モデルは案件に関与するほとんどの立場の人が利用するが、多くの場合バンカーがモデルを作成する。このため、本書でも投資銀行が認識する各種リスクおよびそのリスクへの対策に焦点をあてているが、銀行にとってのリスクは、最終的なアセットの所有者が誰であるかと、デットをどのように調達するか、によって異なってくる。

　もし銀行が自らのバランス・シートを利用するか、あるいは導管体を通じて案件をファンディングしリスクを取る場合には、銀行による分析の焦点は、モデルによるデットの分析になるであろう。ほとんどの感応度分析において銀行が気にするのは、期待損失から導かれるリスク格付と、一般的な期待損失である。

　しかしながら、もし銀行がデットを資本市場に売却する場合には、モデルの焦点は、デットのイールドやデュレーション、加重平均残存期間（アベレージ・ライフ）、デット元本の減少計算等、投資家がその証券を購入する時に気にする指標となる。資本市場で案件を販売する銀行は、損失も気にする。というのは、失敗した案件に関与したなどという悪名を欲しがる銀行など存在しないからである。

　結局のところ、銀行は案件のすべての当事者と関わるため、モデルの全ての部分に関わってくる。発行体がアセットの構成や基準を変更すれば、正確なキャッシュ・フローを計算するためには、すぐにモデルをアップデートする必要がある。投資家が求めるプロテクションによっては、キャッシュ・ウォーターフォールの変更が必要になるかもしれない。保証人が付く案件の場合には、ライアビリティの構成に影響があり得るし、格付会社はアセットとライアビリティの前提条件を変化させるストレス・テストのシナリオを求めるかもしれない。これらの全ての状況は、本書で扱ったモデルのフレーム・ワークを利用することで対応することが出来る。

第 11 章　おわりに

投資家の視点

　ストラクチャード・ファイナンス案件は、ほとんどの部分において、投資家と銀行の利害が一致するように案件が組成される。投資家はシニアから劣後まで、デットの優先度合に応じて変化する損失可能性を気にする。投資家はまたタイミングを気にする。というのは、多くの投資家は、イールドやリスク格付、デュレーション等に依存する特定のプロフィールに沿ったアセットを購入しようとするからである。

　このため投資家は、損失や期限前返済の可能性、金利環境、元本返済のストラクチャー等を検証したいと考える。もし案件のパフォーマンスが悪化し始めた場合には、投資家は最終的に案件が立て直せるのか、それとも損失に至るのか、またそうした結果が出るまでにどれくらいの時間がかかるのか、知る必要がある。投資家は、意思決定をするのに必要な情報を集めるために、主にモデルのライアビリティ側を考察する。

発行体の視点

　投資銀行と同様、ストラクチャード・ファイナンス案件における発行体の役割は非常に複雑である。発行体はアセット・サイドの事情に詳しいが、これはアセットが発行体のビジネスの一部であるためである。案件組成の初期段階においては、発行体は案件のプールにどのアセットを含めるかの検討に多くの時間を割く。プールを作るには、ローンを加えるか除くか等のプールの特徴に関する継続的な分析が必要になる。究極的には発行体は案件が継続出来るようなプールを作成したいと考えている。

　発行体はまた同時に、出来るだけ有利なファンディング・レートを実現したいと考えている。クレジット・エンハンスメント（信用補完）の量を調整することによって、望ましいリスク格付を取得する。発行体は、アセットのプールに加えて、ライアビリティのウォーターフォールや、クレジット・エンハンスメントの形態および各種前提条件を変更することによる影響等を完璧に理解する必要がある。そうすることによって初めて出来るだけ有利なアレンジを実現することが出来る。

保証機関の視点

　ストラクチャード・ファイナンス案件のモデリングにおける市場参加者には保証機関も含まれる。保証機関の形態はモノライン保証会社や、デット・ラップあるいは信用保証を供与する政府系機関であったりする。これらの保証機関は、元利金の支払いを保証するため、キャッシュ・フローおよびストレス・シナリオを重視する。

　保証機関は、案件が特定のリスクに耐えられるかどうかを確認するために、極端なケースをモデルで実行し、どのようなシナリオの場合に損失が発生し、シナリオ発生の可能性がどれくらいあるかを知りたがる。このためには、アセットとアセットから期待されるパフォーマンスをしっかり理解しなければならない。また、キャッシュ・フロー・ウォーターフォールにおける保証機関の位置付け、つまり何がラップされ（どのリスクが引き受けられ）、返済がどこからなされるのかも重要である。

より大きな視点

　ストラクチャード・ファイナンスのモデルに期待する役割や機能は人によってさまざまであるが、何を分析しようとしているのかを忘れてはならない。過去の案件でうまく機能したものは、一見似ているとしても、新しい案件には適用出来ないかもしれない。案件のモデルを作成する際には、何を測定し、正しい結果に到達するためにはどういう手法が最適なのかを決定する必要がある。これは、過去のモデルをコピーし、いくつかの前提条件を変更するだけで簡単に済むこともあれば、新しいモデルを一から作り上げるように複雑になることもある。

　経験豊富なモデラーは、時間をかけて多くの種類のモデルを作成してきたので、それらの過去のモデルから、必要な部分を取り出すことにより、新たに独特なモデルを素早く作成することが出来る。例えば、プロジェクト・モデル・ビルダーで作成した基本モデルは、キャッシュ・フローがどのように生成されるかを変更することにより、プロジェクト・ファイナンスのモデルに簡単に応用することが出来る。有料道路（の建設ないし買収のための資金）をシニア・ローンと劣後ローンで資金

293

第 11 章　おわりに

調達する場合を想像してみて欲しい。モデル・ビルダーで作成したモデルとの唯一の違いは、アセット・サイドにおけるキャッシュ・フローが、通行量に関する見積もりと、専門家のデータに基づいて生成されるという点だけである。

　また本書で作成したモデルは、やや初歩的である。より機能豊富なモデルでは、複数のラインや無数のローンからキャッシュ・フローを生成することが出来る。特定のアセットに特化したモデルでは、住宅ローンや自動車ローン、リース債権等、業界特有の詳細分析が可能である。これらの機能をモデルに追加するには、業界特有の知識と分析手法に関する知識が必要とされる。

　モデル作成の経験を積み重ねるに連れ、過去の成功に基づく視野狭窄を避けることが課題となってくる。ストラクチャード・ファイナンス業界における新しいアセットや難解なアセット・クラスをモデルで取り扱うには、新しい手法や異なるアプローチにも精通する必要がある。本書の読者が、モデル作成のスキルとともに、モデルで取り扱う事業内容に関する理解を深めることが出来たなら、本書は成功と言えるだろう。究極の目的は、これらのスキルを確実なものとし、新しく強力なモデルを作成するために必要な次のステップを踏むことである。

295

演習用 Excel ファイルについて

収録内容

モデル・ビルダー用のファイル

本書の各章では、モデル・ビルダーの演習を通じて、読者がモデル作成方法を段階的に学べるようになっている。シグマベイスキャピタル株式会社のウェブサイトからダウンロードした Zip ファイルには、各章のモデル・ビルダー演習の完成版となる Excel ファイルが章番号毎に保存されている。モデル・ビルダー演習の Excel ファイルには、章およびセクションの番号に対応した名前がつけられている。本書では「モデル・ビルダー：章番号．セクション番号」と記載し、Excel のファイルは MB 章番号．セクション番号となっている。

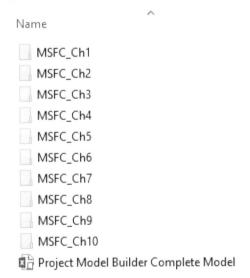

追加ファイル

Additional Files と名付けたフォルダが含まれている章がある[66]。これらのファイルは、該当する章における補足説明や事例である。

Name

Additional Files

MB2.1

MB2.2

---

66 訳者注：MSFC_Ch2、3、4、5、8 が該当する。

謝辞

　私の金融業界におけるキャリアは、保証および特別な金融サービスを手掛ける MBIA 社で始まった。ここで私は Henry Wilson 氏、William Devane 氏、Melissa Brice-Johnson 氏の 3 人から、ファイナンシャル・モデルに関する素晴らしい手ほどきを受けることが出来た。中でも多くの種類の案件に関与する機会を与えてくれた Henry と、多くの基本的な手法を教えてくれた William には特に感謝したい。MBIA 社を離れてから、私は本書の最初の 3 章を John Wiley & Son 社向け企画書の一部として執筆したのだが、綿密なレビューを行ってくれた同社の Maria Costa 編集員と、編集上のアドバイスをくれた Lionel Beehner 編集員にも感謝している。また本書の編集作業が進むに連れて、特にモデル作成の例題において助言してくれた Omar Haneef 編集員と Matthew Niedermaier 編集員にも謝意を表したい。本書を通読し、Citigroup 内のコンプライアンス上の承認を得るのに尽力してくれた William Preinitz 氏の協力がなければ、本書が世に出ることはなかったであろう。最後に、私が本書の執筆を続けることが出来たのは、Siobhan Devine 氏の忍耐力と励ましのおかげである。

　また Wiley 社では、私の企画書を出版契約の形にしてくれた Bill Falloon 氏、あらゆる面で関与してくれた Emilie Herman 氏、表紙およびマーケティングを担当してくれた Laura Walsh 氏と彼女のチーム、そして原稿の整理を行ってくれた Mary Daniello 氏と彼女のチームにも感謝したい。

訳者あとがき

本書は、ストラクチャード・ファイナンスの実務において必須となるキャッシュ・フロー・モデリングの手法に関する解説書である。

原著者のキース・A・オールマン（Keith A. Allman）氏は、様々なストラクチャード・ファイナンスの分野においてキャッシュ・フロー・モデリングを長年手掛けている米国の実務家で、2007 年以降、関連分野における複数の解説書を出版している。本書の原著はオールマン氏による一連の著書の第一弾である Modeling Structured Finance Cash Flows with Microsoft Excel: A Step-by-Step Guide で、2016 年に出版された中国語版に続いて日本語版は二カ国目の出版となる。

訳者が申し上げるまでもなく、ストラクチャード・ファイナンスの実務書や、Excel を用いて統計解析、信用リスク分析、企業価値評価（Valuation）、財務モデリングの基礎等の解説を行うテキストは、我が国でもこれまで多くの良書が出版されている。しかしながら訳者の知る限り、Excel を用いてストラクチャード・ファイナンス案件のキャッシュ・フロー・モデリングの実務を解説する日本語版のテキストは類書が乏しい。本書は、既に出版されているストラクチャード・ファイナンスに関する解説書と、Excel の使い方に関する書籍の橋渡しをする役割を果たす。読者は本書に収録された Microsoft Excel のワークシートをダウンロードし、本書に従って順番に（原著のタイトルにある通り、Step-by-Step）演習を行うことによって、キャッシュ・フロー・モデリングの実例を体験しながら、モデル操作や作成に必要な基礎的なスキルを身に着けることが出来るだろう。

訳者の一人（桶本）は、金融機関在籍時には主にレンダーまたはアドバイザーの立場からストラクチャード・ファイナンス案件に関わっていた。総合商社に入社後は、インフラ関連アセットへの投資を手掛けており、現在は投資先である在西アフリカの IPP（独立発電事業）事業会社に CFO として出向し、プロジェクト・ファイナンスのモデルにユーザー／資金調達側の立場から関わっている。本書はストラクチャード・ファイナンスの中でも、多くのローン債権をアセットとする案件をモデル・ビルダー演習の事例として取り扱っているが、各種前提条件のインプット→キャッシュ・フロー→アウトプットというモデルの基本構成は、プロジェクト・ファイナンス等、他のストラクチャード・ファイナンス案件においても同じである。また日付の重要性や、融資契約等で定めた返済条件、ウォーターフォールに基づく

299

訳者あとがき

キャッシュの処理、キャップ・スワップ等の利用による金利変動リスクヘッジ、リザーブ・アカウント（準備金口座）への積立／からの引出し等、各種条件をモデルに「落とし込む」作業についても同様であり、証券化以外のストラクチャード・ファイナンス案件の実務に携わる人、特にモデルの初心者にとって、本書は有益な内容であると考えている。ファイナンシャル・モデリングに関するオンライン講座や対面講座を受講する場合にも、事前に本書を通じて一通りキャッシュ・フロー・モデリングの基本を予習しておくことによって、より効果的な受講が期待出来るだろう。

　もう一人の訳者（佐伯）は、総合商社において電力・インフラ開発業務に長年携わってきたが、桶本のように金融機関でのレンダー・アドバイザーの立場からストラクチャード・ファイナンス案件に関わった経験は無く、一貫して関連案件のスポンサーの立場から関わってきた。つまり、常にファイナンシャル・モデルのユーザーとして関与してきた。自身の経験に基づいて推測すると、実務で使用する多数のシートが織り込まれたファイナンシャル・モデルを初めて上司より手渡され、モデルの内容を把握し報告するように指示を受けた際には、やはり多くの担当者は面食らうのではないだろうか。実際、訳者自身もそうであった。また、アドバイザー等から提供されたファイナンシャル・モデルから、社内で規定された事業投資判断に関する財務指標を算出するにも、モデルを正確に理解することのみならず、自身によるモデリング・スキルも不可欠であると痛感した。このような実務の状況に直面した時に、原著のモデリングの手法や Excel の関数使用例は、訳者にとっても大変参考になった。上述の経験と日本語版の類書が乏しいことについて、既にシグマベイスキャピタル株式会社の金融職人技シリーズ等で著書を出版されていた土方薫氏（当時、実務でもご一緒させて頂き、様々な助言を頂いていた）にお話しさせて頂いたところ、シグマベイスキャピタル株式会社をご紹介頂いたのであるが、これが本書出版の直接のきっかけとなった。

　本書の出版企画は 2012 年であったが、その後訳者が二人とも海外勤務となったこともあり、実際に発刊されるまでに長い月日を要してしまった。辛抱強く待って頂いた原著者のオールマン氏、本訳書出版に繋がるきっかけを与えて頂いた土方薫氏、シグマベイスキャピタル株式会社の清水正俊社長、荒崎秀一取締役、大島尚己氏には心よりお礼を申し上げたい。特に大島氏には原稿の体裁・内容含め、貴重な助言を数多く頂いた。篤くお礼申し上げたい。

本書の翻訳においては、ストラクチャード・ファイナンスの専門用語を極力正確に訳し、また適切な日本語が見当たらない場合には実務を参照して敢えて英語での表現を残して、不自然な表現にならないように努めたつもりである。ただ、訳者にとっても初めての翻訳経験であり、未熟な箇所も多々あると思われるので、至らなかった点についてはご容赦願いたい。

　本書が、ストラクチャード・ファイナンスの実務に携わっている方々や、Excelを利用したキャッシュ・フロー・モデリングのスキルを向上させたいと願っている方々にとって少しでもお役にたてば誠に幸いである。

2018 年 3 月

訳者一同

著者・訳者略歴

【著者】

キース・A・オールマン（Keith A. Allman）

キース・A・オールマン氏は現在、Loomis, Sayles & Company（ルーミス・セイレス）のヴァイス・プレジデントおよびシニア・アナリストとして、コマーシャル・アセットおよび航空機・鉄道貨車・船舶コンテナリース等の非伝統的アセットを対象とした資産担保証券を専門にしている。2016年にルーミス・セイレスに入社したオールマン氏は、資産運用業界における16年以上の経験がある。

大手保証会社であるMBIA社で、計量分析のシニア・アナリストとして金融業界におけるキャリアをスタートし、Citigroupではヴァイス・プレジデントとして、新興国市場の分析や、住宅ローン、自動車ローン、設備リース、クレジット・カード、プロジェクト・ファイナンス等の分野において、数多くのキャッシュ・フロー・モデルを作成、監査、利用してきた。NSM Capital Managementを経て、Pearl Street Capital Groupではダイレクターとして、信用リスク計量化のための確率的シミュレーションの構築や、倒産リスクのシミュレーションのための新しい分析手法の設計を行った。スイスのジュネーブにあるBamboo Financeでエネルギー、ヘルスケアおよび不動産の新規および既存の投資案件を手掛けた後、Deutche Bankに入社。Banking and Originationのダイレクターとして、航空機、鉄道貨車、船舶コンテナ、タイムシェア、レンタカー等を対象資産とする資産担保証券を手掛けた。Deutche Bankではファンディングの戦略や、新規案件獲得のための顧客向けプレゼンテーション、既存のデットの管理、新しい資産クラスの証券化商品開発のための手法の研究等も行った。

本書（Modeling Structured Finance Cash Flows）の他、「Reverse Engineering Wall Street Transactions」、「Corporate Valuation Modeling」、「Financial Simulation Modeling in Excel」等、ファイナンシャル・モデリングに関する複数の著書があり、自ら設立したEntstruct社を通じてモデリング教育も手掛けている。同社のサイト（http://enstructcorp.com/books）では、本書を含むオールマン氏の著書の概要が紹介されている。

UCLA（カリフォルニア大学ロス・アンゼルス校）学士（政治学および心理学）、コロンビア大学修士（国際関係論（ファイナンスおよびバンキング））。NPOであるRelief InternationalのDirectorを務めるなど、慈善活動にも積極的に取り組んでいる。

【訳者】

桶本　賢一

1996 年東京大学経済学部経済学科卒。同年三和銀行（現三菱 UFJ 銀行）入社。同行ストラクチャード・ファイナンス部（東京）、欧州投資銀行部（ロンドン）、外資系金融機関で、主にアレンジャーまたはレンダーの立場から、ストラクチャード・ファイナンス案件、中でも航空機・船舶ファイナンス、ストラクチャード・トレード＆コモディティ・ファイナンス、エマージング・マーケッツ（新興国）関連ハイ・イールド・ローン／債券、プロジェクト・ファイナンス、リアル・エステート（不動産）関連（M&A を含む）案件を手掛けた。2009 年に総合商社に入社後は、インフラ関連アセットに投資を行う部署のマネージャーとして、海外における発電事業への事業投資（グリーンフィールド案件の新規開発、ブラウンフィールド案件の買収および買収後の PMI）に従事。2014 年に西アフリカのガーナ共和国における IPP（独立発電事業）の事業会社に CFO として出向し、プロジェクト・ファイナンスによる資金調達を含む財務・IR（エクイティおよびデット）活動を統括。

米国ジョージタウン大学大学院経営学修士（MBA）。不動産証券化協会認定マスター、日本証券アナリスト協会検定会員、国際公認投資アナリスト（CIIA）、日本テクニカルアナリスト協会認定テクニカルアナリスト（CMTA®）。連絡先はko66@georgetown.edu

佐伯　一郎

総合商社において、アジア・オセアニア市場での ECA ファイナンスやプロジェクト・ファイナンスを活用したプラント輸出・EPC（プラントの設計・調達・建設）および電力・インフラ事業の新規開発・買収関連業務を数多く担当。現在は、海外 IPP（独立発電事業）の現地事業会社に取締役として出向し、プロジェクト・ファイナンスによる資金調達を含む事業会社の経営に従事。

名古屋大学工学部卒、同大学大学院工学研究科修了。一橋大学大学院国際企業戦略研究科修了（経営修士「金融戦略」）。

お問合せ・連絡先は、sigma@financial-modeling.info

※両訳者略歴は第一刷時点のものです

304

索引

ABS	84
actual/360	33
actual/365	33
AND 関数	210
CDR	82
COUNT 関数	91
CPR	82
DAY360 関数	32, 41
EDATE 関数	47
FALSE	179, 187, 210
IF 関数	39, 41
MATCH 関数	76
MAX 関数	72
MIN 関数	71, 101, 177
MOD 関数	78
MVD	152
NASD	32
NPL	152
OFFSET 関数	76
OR 関数	210
PMT 関数	78
PSA	82

305

索引

ROUND 関数	219
SDA	128
SMM	81
SUM 関数	90, 102
SUMIF 関数	147
SUMPRODUCT 関数	90, 102
VBA	260, 261
VLOOKUP 関数	69
YEAR 関数	147
アドバンス・レート	247
アモチゼーション	51, 57, 67
アモチゼーション係数	97
インプット	19
延滞	106
延滞履歴カーブ	110
オークション	145
オリジネーション	114 - 124
回収	144 - 152
回収プロセス	145
回収率	144, 256
架空のアセット・アモチゼーション	67
加重平均	102
加重平均クーポン	253
加重平均残存期間	89, 232

加重平均償還期間	220
監査法人	18
元本の配分方法	251
期限前返済	80・101
期限前返済率	81, 82, 87
キャッシュ・フロー・ウォーターフォール	154, 209
キャップ	57, 71
キャリー・コスト	146
クロージング日	31
経年効果	61, 129
現在価値	78, 223
ゴールシーク	239, 270, 276
固定金利	57, 165
債券換算利回り	226
シーズニング	61, 129
資産クラス	6, 16
資産プール	102
自動計算	274
シニア・デット	171, 249, 251
支払期日	106
修正デュレーション	227
条件付き書式	238
信用格付業者	94
信用補完	121, 163, 246

索引

ストレス・シナリオ	244, 293
スワップ	194
清算	107, 145
静的損失データ	115
静的損失分析	124
絶対期限前償還速度	84
全米公共債協会	137
想定期限前返済	97
想定損失	107, 123, 129
損失カーブ	121, 122
損失規模	120
損失率	115
代表事例法	50, 51
超過スプレッド	88, 176, 246
月次期限前返済	81
月次デフォルト率	128
月次利回り	220
手数料	157
デフォルト	106
トランシェ	154
トリガー	22, 184 - 192
トリガー分析	186
内部テスト	212
日数カウント方法	32